中学

国語力を伸ばす

語彙1700

Kokugoryoku nobasu *
goi
1700

吉岡 哲 著

文英堂

この本の特色

国語力を伸《の》ばすための、読解・表現に役立つ重要な**一七〇〇**語を収録しました。日常の学習から高校入試対策まで広く活用できます。

◎**評論**でよく使われる語、**小説**でよく使われる語、四字熟語・慣用句などの**成語**の三編で構成されています。さらに各編の中では、似たような性質の語ごとにグループ分けし、配列していますので、まとめて覚えたほうが良い語などを効率よく学習できます。

※成語編は五〇音順になっています。

◎次の語には難マークをつけました。

○中学校までに習わない漢字や高校で習う読み方を含《ふく》む語

○おもに文章の中で使われ、日常会話ではあまり使われない語

○専門的な用語や普段《ふだん》の生活ではあまり使われない語

○昔は使われていたが、現在ではあまり使われない語

難関高校をめざす人はこれらの語もチェックしておきましょう。

◎語と、その読み方をきちんと覚えられるように、**二色フィルター**を付けました。繰《く》り返し学習できて、語彙《ごい》力がより確実に定着します。

◎実際の**使い方**がわかる短文を載《の》せています。文中の見出し語にあたる部分は赤字になっています。二色フィルターで見出し語部分と一緒《いっしょ》に隠《かく》しながら、語を覚えたかを確認《かくにん》することもできます。

◎各グループの終わりには、**評論文を理解するための重要語**を詳《くわ》しい解説付きで載せています。

◎各編の終わりにある**入試にはこう出る**では、実際の入試問題を載せて、解き方を解説しています。

目次

評論編

言葉に関する語―表現／文芸……6
社会に関する語―政治・経済／人間関係……40
文化に関する語―考え方・生き方／宗教……72
自然・科学に関する語……88
対《つい》で覚える語……108

小説編

心理を表す語……124
態度を表す語……142
様子を表す語……158
動作・行為《こうい》を表す語……180
性質・人物像を表す語……204
人物の関係を表す語……220
情景・状況《じょうきょう》を表す語……230

成語編

慣用句―身体に関する語／動植物に関する語／その他……250
ことわざ・故事成語……278
四字熟語……296
付録（同音異義語・同訓異字）……316

さくいん

さくいん……324

評論文を理解するための重要語

真理・逆説……38／象徴《しょうちょう》……39／グローバル……70／媒介《ばいかい》・メディア……71／自我《じが》・アイデンティティー……86／美意識・無常……87／テクノロジー……106／普遍《ふへん》・特殊《とくしゅ》……107／必然《ひつぜん》・偶然《ぐうぜん》……120／秩序《ちつじょ》・混沌《こんとん》……121／概念《がいねん》……140／理念・観念……141／具体・抽象《ちゅうしょう》……156／主観・客観……157／文化・文明……178／近代……179／民主主義・資本主義……202／市民社会・自由……203／公共・個人……218／共同体……219／現代・ポストモダン……228／エコロジー……229／理性・感性……246／合理……247／絶対・相対……276／画一・多様……277／不～・無～・非～・没《ぼつ》～・超《ちょう》～・脱《だつ》～……294／～的・～化・～性・～観・～主義・～イスト……312

入試にはこう出る

評論編……122／小説編……248／成語編……314

この本の使い方

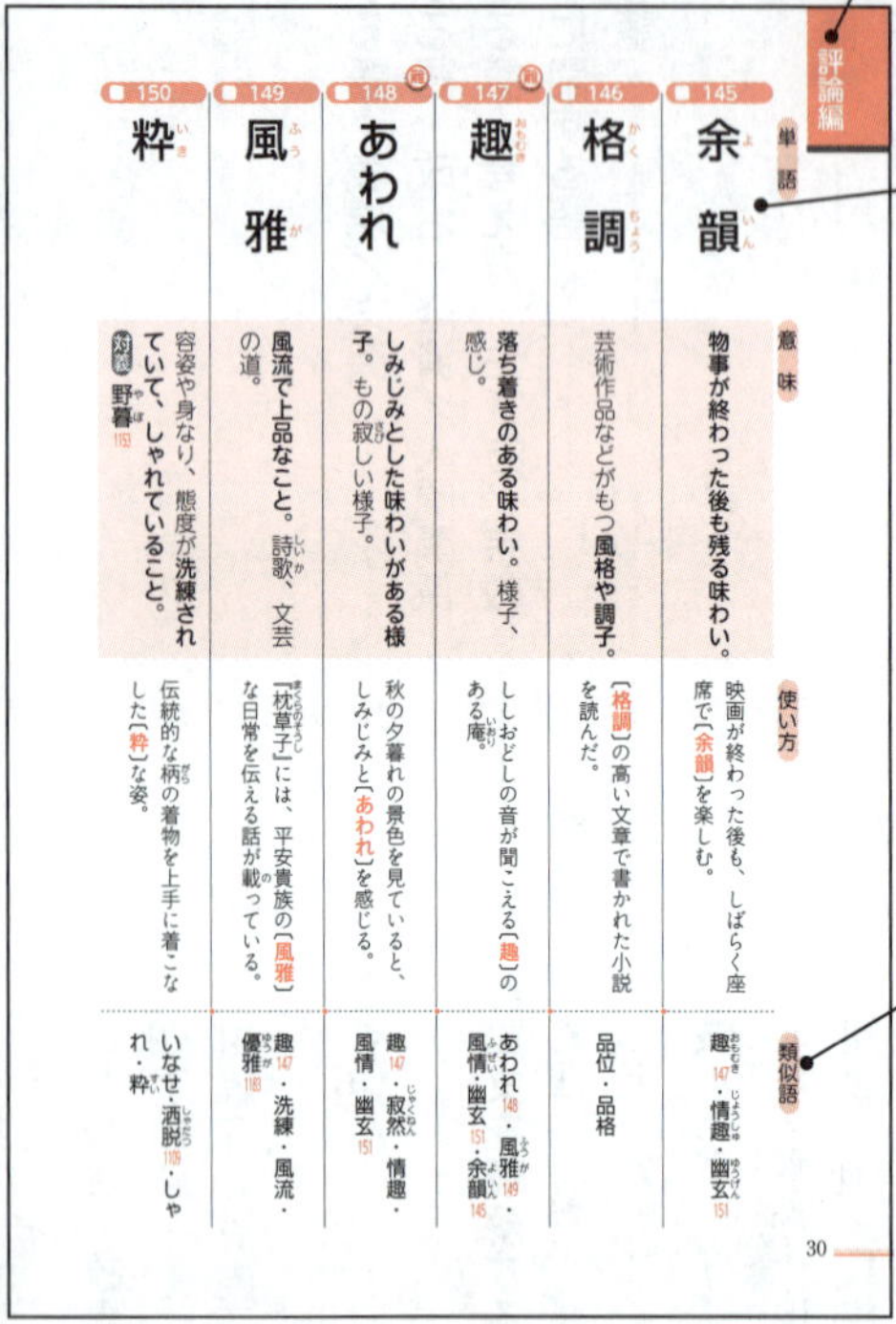

評論編

番号	単語	意味	使い方	類似語
145	余韻《よいん》	物事が終わった後も残る味わい。	映画が終わった後も、しばらく座席で〔余韻〕を楽しむ。	趣《おもむき》147・情趣《じょうしゅ》・幽玄《ゆうげん》151
146	格調《かくちょう》	芸術作品などがもつ風格や調子。	〔格調〕の高い文章で書かれた小説を読んだ。	品位・品格
147	趣《おもむき》	落ち着きのある味わい。様子、感じ。	ししおどしの音が聞こえる〔趣〕のある庵《いおり》。	あわれ148・風雅《ふうが》149・風情《ふぜい》・幽玄151・余韻《よいん》145
148	あわれ	しみじみとした味わいがある様子。もの寂《さび》しい様子。	秋の夕暮れの景色を見ていると、しみじみと〔あわれ〕を感じる。	趣147・寂然《じゃくねん》・情趣・風情・幽玄151
149	風雅《ふうが》	風流で上品なこと。詩歌《しいか》、文芸の道。	『枕草子《まくらのそうし》』には、平安貴族の〔風雅〕な日常を伝える話が載《の》っている。	趣147・洗練・風流・優雅《ゆうが》183
150	粋《いき》	容姿や身なり、態度が洗練されていて、しゃれていること。対義 野暮《やぼ》1151	伝統的な柄《がら》の着物を上手に着こなした〔粋〕な姿。	いなせ・洒脱《しゃだつ》1109・しゃれ・粋《すい》

30

編

評論編・小説編・成語編の三編で構成。気になる編から学習しましょう。

見出し語

見出し語をフィルターの黒い部分で隠して、語を覚えたかを確認できます。読み方は、赤文字になっていますので、フィルターの赤い部分で隠して読み方の学習をしましょう。(→二色フィルターの使い方)

類似語

似た意味の語を載《の》せています。あわせて覚えてさらに語彙《ごい》を増やしましょう。数字は掲載《けいさい》番号です。

二色フィルターの使い方

語と、その読み方をきちんと覚えられるように二色フィルターが付いています。繰《く》り返し学習できて、語彙力がより確実に定着します。

語を覚える場合

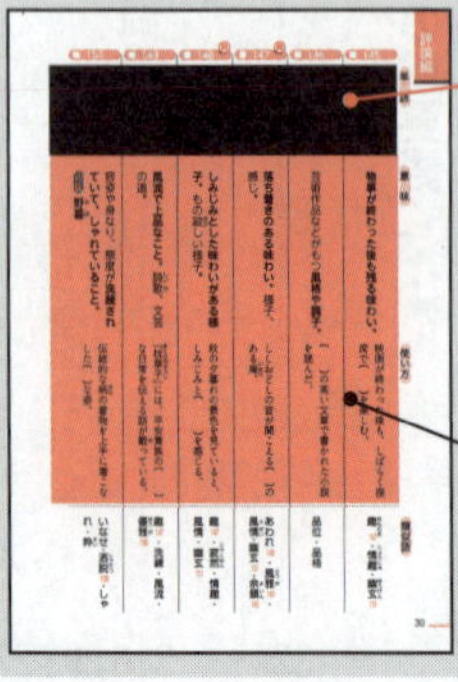

■黒い部分で見出し語を隠す

■赤い部分で見出し語部分を隠す
※意味をヒントに考えてみましょう

グループ

それぞれの編は、似た性質をもつ語でグループ分けしています。まとめて覚えていきましょう。

意味

よく使われる意味を簡潔に説明しました。中心になる部分は太字で目立つようになっています。

ゲージ

読み進めると赤い部分が増えていきます。編の中でどれだけ進んだかがわかります。

使い方

見出し語の部分が赤文字になっていますので、フィルターで隠して語を覚えたかを確認しましょう。（→二色フィルターの使い方）

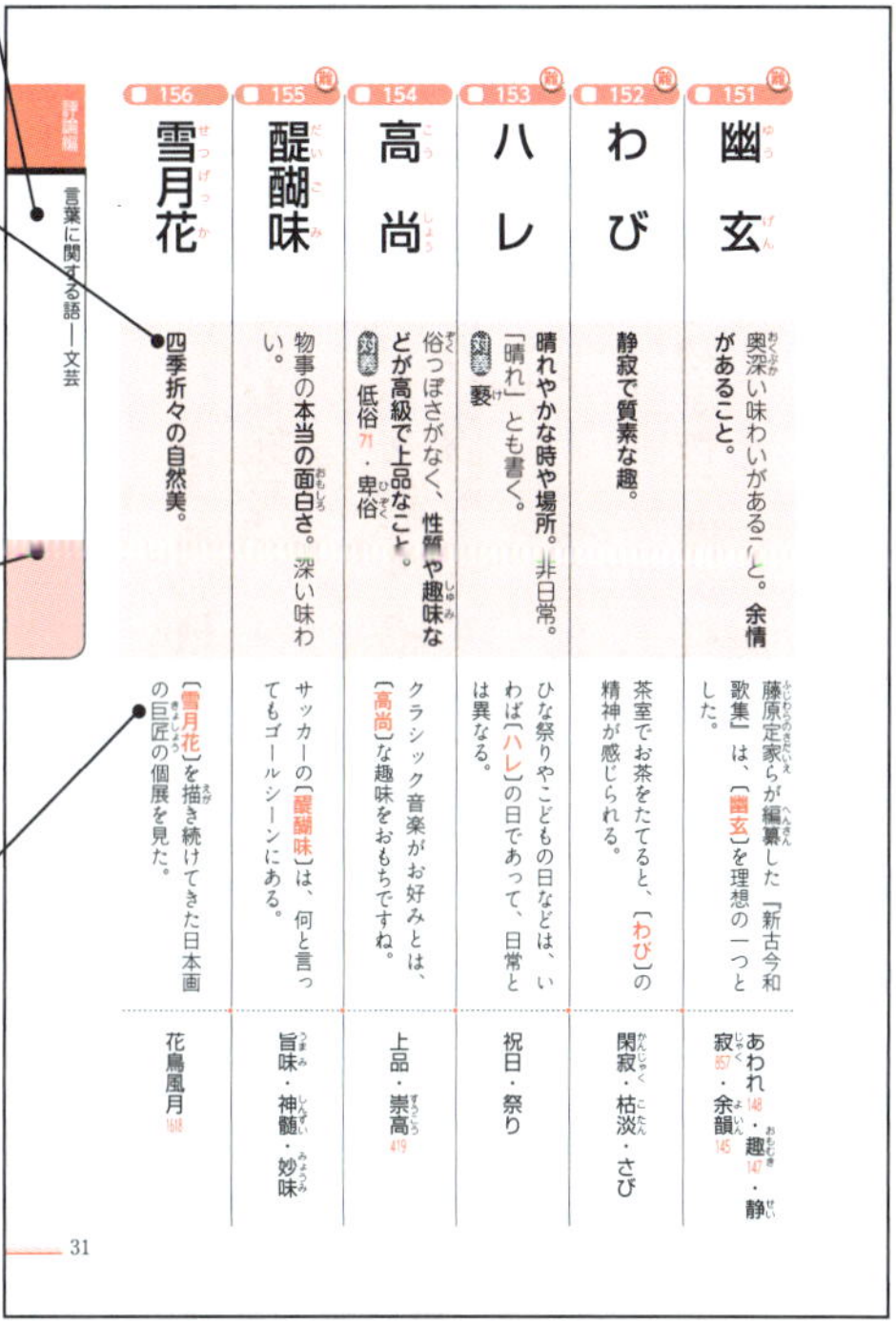

評論編　言葉に関する語―文芸

151 難 幽玄《ゆうげん》
奥深《おくぶか》い味わいがあること。余情があること。
藤原定家《ふじわらのさだいえ》らが編纂《へんさん》した『新古今和歌集』は、〔幽玄〕を理想の一つとした。
あわれ 148・趣《おもむき》 147・静寂《せいじゃく》 857・余韻《よいん》 145

152 難 わび
静寂で質素な趣。
茶室でお茶をたてると、〔わび〕の精神が感じられる。
閑寂《かんじゃく》・枯淡《こたん》・さび

153 難 ハレ
晴れやかな時や場所。非日常。「晴れ」とも書く。
対義 褻《け》
ひな祭りやこどもの日などは、いわば〔ハレ〕の日であって、日常とは異なる。
祝日・祭り

154 高尚《こうしょう》
俗《ぞく》っぽさがなく、**性質や趣味《しゅみ》などが高級で上品なこと。**
対義 低俗 71・卑俗《ひぞく》
クラシック音楽がお好みとは、〔高尚〕な趣味をおもちですね。
上品・崇高《すうこう》 419

155 難 醍醐味《だいごみ》
物事の**本当の面白《おもしろ》さ。**深い味わい。
サッカーの〔醍醐味〕は、何と言ってもゴールシーンにある。
旨味《うまみ》・神髄《しんずい》・妙味《みょうみ》

156 雪月花《せつげっか》
四季折々の自然美。
〔雪月花〕を描《えが》き続けてきた日本画の巨匠《きょしょう》の個展を見た。
花鳥風月 1618

31

読み方を覚える場合

■ 赤い部分を使って漢字の読みを学習する

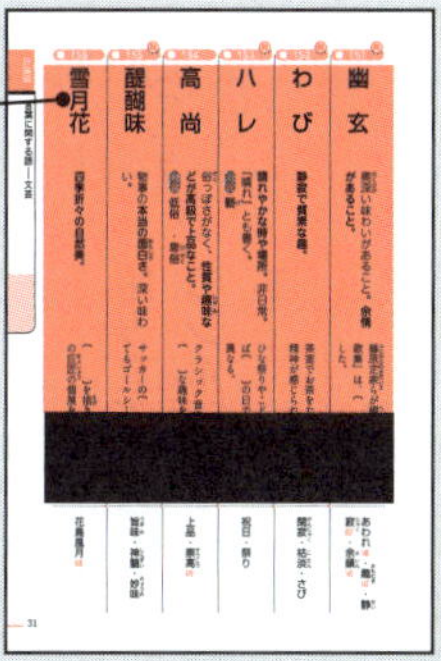

	単語	意味	使い方	類似語
1	テーマ	**作品の中心となる問題。**作者の表現しようとする基本的な考え。主題。	人間はどのように生きるべきかを〔テーマ〕にした小説。	題材・題目・モチーフ4
2	背《はい》景《けい》	テーマを引き立てる**背後の光景。物事の後ろにある事情。**	歴史的事件の〔背景〕が綿密に描《えが》かれた小説。	遠景・書き割り・後景・バックグラウンド
3	設《せっ》定《てい》	**物事や規則などを設け定めること。**	この小説の〔設定〕が面白《おもしろ》い。	設置・打ち立てる・設ける
4	モチーフ	芸術的創作活動の動機となる、**中心的な題材。**	瓶《びん》と果物を〔モチーフ〕にしてデッサンする。	主題・題材・テーマ1
5	構《こう》図《ず》	芸術作品を制作する時に**主題や材料の配置に工夫《くふう》すること。**また、その配置。	風景と被写体《ひしゃたい》の〔構図〕を考えて写真を撮《と》る。	組み立て・構成10・コンポジション・図式
6	素《そ》材《ざい》	**ある物を作る時の材料。**	神話を〔素材〕にした映画。	原材料・原料・材料

7 描《びょう》写《しゃ》

物事の様子を、**言葉や絵画などに描《えが》き出すこと**。

主人公の心理が見事に〔描写〕されている。

叙述《じょじゅつ》・表現・描出《びょうしゅつ》

8 文《ぶん》脈《みゃく》

文章の中での**文や語句のつながり具合**。文の筋道。

作者の主張は、〔文脈〕から読み取らねばならない。

行間・コンテクスト・文意・脈絡《みゃくらく》

9 展《てん》開《かい》

大きく広がること。また、次々と**繰《く》り広げられること**。

目の前に〔展開〕する光景に息を呑《の》んだ。

拡大 608・進展・発展

10 構《こう》成《せい》

いくつかの要素を集めて**全体を組み立てること**。また、組み立てたもの。

作文を書く時は、全体の〔構成〕を考えてから書き始めるのが良い。

組み立て・構図 5・構造・システム・組成

11 難 伏《ふく》線《せん》

後に述べることの準備として、それに関係した事柄《ことがら》を**あらかじめ述べること**。

〔伏線〕を見事に張りめぐらせた推理小説。

暗示 50・示唆《しさ》 51・布石・フラグ

12 山《やま》場《ば》

進行している物事の、**最も重大で面白《おもしろ》いところ**。

体育祭の〔山場〕は、高得点の入るクラス全員リレーだ。

佳境《かきょう》・クライマックス・最高潮・ピーク・見せ場

	単語	意味	使い方	類似語
13	主《しゅ》張《ちょう》	自分の意見を言い張ること。また、その意見。	自分を〔主張〕するばかりではなく、他人の声にも耳を傾《かたむ》けよ。	アピール・強調53・結論29・力説
14	意《い》図《と》	こうしようとする考え。もくろみ。	相手の〔意図〕を正しく理解することが大切だ。	故意・作為《さくい》・狙《ねら》い・目標
15	論《ろん》理《り》	議論や推理などを進めていく筋道。	君の〔論理〕には矛盾《むじゅん》があるよ。	理屈《りくつ》・理論
16	概《がい》略《りゃく》	物事のあらまし。大体。 対義 委細・詳細《しょうさい》	以上が今回の事件の〔概略〕です。	おおむね・概要《がいよう》・要旨《ようし》17
17	要《よう》旨《し》	内容の大切な点。また、それをまとめたもの。	問題文の〔要旨〕を二百字でまとめる。	概要・概略16・主題・ポイント・要約
18 難	屁《へ》理《り》屈《くつ》	道理に合わない勝手な理屈。	〔屁理屈〕をこねず、やるべきことをやる。	言い逃《のが》れ・我田引水《がでんいんすい》1619

□ 19
定《てい》義《ぎ》
物事や言葉の**内容や意味を明確に決めること**。また、決めたもの。

「人間とは何か」を〔定義〕するのは難しい。

意味・説明

□ 20
仮《か》説《せつ》
まだよくわかっていない事柄《ことがら》を説明するために、**仮に立てた理論**。

〔仮説〕が正しいかどうか、検証する必要がある。

仮定・推測

□ 21
考《こう》察《さつ》
物事について、**調べたり考えたりすること**。

実験のレポートには、必ず実験結果と〔考察〕を書くようにする。

研究・検討・考慮《こうりょ》・本論28・まとめ

□ 22
根《こん》拠《きょ》
言動の**理由や考えの拠《よ》り所となるもの**。

私は、何の〔根拠〕もなく意見を述べているわけではない。

裏打ち38・基盤《きばん》・根幹・証拠《しょうこ》・所以《ゆえん》39

□ 23
例《れい》証《しょう》
例を挙げて証明すること。また、証明のための例。

防災対策の必要性を〔例証〕する。

□ 24
出《しゅつ》典《てん》
故事・成語・引用文などの**出所となった書籍《しょせき》**。

引用文の〔出典〕は兼好《けんこう》法師の『徒然草《つれづれぐさ》』である。

原典・原文・典拠《てんきょ》

単語 / 意味 / 使い方 / 類似語

■25 時系列《じけいれつ》
時間で系統立てた配列。
作家の作品をデビューから今までの〔**時系列**〕に並べてみる。
年代順

■26 難 序破急《じょはきゅう》
能楽・舞楽《ぶがく》の構成法で、**はじめ、中間、終わりの三部で構成される。**
この劇は、〔**序破急**〕の三幕構成になっている。
初中後《しょちゅうご》

■27 序論《じょろん》
本論に入る前に述べる一般的《いっぱんてき》な説明の部分。
対義 結論29・本論28
筆者は、〔**序論**〕でまず自分の立場を明確にしている。
序文・冒頭《ぼうとう》・前書き

■28 本論《ほんろん》
議論や論文などの**中心となる部分。**
対義 序論27
この文章の〔**本論**〕では、日本文化の特徴《とくちょう》が述べられている。
考察21・中身・本編

■29 結論《けつろん》
議論や考察の末に得られた判断。
対義 序論27
読解では、筆者の〔**結論**〕をしっかり押《お》さえることが重要だ。
意見・主張13・まとめ

■30 余談《よだん》
本筋から外れた話。
歴史の先生の〔**余談**〕は授業内容と同じく面白《おもしろ》い。
逸話《いつわ》・エピソード101・横道

31 論《ろん》外《がい》
議論をする価値もないこと。問題外。
図書室で飲食をするなんて〔論外〕だ。
言語道断 1639・もってのほか

32 語《ご》彙《い》
個人やある分野などで使われる単語の範囲《はんい》。
豊かな表現力を身につけるには、〔語彙〕が必要だ。
ボキャブラリー

33 語《ご》源《げん》
単語のもともとの形や意味。
授業で言葉の〔語源〕を調べて、発表した。

34 方《ほう》言《げん》
その地域だけで使われる言葉。
対義 共通語
琉球《りゅうきゅう》〔方言〕の調査・研究のために沖縄《おきなわ》へ行く。
国言葉・俚言《りげん》

35 難 カテゴリー
ものを認識《にんしき》したり分類したりする際の基本的な枠組《わくぐ》み。範疇《はんちゅう》。
さまざまな物事を、いくつかの〔カテゴリー〕に分けて考える。
クラス・種類・部門

36 流《りゅう》儀《ぎ》
独自のやり方。しきたり。
一杯《いっぱい》のコーヒーから一日を始めるのが私の〔流儀〕だ。
手法・スタイル・様式

単語 / 意味 / 使い方 / 類似語

□ 37
立脚《りっきゃく》
そのものが**よって立つ立場を定めること。**
常に民衆の生活に〔**立脚**〕した政治を目指す。
類似語：依拠《いきょ》・準拠

□ 38
裏打《うらう》ち
物事を、別の面から確かめたり補強したりすること。
長年の経験と知識に〔**裏打ち**〕された技術には確かなものがある。
類似語：裏書き・裏付け・強化・根拠《こんきょ》22・証明

□ 39 難
所以《ゆえん》
理由。わけ。手段。
近年の極端《きょくたん》な増税策が、野党転落の〔**所以**〕である。
類似語：原因646・根拠22

□ 40
的確《てきかく》
間違《まちが》いがなく、確かなこと。「適確」とも書く。
監督《かんとく》の〔**的確**〕な指示で、試合に勝利した。
類似語：正確・適正・適切

□ 41
自明《じめい》
説明をするまでもなく、**わかりきっていること。**
熱心に練習することがレベルアップにつながるのは〔**自明**〕のことだ。
類似語：一目瞭然《いちもくりょうぜん》・明白・歴然

□ 42
定評《ていひょう》
多くの人に認められ、**定まっている評判・評価。**
文法指導に〔**定評**〕のある英語教師。
類似語：下馬評・世評・風評

43
該《がい》当《とう》
あてはまること。
次の項目《こうもく》のうち、〔**該当**〕するものを○で囲みなさい。
相応・相当・適合

44
是《ぜ》非《ひ》
物事の**良いこと**と、**悪いこと**。
新しい法律についての〔**是非**〕は、十分に議論されていない。
可否・善悪

45
造《ぞう》詣《けい》
学問・芸術・技術などをきわめ、**深い理解をもっていること。**
あの評論家は、現代美術に関する〔**造詣**〕が深い。
精通・博学・博識

46 難
堪《たん》能《のう》
十分に満足すること。
昨夜は、すばらしい音楽を心ゆくまで〔**堪能**〕した。
謳歌《おうか》697・充足感《じゅうそくかん》700・満足・満喫《まんきつ》

47
換《かん》言《げん》
言い換《か》えること。
〔**換言**〕すれば、今回の事故は、自然災害ではなく人災だったということだ。

48
吐《と》露《ろ》
心の中を隠《かく》すことなく、**打ち明けること。**
この歌は、真情が純粋《じゅんすい》に〔**吐露**〕された名歌と言える。
告白・自白

単語 / 意味 / 使い方 / 類似語

49 引用《いんよう》

他人の**文章や事例などを引くこと。**

文章を〔**引用**〕する場合は、出典を明示すべきだ。

50 暗示《あんじ》

直接ではなく、**それとなく示すこと。**

対義 明示

直接には書かれていないが、明るい未来への希望を〔**暗示**〕するような結末だった。

示唆《しさ》51・ヒント・伏線《ふくせん》11・匂《にお》わす・ほのめかす1002

51 示唆《しさ》

はっきりとではなく、**それとなく示すこと。**

先生が生徒たちに解答のヒントを〔**示唆**〕する。

暗示50・サジェスチョン・伏線11・匂わす・ほのめかす1002

52 難 婉曲《えんきょく》

それとなく遠回しに表現すること。

対義 露骨《ろこつ》

はっきりとではなく、〔**婉曲**〕に言ったら、彼《かれ》には伝わらなかった。

間接的・まわりくどい

53 強調《きょうちょう》

強く言い張ること。

彼は環境《かんきょう》の大切さを〔**強調**〕した。

強意・主張13

54 誇張《こちょう》

大げさに言ったり、したりすること。

実物を〔**誇張**〕した彼の物真似《まね》は、面白《おもしろ》い。

大仰《おおぎょう》886・誇大《こだい》・針小棒大1658・仰々《ぎょうぎょう》しい

55 批判《ひはん》

物事についての評価をすること。特に、否定的な評価をすること。

新聞の社説に、政府の外交政策についての〔批判〕が載《の》っていた。

酷評《こくひょう》56・皮肉57・批評・評定・風刺《ふうし》58

56 酷評《こくひょう》

手厳しく批評をすること。また、その批評。

新作の映画は、メディアに駄作《ださく》と〔酷評〕された。

批判55

57 皮肉《ひにく》

遠回しにする意地の悪い非難。当てこすり。

テレビを見ていたら、「いつも勉強をして偉《えら》いわね」と母に〔皮肉〕を言われた。

嫌《いや》み・批判55・風刺58

58 風刺《ふうし》

人や世の中のことについて遠回しに皮肉を言うこと。

社会への〔風刺〕がきいた喜劇。

当てこすり・嫌み・非難・批判55

59 揶揄《やゆ》 難

からかうこと。

大臣の失政を〔揶揄〕する川柳《せんりゅう》。

愚弄《ぐろう》996・冷やかす

60 辛辣《しんらつ》 難

非常に手厳しいこと。

ミスをしたら、上司から〔辛辣〕な言葉を浴びせられた。

痛烈《つうれつ》・寸鉄人を刺《さ》す・歯に衣着《きぬき》せぬ1378

61 難 含蓄《がんちく》

意味：文章や言葉の中に含《ふく》みがあって**味わい深いこと。**

使い方：〔含蓄〕に富んだ話を先生からうかがった。

類似語：含意《がんい》・真意

62 絶妙《ぜつみょう》

意味：**この上なく優《すぐ》れていること。**巧《たく》みであること。

使い方：ヒロイン役の〔絶妙〕な演技に心を打たれた。

類似語：巧妙《こうみょう》931・秀逸《しゅういつ》・上手

63 卓越《たくえつ》

意味：他のものとは**比べものにならないほど優れていること。**

使い方：彼《かれ》の〔卓越〕した演奏にひきつけられた。

類似語：傑出《けっしゅつ》・抜群《ばつぐん》64・非凡《ひぼん》618・図抜《ずぬ》ける

64 抜群《ばつぐん》

意味：**ずば抜けて優れていること。**

使い方：彼女《かのじょ》は〔抜群〕の成績で特待生に選ばれた。

類似語：傑出・卓越《たくえつ》63・非凡618

65 鮮烈《せんれつ》

意味：印象が鮮《あざ》やかで、**はっきりしていること。**

使い方：彼のデビュー曲は、人々に〔鮮烈〕な印象を与《あた》えた。

類似語：鮮明《せんめい》

66 難 如実《にょじつ》

意味：**実際のとおりであること。**

使い方：破壊《はかい》された建物が、被害《ひがい》の大きさを〔如実〕に物語っている。

類似語：有り体《てい》・現実593・事実・本物

□ 67 難

不《ふ》朽《きゅう》

滅《ほろ》びないで**いつまでも残ること。**

夏目漱石《そうせき》の『こころ』は〔不朽〕の名作だ。

永続・不滅《ふめつ》

□ 68

多《た》彩《さい》

色彩《しきさい》がさまざまで美しいこと。**種類が多くにぎやかなこと。**

本校では、文化祭・体育祭・合唱祭など、〔多彩〕な行事が行われる。

種々・多様 1496・とりどり

□ 69

穏《おん》当《とう》

無理がなく適切であること。

未成年なので、大事《おおごと》にしなかったのは〔穏当〕な処置であった。

穏便《おんびん》・適当

□ 70

華《か》美《び》

華《はな》やかで美しいこと。ぜいたくで派手なこと。

対義 質素 861

本校では〔華美〕な服装やアクセサリーは禁止されている。

豪華《ごうか》

□ 71

低《てい》俗《ぞく》

性質や趣味《しゅみ》などが**低級で下品なこと。**

対義 高尚《こうしょう》 154・高雅《こうが》

〔低俗〕なテレビのお笑い番組は、見る気もしない。

下品・下劣《げれつ》 1133・いやしい

□ 72

不《ふ》毛《もう》

土地がやせているなどで、**作物が育たないこと。成果を期待できないこと。**

〔不毛〕な議論を重ねても意味がない。

荒《あ》れ地・荒野《こうや》・無益・無効

	単語	意味	使い方	類似語
73	演《えん》出《しゅつ》	演技・装置・照明・効果などを指導し、**一つの作品にすること。**	ドラマ仕立ての〔演出〕で話題となったコマーシャル。	
74	実《じっ》況《きょう》	**実際に行われているありさま。**	サッカーの〔実況〕中継《ちゅうけい》をテレビで見る。	ライブ・リアルタイム
75	抑《よく》揚《よう》	音声などの**調子を上げ下げすること。**	〔抑揚〕をつけた、上手な話し方を学ぶ。	イントネーション
76	口《く》調《ちょう》	**話す時の調子。**	小さい子供には、優しい〔口調〕で話すようにする。	口振《くちぶ》り・語調・声音《こわね》
77 難	流《りゅう》暢《ちょう》	言葉遣《ことばづか》いが**すらすらとしていて、よどみのないこと。**	語学が得意な彼《かれ》は、フランス語も〔流暢〕に話す。	立て板に水 1526・滔《とう》滔《とう》 883・滑《なめ》らか
78	絶《ぜっ》句《く》	話している最中に、**言葉につまること。**	相手の意外な反応に思わず〔絶句〕した。	呆気《あっけ》にとられる・言いよどむ 1007

79 舞踏《ぶとう》

ダンス。また、ダンスを踊《おど》ること。

明治時代には鹿鳴館《ろくめいかん》で〔**舞踏**〕会が行われた。

舞踊《ぶよう》

80 パフォーマンス

演劇・ダンス・音楽などの芸術分野での、**体を使った表現行為《こうい》**。

先日観《み》た劇団の〔**パフォーマンス**〕はすばらしかったね。

公演・表現

81 劇的《げきてき》

演劇を見るような、**強い緊張感《きんちょうかん》や感動を与《あた》える様子**。

二人は〔**劇的**〕な出会いをし、そして結ばれた。

ドラマチック

82 旋律《せんりつ》

音楽的なまとまりとして作られた**音の流れ**。

ソプラノ歌手の歌う美しい〔**旋律**〕にうっとりする。

楽曲・節《ふし》・メロディー

83 装飾《そうしょく》

美しく飾《かざ》ること。また、その飾り。

しゃれた〔**装飾**〕のレストランでランチを食べる。

飾り付け・よそおい

84 静物《せいぶつ》

絵画の題材で、**静止しているもの**。

リンゴを主題にした、セザンヌの〔**静物**〕画を鑑賞《かんしょう》する。

単語 / 意味 / 使い方 / 類似語

85 逆《ぎゃく》接《せつ》

意味：前後する二つの文や句が**相反する関係にあることを表すもの。**

対義　順接

使い方：「しかし」「ところが」「けれども」などは、〔**逆接**〕の接続詞である。

86 説得力《せっとくりょく》

意味：言葉や文章で、**相手を納得させる力。**

使い方：評論文では、その文章に、どれだけ〔**説得力**〕があるかが重要だ。

87 リアリティー

意味：**現実味。**真実味。

使い方：この小説は、〔**リアリティー**〕が乏《とぼ》しく、つまらなかった。

類似語：迫真《はくしん》・リアル

88 本格的《ほんかくてき》

意味：そうあるべき**正しい形、やり方に従うこと。**

使い方：今日から〔**本格的**〕なテスト勉強を始める。

類似語：正式・正統・本式・本物

89 卑《ひ》近《きん》

意味：**身近でわかりやすい様子。**

対義　高遠

使い方：〔**卑近**〕な例として、学校でのできごとを挙げて説明する。

類似語：卑俗《ひぞく》

90 疑《ぎ》似《じ》

意味：本物と**区別がつかないほど似ていること。**
「擬似」とも書く。

使い方：ここでは江戸《えど》時代の生活の〔**疑似**〕体験ができる。

類似語：相似《そうじ》・見紛《みまが》う・そっくり

91
所詮《しょせん》
結局。
かなうはずがないと思ったら、〔所詮〕夢は夢のままで終わる。
つまるところ・果ては

92
端的《たんてき》
はっきりしている様子。手っ取り早く表現する様子。
〔端的〕に言えば、我々は環境《かんきょう》に配《はい》慮《りょ》しなければならない、ということだ。
クリア・率直《そっちょく》・単刀直入 1671

93
殊《こと》に
とりわけ。その上。
私は、魚類の中でも、〔殊に〕回遊魚の生態に興味をもっている。
殊《こと》の外《ほか》・特に

94 難
稀《まれ》
めったにない様子。「希」とも書く。
彼《かれ》は、本校でも〔稀〕に見る秀才《しゅうさい》だ。
希有《けう》・稀少《きしょう》

95
あたかも
まるで。
〔あたかも〕夏のような暑さだ。
さながら

96
よもや
まさか。
〔よもや〕あいつに負けるとは思わなかった。
万が一にも

単語 / 意味 / 使い方 / 類似語

97
文芸《ぶんげい》
言葉によって表現される芸術。また、学問と芸術。
〔**文芸**〕誌に発表した小説が、新人賞の候補になった。
類似語：文学・読み物

98
ジャンル
種類。部門。
商品を〔**ジャンル**〕ごとに分類して紹介《しょうかい》する。
類似語：種別・類別

99
虚構《きょこう》
実際にはない物事を、事実のようにつくりあげること。
どれだけ現実のように〔**虚構**〕を語れるかが、小説家の腕《うで》の見せどころだ。
類似語：絵空事・架空《かくう》・空想・作り話・フィクション

100
ノンフィクション
虚構《きょこう》の混ざっていない、**事実に基《もと》づいた読み物。**
対義 フィクション
人種差別と闘《たたか》い続けた人物を描《えが》いた〔**ノンフィクション**〕作品を読んだ。
類似語：実話・ルポルタージュ

101
エピソード
ある人物やできごとについての、**ちょっとした面白《おもしろ》い話。**
歴史上の人物の〔**エピソード**〕を先生が話してくださった。
類似語：逸話《いつわ》・余談30・余話

102
随筆《ずいひつ》
体験や感想などを、**思いついたとおりに書いたもの。**
日本の古典には、『枕草子《まくらのそうし》』や『方丈記《ほうじょうき》』などの優《すぐ》れた〔**随筆**〕がある。
類似語：エッセイ・随想《ずいそう》

103 戯曲《ぎきょく》
演劇の脚本《きゃくほん》の形式で書かれた文学作品。
『ハムレット』はシェイクスピアが書いた〔戯曲〕である。
シナリオ・台本

104 俳諧《はいかい》
室町《むろまち》時代に始まった、滑稽《こっけい》な連《れん》歌《が》の一形式。また、俳句や発句《ほっく》の総称《そうしょう》。
松尾芭蕉《まつおばしょう》は、〔俳諧〕を芸術にまで高めた偉人《いじん》である。

105 川柳《せんりゅう》
五・七・五句からなる、風刺《ふうし》や滑稽を狙《ねら》った短詩。
〔川柳〕を作って、新聞に投句した。

106 能《のう》
謡《うたい》と舞《まい》と囃子《はやし》からなる、歌舞劇《かぶげき》。
〔能〕の主役は、面《おもて》と呼ばれる仮面をつけて演じる。
能楽

107 浄瑠璃《じょうるり》
三味線《しゃみせん》を伴奏《ばんそう》とする語り物の総称。
江戸《えど》時代に〔浄瑠璃〕に合わせて人形を遣《つか》う人形劇《にんぎょうげき》がはやった。

108 歌舞伎《かぶき》
江戸時代に始まった、舞踊《ぶよう》・音楽・セリフ劇を総合した民衆演劇。
江戸時代の町人の世界を描《えが》いた〔歌舞伎〕の作品。

	単語	意味	使い方	類似語
109	文語《ぶんご》	書き言葉。**昔に使われていた言葉。** 対義 口語 110	〔**文語**〕の文法は、現代の文法とは大きく違《ちが》っている。	古語
110	口語《こうご》	話し言葉。**現代に使われている言葉。** 対義 文語 109	古文を〔**口語**〕に訳していく。	現代語
111	散文《さんぶん》	音数や句法にかかわりなく作られる**普通《ふつう》の文章。** 対義 韻文《いんぶん》 112	私は、詩よりも小説や評論などの〔**散文**〕を読むほうが得意だ。	
112	韻文《いんぶん》	**音数や句法を整えた文。** 対義 散文 111	〔**韻文**〕では、五七調など、散文には用いられない技法が使われる。	詩歌《しいか》・詩句
113	叙情《じょじょう》	**自分の感情を述べ表すこと。** 「抒情」とも書く。 対義 叙事《じょじ》	雨の景色を〔**叙情**〕豊かに歌いあげた詩。	
114	叙景《じょけい》	**風景を詩歌や文章に述べ表すこと。**	春の、菜の花畑の様子を書き表した〔**叙景**〕文。	

115
編年体《へんねんたい》
歴史を、年月の順に記述していく方法。
対義 紀伝体 116
〔編年体〕で編まれた歴史書は、できごとを調べるのに便利だ。

116
紀伝体《きでんたい》
重要人物の伝記を重ねて、歴史を記述していく方法。
対義 編年体 115
中国の歴史書『史記』は〔紀伝体〕で書かれている。

117
口承《こうしょう》
口から口へと言い伝えること。

『平家物語』は、琵琶《びわ》法師と言われる人々が〔口承〕で伝えてきた語り物から生まれた。

伝承・伝説

118
神話《しんわ》
自然界や人間界の現象を、**神を中心とする話で説いた物語。**

世界の始まりについての〔神話〕は各国に存在する。

伝承・伝説

119
叙事詩《じょじし》
神話、歴史的事件、英雄《えいゆう》の功績などを**物語風に述べた詩。**
対義 叙情詩《じょじょうし》
『イーリアス』はギリシャ神話のトロイア戦争を題材とした〔叙事詩〕だ。
エピック

120 難
寓話《ぐうわ》
教訓的な内容を含《ふく》んだ**たとえ話。**
昔から伝えられている〔寓話〕から、現代の我々が学ぶことは多い。

単語 / 意味 / 使い方 / 類似語

121 修辞《しゅうじ》
巧《たく》みな言い回しをしたり、美しく効果的に表現したりすること。また、その技術。
あまりに〔修辞〕を使いすぎた文章は好まれない。
技巧《ぎこう》122・テクニック・レトリック

122 技巧《ぎこう》
技術が巧みなこと。また、巧みな手腕《しゅわん》・技術。
ピカソは〔技巧〕的に優《すぐ》れた画家であった。
修辞121・テクニック

123 比喩《ひゆ》
たとえ。
〔比喩〕を用いてわかりやすく解説する。

124 直喩《ちょくゆ》
「たとえば」「ように」といった表現を使った比喩《ひゆ》。
対義 隠喩《いんゆ》125・暗喩
「雪のように白い」と、〔直喩〕で表現する。
たとえ・明喩

125 隠喩《いんゆ》
「たとえば」「ように」といった表現を使わない比喩。
対義 直喩124・明喩
「バラの唇《くちびる》」と、〔隠喩〕で表現する。
暗喩・たとえ・メタファー

126 擬人法《ぎじんほう》
人間でないものを人間にたとえる修辞法。
美しく咲《さ》く花を「花が笑う」と〔擬人法〕で表現してみた。
擬人化《ぎじんか》・活喩

127
倒《とう》置《ち》法《ほう》
語順を逆にして強調する方法。
「雨だ、今日は」と〔倒置法〕を使って強調する。

128
擬《ぎ》声《せい》語《ご》
ものの音や声などを表す言葉。「ぽきり」「しくしく」など。
「わんわん」は、犬の鳴き声を表した〔擬声語〕だ。
オノマトペ・擬音語《ぎおんご》

129
擬《ぎ》態《たい》語《ご》
ものの様子を表す言葉。「にこにこ」「つるつる」など。
「きらきら」は、美しく光る様子を表した〔擬態語〕だ。
オノマトペ

130
反《はん》語《ご》
自分の考えを強調するため、**わざと主張と反対の内容を疑問の形で表現する修辞法。**
「こんな大雨の中誰《だれ》が来るか」と、〔反語〕で表現した場合、誰も来ないことを強調している。

131
対《つい》句《く》
言葉の組み立てや意味が**対応関係にある語句を並べて置く修辞法。**
「月は東に、日は西に」は〔対句〕になっている。

132
呼《こ》応《おう》
ある語句が使われると、**その後に特定の語が規則的に現れること。**
「全く」は「ない」と〔呼応〕する副詞である。

	単語	意味	使い方	類似語
133	体《たい》言《げん》止《ど》め	文の終わりを、体言（＝名詞）で止める修辞法。	「絶え間なく降る雨。」のような〔体言止め〕を使うことで、文章に余韻《よいん》を残す効果がある。	
134	押《おう》韻《いん》	詩などで一定の箇所《かしょ》に同じ音を用いる修辞法。	欧米《おうべい》の詩には、よく〔押韻〕が用いられる。	脚韻《きゃくいん》・頭韻・韻を踏《ふ》む
135 難	枕《まくら》詞《ことば》	特定の言葉を導き出すために、その前に置く五音の言葉。	「たらちねの」は「母」に掛《か》かる〔枕詞〕である。	
136 難	掛《かけ》詞《ことば》	一つの言葉に二つ以上の意味をもたせる修辞法。	「こまつ」は「小松」と「子待つ」の意味をもつ〔掛詞〕だ。	言い掛け
137	初《しょ》句《く》	短歌、俳句、詩などの初めの句。 対義 結句	〔初句〕が「五月雨《さみだれ》を」で始まる松《まつ》尾《お》芭蕉《ばしょう》の句。	起句
138	上《かみ》の句《く》	短歌の前半の、五・七・五の三つの句のこと。 対義 下《しも》の句	和歌の〔上の句〕を聞いて、下の句をあてる。	

139 字余《じあま》り

句の音数が、基本の五音または七音より多いこと。

対義 字足らず

初句が六音のこの句は〔字余り〕である。

破調

140 返歌《へんか》

贈《おく》られた歌に対する返事の歌。

歌を贈られた者は〔返歌〕をするのが、当時の礼儀《れいぎ》であった。

返し歌

141 歌枕《うたまくら》

和歌に詠《よ》み込《こ》まれる名所。

百人一首の和歌に詠まれた〔歌枕〕を巡《めぐ》る旅をしてみたい。

142 季語《きご》

俳句などで、季節感を表すために詠み込む語。

俳句には原則〔季語〕を入れる。

季題

143 歳時記《さいじき》

俳句の季語を集めて、分類、解説した書物。

〔歳時記〕で夏の季語を調べてみた。

季寄せ

144 難 雅号《がごう》

作家や芸術家が、仕事の上で本名以外に使う名前。

「漱石《そうせき》」という〔雅号〕は中国の故事からとったということだ。

芸名・筆名・ペンネーム

単語 / 意味 / 使い方 / 類似語

145 余《よ》韻《いん》

物事が終わった後も残る味わい。

映画が終わった後も、しばらく座席で〔余韻〕を楽しむ。

趣《おもむき》147・情趣《じょうしゅ》・幽玄《ゆうげん》151

146 格《かく》調《ちょう》

芸術作品などがもつ風格や調子。

〔格調〕の高い文章で書かれた小説を読んだ。

品位・品格

147 難 趣《おもむき》

落ち着きのある味わい。様子、感じ。

ししおどしの音が聞こえる〔趣〕のある庵《いおり》。

あわれ148・風雅《ふうが》149・風情《ふぜい》・幽玄151・余韻《よいん》145

148 難 あわれ

しみじみとした味わいがある様子。もの寂《さび》しい様子。

秋の夕暮れの景色を見ていると、しみじみと〔あわれ〕を感じる。

趣147・寂然《じゃくねん》・情趣・風情・幽玄151

149 風《ふう》雅《が》

風流で上品なこと。詩歌《しいか》、文芸の道。

『枕草子《まくらのそうし》』には、平安貴族の〔風雅〕な日常を伝える話が載《の》っている。

趣147・洗練・風流・優雅《ゆうが》1183

150 粋《いき》

容姿や身なり、態度が洗練されていて、しゃれていること。

対義 野暮《やぼ》1153

伝統的な柄《がら》の着物を上手に着こなした〔粋〕な姿。

いなせ・洒脱《しゃだつ》1109・しゃれ・粋《すい》

151 難
幽玄《ゆうげん》
奥深《おくぶか》い味わいがあること。余情があること。
藤原定家《ふじわらのさだいえ》らが編纂《へんさん》した『新古今和歌集』は、〔幽玄〕を理想の一つとした。
あわれ 148・趣《おもむき》 147・静寂《せいじゃく》 857・余韻《よいん》 145

152 難
わび
静寂で質素な趣。
茶室でお茶をたてると、〔わび〕の精神が感じられる。
閑寂《かんじゃく》・枯淡《こたん》・さび

153 難
ハレ
晴れやかな時や場所。非日常。「晴れ」とも書く。
対義 褻《け》
ひな祭りやこどもの日などは、いわば〔ハレ〕の日であって、日常とは異なる。
祝日・祭り

154
高尚《こうしょう》
俗《ぞく》っぽさがなく、性質や趣味《しゅみ》などが高級で上品なこと。
対義 低俗 71・卑俗《ひぞく》
クラシック音楽がお好みとは、〔高尚〕な趣味をおもちですね。
上品・崇高《すうこう》 419

155 難
醍醐味《だいごみ》
物事の本当の面白《おもしろ》さ。深い味わい。
サッカーの〔醍醐味〕は、何と言ってもゴールシーンにある。
旨味《うまみ》・神髄《しんずい》・妙味《みょうみ》

156
雪月花《せつげっか》
四季折々の自然美。
〔雪月花〕を描《えが》き続けてきた日本画の巨匠《きょしょう》の個展を見た。
花鳥風月 1618

単語 / 意味 / 使い方 / 類似語

157 傑《けっ》作《さく》

特別に優《すぐ》れた作品。

対義 駄作《ださく》160・凡作《ぼんさく》

K監督《かんとく》の映画作品はどれも〔傑作〕ばかりだ。

類似語：佳作《かさく》158・秀作《しゅうさく》・名作

158 佳《か》作《さく》

できばえの優れた作品。また、入賞した作品に次ぐ、優れた作品。

私の油絵が、コンクールで〔佳作〕になった。

類似語：傑作《けっさく》157・秀作・名作

159 難 寡《か》作《さく》

芸術家が作品を少ししか作らないこと。

対義 多作

あの作家は〔寡作〕だったので、作品には希少価値がある。

類似語：遅筆《ちひつ》

160 駄《だ》作《さく》

できの悪い作品。つまらない作品。

対義 傑作157・名作

ストーリーはめちゃくちゃで、全くの〔駄作〕であった。

類似語：愚作《ぐさく》・拙作《せっさく》・凡作

161 習《しゅう》作《さく》

芸術作品を制作する際に、練習のために作る作品。

有名画家の〔習作〕を展示する企画《きかく》展《てん》が開かれる。

類似語：試作・下絵

162 難 贋《がん》作《さく》

偽《にせ》の作品を作ること。また、その作品。

骨董品《こっとうひん》の収集には、〔贋作〕を見抜《みぬ》く目が必要だ。

類似語：改ざん・偽造《ぎぞう》・偽物《にせもの》・まがい物1266・模造

163
紋《もん》切《き》り型《がた》
決まりきったやり方。決まりきっていて新味がないこと。
そのスピーチは〔紋切り型〕で、前にも聞いたことがあるような話であった。
型通り・ステレオタイプ 164・陳腐《ちんぷ》 615・判を押《お》したよう

164
ステレオタイプ
考え方や文章などが固定的であること。
〔ステレオタイプ〕の発想からでは、何も生みだされない。
型通り・紋《もん》切《き》り型 163

165
風《ふう》物《ぶつ》詩《し》
季節の感じをよく表すもの。
毎年年末に行う餅《もち》つきは、我《わ》が家の〔風物詩〕だ。

166
巨《きょ》匠《しょう》
芸術の分野で格別に優《すぐ》れた人。
あの映画を撮《と》った監督《かんとく》は映画界の〔巨匠〕と呼ばれるほどの人物だ。
権威《けんい》・重鎮《じゅうちん》 1119・大家《たいか》

167
鬼《き》才《さい》
非常に優れた才能。また、才能のある人。
ファッション界の〔鬼才〕と言われる、有名デザイナーの服を買った。
奇《き》才《さい》・天才

168
著《ちょ》名《めい》
世間に名前がよく知られていること。
〔著名〕な推理小説作家のサイン会は大盛況《だいせいきょう》だった。
高名・名声・有名・顔が売れる

番号	単語	意味	使い方	類似語
169	添削《てんさく》	他人の**文章や詩歌《しいか》を直すこと。**	作文を〔**添削**〕してもらったら、赤字だらけになってしまった。	加筆・推敲《すいこう》1576・朱《しゅ》を入れる・手を加える
170	校正《こうせい》	比べ合わせて、**文字や文章の誤りを直すこと。**	誤字の〔**校正**〕をする。	校閲《こうえつ》・修正・訂正《ていせい》
171	翻訳《ほんやく》	ある言語で書かれた**文章や語句を、他の言語に直して表現すること。**	外国の文学作品は、〔**翻訳**〕した人によって違《ちが》った雰囲気《ふんいき》になる。	訳出
172	編集《へんしゅう》	さまざまな記事や材料を使って、**出版物や新聞、映画などの形にまとめること。**	将来、雑誌の〔**編集**〕をするのが夢だ。	編纂《へんさん》
173	制作《せいさく》	芸術作品などを**作ること。**	五年間を費やして〔**制作**〕した自信作を発表する。	作成・作製
174	取材《しゅざい》	記事や作品の**材料を取り集めること。**	新聞記事を書くため、〔**取材**〕を行う。	

□175 **企画《きかく》**

あることをするために、**計画を立てること**。また、その計画。

最新号に載《の》せる特集記事を〔**企画**〕する。

構想・プラン・立案

□176 **寄稿《きこう》**

新聞や雑誌などに**原稿《げんこう》を書いて送ること**。

新しい雑誌を発刊するにあたって著名な作家に〔**寄稿**〕を依頼《いらい》した。

寄草・投稿

□177 **掲載《けいさい》**

新聞や雑誌などに**載せること**。

新人賞を受賞した作品が、雑誌に〔**掲載**〕された。

公表・発表

□178 **改訂《かいてい》**

書物や文書の**内容などを改め直すこと**。

五年ぶりに教科書が〔**改訂**〕される。

校訂《こうてい》・修正

□179 **閲覧《えつらん》**

書物などを**調べたり読んだりすること**。

図書館の本を〔**閲覧**〕する。

閲読《えつどく》・読書

□180 難 **蔵書《ぞうしょ》**

書物を所蔵すること。また、その書物。

我《わ》が市の図書館の〔**蔵書**〕は、五十万冊を超《こ》えるという。

収蔵・蔵本

単語	意味	使い方	類似語
181 鑑賞《かんしょう》	芸術作品などを**理解し、味わうこと。**	私の趣味《しゅみ》は映画〔**鑑賞**〕です。	
182 熟読《じゅくどく》	文章の意味を**よく考えて読むこと。** 対義 卒読	予習で国語の教科書を〔**熟読**〕した。	精読・味読
183 難 咀嚼《そしゃく》	（食べ物をよくかむように）文章や物事の**意味をよく考え理解すること。**	小説の一文一文を〔**咀嚼**〕する。	反芻《はんすう》186
184 吟味《ぎんみ》	物事の内容や質について**念入りに調べること。**	賛成・反対それぞれの意見を十分に〔**吟味**〕して、結論を下す。	検討・精査
185 対照《たいしょう》	二つの物事を**照らし合わせること。**また、その違《ちが》いが明確になること。	下書きと清書したものを〔**対照**〕する。	コントラスト・照合・相違《そうい》
186 難 反芻《はんすう》	何度も**繰《く》り返し考えたり味わったりすること。**	先生の教えを心の中で〔**反芻**〕する。	咀嚼《そしゃく》183・反復187

187 反《はん》復《ぷく》
繰《く》り返すこと。
何度も〔**反復**〕して学習することが大切だ。
反芻《はんすう》186・リフレイン

188 丹《たん》念《ねん》
心を込《こ》めて**丁寧《ていねい》にすること。**
対義 いい加減
文章を〔**丹念**〕に読み込んでいく。
丹精《たんせい》・入念

189 網《もう》羅《ら》
全てを取り入れること。
受験頻出《ひんしゅつ》語を〔**網羅**〕した単語集。

190 享《きょう》受《じゅ》
受け入れて、**自分のものとして味わい楽しむこと。**
人間らしい生活を〔**享受**〕できる社会を目指す。
謳歌《おうか》697・受容191

191 受《じゅ》容《よう》
受け入れること。芸術などを**理解し、味わうこと。**
明治維新《いしん》以降、日本は西洋文明を〔**受容**〕してきた。
享受《きょうじゅ》190

192 共《きょう》感《かん》
他人の考えや意見、感情などに**全くそのとおりだと感じること。**
評論文を読んで、筆者の意見に深く〔**共感**〕した。
共鳴559・同意・同感

単語

193 真理《しんり》

194 逆説《ぎゃくせつ》

意味

193 物事の正しい筋道。

194 一見真理に背《そむ》いているようだが、よく考えると真理を表している表現。

使い方

193 不変の〔真理〕とは何かを探究する。

194 「急がば回れ」とは、まさに〔逆説〕的な表現だ。

類似語

193 事実・真実 588

194 パラドックス・矛盾《むじゅん》

理解のための一歩

使い方にある「急がば回れ」は、逆説を表す代表例です。「急いでいるなら遠回りをしろ」というのは、一見真理に背いているようですが、実は「急いでいるなら、危険な近道を行くよりも、遠回りをしても安全な道を行くほうが良い」という真実を表しています。

逆説は、常識的な考えをひっくり返して、読む人に「あれっ?」と思わせることで話題に引きつける効果があります。ですから、評論文には、逆説表現がよく現れます。逆説表現が使われている時は、筆者が本当に言いたいことは何なのかをきちんと見定めながら読むことが必要です。

195

単語

象《しょう》徴《ちょう》

意味

目に見えない物事を、形のあるもので代表させて表すこと。また、表したもの。

使い方

ハトは平和の〔象徴〕である。

類似語

記号・シンボル・かたどる

理解のための一歩

象徴の「象」という字は「形・かたどる」という意味を、「徴」は「しるし」という意味を表す言葉です。その二字が組み合わさってできた象徴は「形やしるしにする」といった意味になります。

はっきりとした形がなく、目に見えないものを、形にして表したものが象徴です。使い方にある「ハトは平和の象徴」は、よく使われる言い方です。「平和」は目に見えないものです。それを、「ハト」という目に見える形に置き換《か》えて表現したのです。

文章を読む時は、象徴されているものと象徴しているものをきちんと整理し、確認《かくにん》しておきましょう。

単語 / 意味 / 使い方 / 類似語

196 憲《けん》法《ぽう》

意味：国の根本原則を決める**基本法。**

使い方：〔憲法〕は、国民の自由や権利を守るためにある。

類似語：憲章・国法

197 義《ぎ》務《む》

意味：それぞれの立場において、**しなければならないこと。**

対義 権利 198

使い方：納税は国民の〔義務〕である。

類似語：責務・本分

198 権《けん》利《り》

意味：他人に対して**自分の利益や自由を主張できる資格。**

対義 義務 197

使い方：全ての人が、教育を受ける〔権利〕をもっている。

類似語：権限・特権

199 公《こう》器《き》

意味：**公共のために働くもの。**

使い方：新聞は社会の〔公器〕であり、公正な記事が期待されている。

類似語：公共機関

200 難 不《ふ》文《ぶん》律《りつ》

意味：文字や文章で**書き表されていない法律。**心の中で守られている決まり。

対義 成文律

使い方：集団の中には、多かれ少なかれ、なんとなく決まっている〔不文律〕が存在する。

類似語：慣習・しきたり 302・不文法

201 保《ほ》障《しょう》

意味：国・命・権利などが**損《そこ》なわれないように守ること。**

使い方：日本は、生活を〔保障〕する制度が十分だとは言えない。

類似語：確保・保証

202 機《き》関《かん》

ある働きをするためのしかけ。また、ある仕事をするために設けた組織。

国際連合は、世界の平和と安全のために作られた〔機関〕だ。

委員会・からくり・機構

203 難 中《ちゅう》枢《すう》

中心となる最も大切なところ。

政治の〔中枢〕となる内閣が正しい判断をしなければならない。

要《かなめ》・肝腎《かんじん》 1329・根幹・中核《ちゅうかく》・中心

204 国《こく》際《さい》連《れん》合《ごう》

国際平和と安全の維持《いじ》を目的として作られた国際機構。国連。UN。

一九四六年に〔国際連合〕によって、ユニセフは作られた。

205 政《せい》府《ふ》

国の政治を行うところ。

〔政府〕が景気対策に関する方針を打ち出した。

官庁・行政府・体制

206 制《せい》度《ど》

社会や団体などを維持、運営していくための決まりやしくみ。

日本では、九年間の義務教育が〔制度〕として認められている。

システム・法律・ルール

207 治《ち》安《あん》

国や社会の秩序《ちつじょ》・安全が保たれていること。

日本は、世界の中でも〔治安〕が良い国だと言われる。

公安・保安

単語 / 意味 / 使い方 / 類似語

208 司法《しほう》

法を用いて、争いを解決すること。

社会生活の安定には、〔司法〕が正しく機能する必要がある。

209 加害《かがい》

危害または損害を加えること。

対義 被害《ひがい》 210

交通事故の〔加害〕者が、警察の取り調べを受けている。

類似語：傷害・侵害《しんがい》 348・破損

210 被害《ひがい》

危害または損害を受けること。

対義 加害 209

今回の台風による〔被害〕額は、一億円にものぼるということだ。

211 未遂《みすい》

やりかけて、できなかったこと。

対義 既遂《きすい》

事件は〔未遂〕で終わり、大事にはならなかった。

類似語：未完了《みかんりょう》・未達成

212 容疑《ようぎ》

罪を犯《おか》した疑い。

放火事件の〔容疑〕者が逮捕《たいほ》された。

類似語：疑惑《ぎわく》・嫌疑《けんぎ》

213 難 懲役《ちょうえき》

刑事施設《けいじしせつ》に入れて、所定の作業を行わせる刑罰《けいばつ》。

罪が確定し、〔懲役〕に処せられる。

類似語：禁錮《きんこ》・拘留《こうりゅう》

214 潔白《けっぱく》

心や行いが正しいこと。後ろ暗いことがないこと。

身の〔**潔白**〕を証明し、無罪を勝ち取る。

清浄《せいじょう》・青天白日・清廉《せいれん》 835

215 弁護《べんご》

人の利益となることを主張して、**かばい守ること。**

裁判で容疑者を〔**弁護**〕するための証人となった。

弁明・擁護《ようご》 373

216 釈明《しゃくめい》

誤解や非難を受けたことに対して、**事情を説明して理解を求めること。**

先生に遅刻《ちこく》の〔**釈明**〕をした。

言い訳・答弁・弁明・申し開き

217 難 酌量《しゃくりょう》

事情を理解して、**同情的な扱《あつか》いをすること。**罪を軽くすること。

彼《かれ》の行いには、十分〔**酌量**〕の余地がある。

恩赦《おんしゃ》・容赦 1084

218 猶予《ゆうよ》

決められた**日時を延ばすこと。**

執行《しっこう》〔**猶予**〕三年の判決が下された。

延期

219 更生《こうせい》

生活態度を改め、**社会的に立ち直ること。**

刑務所《けいむしょ》は〔**更生**〕のための施設《しせつ》である。

悔悟《かいご》・改心・悔《く》い改める

単語 / 意味 / 使い方 / 類似語

220
覇《は》権《けん》
力で天下を征服《せいふく》した者の権力。優勝者の立場や栄誉《えいよ》。
選挙が近づき、党内での〔**覇権**〕争いが激しくなってきた。
支配権

221 難
勃《ぼっ》興《こう》
急に勢いを得て**盛《さか》んになること。**
第二次大戦が終わった後、平和運動が〔**勃興**〕した。
興隆《こうりゅう》・流行・隆盛《りゅうせい》

222
変《へん》遷《せん》
時の流れとともに、**移り変わっていくこと。**
流行は、時代とともに〔**変遷**〕してきた。
推移

223
併《へい》合《ごう》
一つにまとめること。ある国が他の国を自国の一部にすること。
二つの町が〔**併合**〕されて、市になった。
合併《がっぺい》・統合・併呑《へいどん》

224
紛《ふん》糾《きゅう》
物事がもつれて、ごたごたすること。
難しい議案に会議が〔**紛糾**〕した。
混乱889・こじれる・もめる

225
紛《ふん》争《そう》
争うこと。もめごと。
十年間続いた〔**紛争**〕が、ようやく終結し、平和が戻《もど》ってきた。
いざこざ・抗争《こうそう》・闘《とう》争《そう》・内紛《ないふん》

226
締《てい》結《けつ》
条約や協定を結ぶこと。
両国で経済に関する協定が〔締結〕された。
契約《けいやく》252・合意・取り交《か》わす・取り結ぶ

227
同《どう》盟《めい》
同じ目的のために力を合わせることを約束すること。
各国と安全保障上の〔同盟〕を結ぶ。
連合・連盟・連立

228
鎮《ちん》圧《あつ》
暴動などを、武力で抑《おさ》えしずめること。
軍隊の出動で、反乱軍が〔鎮圧〕された。
制圧・平定・抑圧《よくあつ》

229 難
掌《しょう》握《あく》
自分の思ったとおりに支配できるようにしておくこと。
上司として部下を〔掌握〕できないようではいけない。
管理・コントロール・把握《はあく》

230
統《とう》率《そつ》
多くの人をまとめて、率いること。
リーダーがメンバー全員を上手に〔統率〕しているので、仕事の進みが早い。
指揮・主導・束ねる

231
収《しゅう》束《そく》
混乱していたことが、収まりがつくこと。
速《すみ》やかに事態の〔収束〕を図《はか》る。
収拾《しゅうしゅう》・鎮静化《ちんせいか》

	単語	意味	使い方	類似語
232	経済《けいざい》	社会生活の中での**生産・売買・消費などの活動。**	好景気で、国民の〔**経済**〕活動が活発化している。	エコノミー・財政
233	資本《しほん》	事業や商売をするために必要な、**元になるお金。**	〔**資本**〕を投じて、小さな会社を立ち上げた。	元本《がんぽん》・資金・元手《もとで》
234	租税《そぜい》	国などが、経費のために、**国民から強制的に取り立てるお金。**	国民が納めた〔**租税**〕を大切に使ってほしい。	血税・国税・税金・地方税
235 難	債務《さいむ》	特定の人に**お金や物品を渡《わた》さなくてはならない義務。** 対義 債権《さいけん》 236	十年かけて借金を返済し、〔**債務**〕がなくなった。	負債
236 難	債権《さいけん》	特定の人に**お金や物品を渡してもらうよう請求《せいきゅう》できる権利。** 対義 債務 235	お金を貸して、〔**債権**〕者となる。	
237	景気《けいき》	社会全体の**経済活動の状態。**	〔**景気**〕が良くなって、賃金アップが期待されている。	経済状況《じょうきょう》

238 **不況《ふきょう》**

景気が悪いこと。

対義 好況《こうきょう》

〔不況〕で倒産《とうさん》する会社が増えている。

不景気

239 **貧困《ひんこん》**

とても少ないこと。貧しくて生活に困ること。

対義 裕福《ゆうふく》 847

〔貧困〕にあえぐ人々を救うために、募金《ぼきん》をつのる。

困窮《こんきゅう》・貧窮《ひんきゅう》・貧乏《びんぼう》

240 **高騰《こうとう》**

ものの値段が高くなること。

対義 暴落 241

地価の〔高騰〕で、マイホームの夢が遠のいた。

値上がり・暴騰《ぼうとう》

241 **暴落《ぼうらく》**

ものの値段が急に下がること。

対義 高騰 240・暴騰

株価の〔暴落〕で、会社が倒産寸前にまで追いこまれた。

急落・値下がり

242 難 **繁盛《はんじょう》**

にぎわい栄えること。

名物料理が人気で、〔繁盛〕している店。

好況・盛況《せいきょう》・繁栄《はんえい》

243 難 **廉価《れんか》**

値段が安いこと。

対義 高価

ネットなら、ここよりも〔廉価〕なものが買えるからお得だ。

安価・格安・二束三文 1677

単語 / 意味 / 使い方 / 類似語

■244 企《き》業《ぎょう》
生産、販売《はんばい》などの**経済活動を継《けい》続《ぞく》して行う組織。**
〔**企業**〕のイメージアップを図《はか》るために、コマーシャルを放映する。
営利組織・会社

■245 営《えい》利《り》
お金をもうけること。お金をもうけるために、活動すること。
会社は〔**営利**〕を目的としている。
収益・利益 610・利潤《りじゅん》

■246 追《つい》求《きゅう》
目的とするものを**追い求めること。**
会社は利益を〔**追求**〕する。
探求

■247 赤《あか》字《じ》
収入より支出のほうが多いこと。
対義 黒字
三年連続〔**赤字**〕で、経営が厳しくなる。
損失 611・マイナス・足が出る 1338

■248 需《じゅ》要《よう》
商品やサービスなどを**必要として求めること。**
対義 供給 249
景気の回復とともに、〔**需要**〕が伸《の》びてきた。
消費 607・ニーズ

■249 供《きょう》給《きゅう》
求められている商品やサービスを**与《あた》えること。**
対義 需要《じゅよう》 248
人気沸騰《ふっとう》で、商品の〔**供給**〕が間に合わない。
供与《きょうよ》・提供 273

□250 売却《ばいきゃく》
売り払《はら》うこと。
対義 購入《こうにゅう》
今まで住んでいた家を〔売却〕して、新居を購入する。

□251 雇用《こよう》
人を雇《やと》うこと。
対義 解雇《かいこ》 253
〔雇用〕の回復がなければ、景気の回復もない。
採用

□252 契約《けいやく》
約束すること。
対義 解約
車を購入するための〔契約〕をする。
合意・締結《ていけつ》 226・取り決め

□253 解雇《かいこ》
雇っていた人をやめさせること。
対義 雇用 251
会社のお金を使い込《こ》んで〔解雇〕された。
くび・処分・免職《めんしょく》・リストラ

□254 肩書き《かたがき》
その人の職業や地位、身分。
人間は〔肩書き〕なんかじゃなく、人柄《ひとがら》だ。
立場・ポスト・役職

□255 履歴《りれき》
それまで経てきた学業・職業など。
アルバイトの面接試験を受けるために〔履歴〕書を書く。
経歴・素性《すじょう》・前歴

単語 / 意味 / 使い方 / 類似語

256 財産《ざいさん》

個人や団体がもつ、**金銭的価値のあるもの全てをまとめたもの。**

知恵《ちえ》を働かせて、短期間で莫大《ばくだい》な〔財産〕を築く。

資産・身代・富

257 生計《せいけい》

生活を立てていく方法、手段。

我《わ》が家は、父の収入で〔生計〕を立てています。

家計・暮らし・生業

258 倹約《けんやく》

無駄《むだ》をなくして、**費用を切り詰《つ》めること。**

生活が厳しいので、もっと〔倹約〕しなければならない。

節約・爪《つめ》に火をともす 1364

259 難 出納《すいとう》

お金や品物を出し入れすること。

会計を任され、現金〔出納〕簿《ぼ》をつけることになった。

260 精算《せいさん》

金銭を細かく計算すること。過不足をなくすこと。

対義 概算《がいさん》

改札口で乗車料金を〔精算〕する。

会計・決算

261 請求《せいきゅう》

相手に要求すること。

借りたお金を、今すぐ返済するよう、〔請求〕された。

催促《さいそく》・要請《ようせい》

262
月賦《げっぷ》
代金を何回かに分けて、月割りにして払《はら》う方法。
一括《いっかつ》払いでなく、〔月賦〕で自家用車を購入《こうにゅう》する。
月払い・分割《ぶんかつ》払い

263
折衷《せっちゅう》
二つの物事から互《たが》いの良いところをとって、調和させること。
和洋〔折衷〕のデザインを取り入れた建築物。
歩み寄り・折り合い・妥協《だきょう》

264 難
相殺《そうさい》
互いに差し引いて帳消しにすること。
土地を売って、借金を〔相殺〕する。
埋《う》め合わせ

265
折半《せっぱん》
金銭や物品を半分ずつにすること。
この店の支払いは、〔折半〕にしよう。
等分・割《わ》り勘《かん》

266
譲渡《じょうと》
権利や財産を譲《ゆず》り渡《わた》すこと。
今は亡《な》き父親から〔譲渡〕された土地だ。
委譲《いじょう》・割譲《かつじょう》・供与《きょうよ》・譲与

267
独占《どくせん》
独り占《じ》めすること。
校庭を野球部が〔独占〕していて、サッカーができない。
占有《せんゆう》・専有・占領《せんりょう》

単語	意味	使い方	類似語
268 稼《か》働《どう》	**お金を稼《かせ》ぐために働くこと。**また、**機械などを動かすこと。**	景気が良くなって、工場の機械の〔**稼働**〕率が上がる。	勤労・操業・労働
269 シミュレーション	現実に似せたモデルを作って行う**模擬《もぎ》実験。**	コンピューターで、巨大地震《きょだいじしん》の際の被害状況《ひがいじょうきょう》を〔**シミュレーション**〕してみる。	仮定・想定・予測
270 ビジョン	**将来に実現しようとする計画。**未来像。	未来に向けての明確な〔**ビジョン**〕をもって会社を経営する。	将来像・展望 1061・目標・夢
271 マニュアル	**手引き書。**案内書。	〔**マニュアル**〕を読みながら、パソコンを操作する。	教本・入門書・ハウツー本
272 量《りょう》産《さん》	同じ規格の製品を**多量に作ること。**	注文が多く来たため、急いで商品を〔**量産**〕する。	大量生産
273 提《てい》供《きょう》	他人に役立つために、**自分の物品を差し出すこと。**	番組制作のために、一千万円を〔**提供**〕することにした。	供給 249・供与《きょうよ》・支給・施《ほどこ》す 1073

274
効率《こうりつ》
使った労力に対する、**仕事のはかどり具合。**
与《あた》えられた仕事を〔**効率**〕良くこなしていくことが大切だ。
性能・能率

275
任務《にんむ》
責任をもって行う仕事。
警察官としての〔**任務**〕を全《まっと》うする。
職務・責務・役目

276
派遣《はけん》
命令をして、**人を行かせること。**
対義 召還《しょうかん》
戦地に兵隊が〔**派遣**〕された。
配置・差し向ける・遣《つか》わす

277
遂行《すいこう》
物事を**最後までやり通すこと。**
途中《とちゅう》で投げ出さず、自分の役目を〔**遂行**〕する。
完遂《かんすい》・貫徹《かんてつ》966・達成

278 難
奔走《ほんそう》
物事がうまくいくように、**あちこち走りまわること。**
文化祭の準備で〔**奔走**〕する。
東奔西走《とうほんせいそう》1675・足を棒にする・駆《か》け回る

279
待機《たいき》
準備をととのえて、**機会が来るのを待つこと。**
保育園の〔**待機**〕児童が、なかなか減らない。
保留

単語 / 意味 / 使い方 / 類似語

280
未曽有《みぞう》
今までに一度もないこと。
十億円が盗《ぬす》まれるなんて、まさに〔**未曽有**〕の大事件だ。
類似語：前代未聞 1666・破天荒《はてんこう》

281 難
還元《かんげん》
もとの形、状態に戻《もど》すこと。また、戻ること。
企業《きぎょう》が、自社の利益を消費者に〔**還元**〕する。
類似語：回復・復元・復旧

282
リスク
危険。危険性。
交通渋滞《じゅうたい》の場合の〔**リスク**〕を考えて、電車で移動することにした。
類似語：恐《おそ》れ・危機

283
悪循環《あくじゅんかん》
原因と結果が相互《そうご》に悪い影響《えいきょう》を与《あた》え続けて、**際限なく悪化していくこと。**
景気が悪くなり、経済が〔**悪循環**〕に陥《おちい》る。
類似語：負の連鎖《れんさ》

284
疲弊《ひへい》
疲《つか》れて弱ること。非常に苦しくなること。
国力が弱まり、国民が〔**疲弊**〕している。
類似語：荒廃《こうはい》・消耗《しょうもう》・衰亡《すいぼう》

285 難
失墜《しっつい》
信用・権威《けんい》などを失うこと。
対義 回復・挽回《ばんかい》
うそがばれて、彼《かれ》の信用は〔**失墜**〕した。
類似語：喪失《そうしつ》 1081・損失 611

□286
破綻《はたん》
物事や関係がうまくいかなくなること。破れ綻《ほころ》びること。

景気の悪化により、会社の経営が〔破綻〕した。

失敗・行き詰《づ》まる・打つ手がない

□287 難
搾取《さくしゅ》
搾《しぼ》り取ること。特に、資本家が**労働者を安い賃金で働かせて、利益を独占《どくせん》すること。**

長時間労働をさせて、労働者から〔搾取〕する企業《きぎょう》が社会問題になっている。

酷使《こくし》・使い捨て・こき使う

□288
不祥事《ふしょうじ》
好ましくないできごと。

市長の〔不祥事〕が露見《ろけん》し、問題となっている。

スキャンダル・不始末・問題行動

□289 難
是正《ぜせい》
悪い点や間違《まちが》った点を**直して正しくすること。**

貧富の格差を〔是正〕する。

修正・訂正《ていせい》

□290
規制《きせい》
規則によって、**制限を設けること。**また、その規則。

大型イベント開催《かいさい》のため、交通〔規制〕が実施《じっし》される。

規定・規律・統制

□291
規範《きはん》
行動や判断の**基準となる手本。**

個人の人権を尊重することを、行動の〔規範〕とする。

規格・模範《もはん》448

単語 / 意味 / 使い方 / 類似語

292 世《せ》間《けん》

意味：**自分が生活している場**。世の中。また、世の中の人々。

使い方：〔世間〕の目を気にしながら生活をする。

類似語：巷間《こうかん》・市井《しせい》293・巷《ちまた》1260

293 難 市《し》井《せい》

意味：**人が集まり住む場所**。町。

使い方：生涯《しょうがい》、〔市井〕の人として生きていきたい。

類似語：巷間・世間292・俗世《ぞくせ》間《けん》・巷1260

294 庶《しょ》民《みん》

意味：権力や財力をもたない**一般《いっぱん》の民**衆。

使い方：いつの時代も〔庶民〕の生活は厳しい。

類似語：市民・人民・大衆295・民衆

295 大《たい》衆《しゅう》

意味：社会の大多数を占《し》める**一般の**人々。

使い方：選挙で〔大衆〕の支持を得て、与党《よとう》となる。

類似語：市民・庶民《しょみん》294・人民・民衆

296 郷《きょう》土《ど》

意味：**生まれ育った土地**。地方。田舎《いなか》。

使い方：〔郷土〕の歴史・文化を研究するサークル。

類似語：郷里・故郷・出身地

297 風《ふう》土《ど》

意味：**その土地の気候や土壌《どじょう》の良し悪し、地勢など**。

使い方：四季の移り変わりを感じることのできる日本の〔風土〕を愛する。

類似語：地域性・土地柄《とちがら》

298
ローカル
地方の。その土地特有な様子。

地方局が制作した〔ローカル〕番組を見る。

局地的・局部的

299
コミュニティー
住む地域が同じで、風俗《ふうぞく》や習慣などで深い結びつきをもつ**共同体。**

地域住民主体のイベントを行って、〔コミュニティー〕に活力を与《あた》える。

地域社会

300
地《ち》産《さん》地《ち》消《しょう》
地元で取れたものや作ったものを、まず地元で消費すること。

地元の特産品を使った料理を出す、〔地産地消〕のお店。

自給自足 1643

301
伝《でん》統《とう》
長い時間をかけて**受け継《つ》がれてきた習わし、**様式など。

百年の〔伝統〕を誇《ほこ》る学校は、そう多くない。

しきたり 302・風習

302
しきたり
昔からの習わし。慣例。

昔の人々は家の〔しきたり〕と村の因習に縛《しば》られて生きていた。

因習・伝統 301・風習・不文律 200

303
封《ほう》建《けん》的《てき》
閉鎖的《へいさてき》で、**個人の自由よりも上下関係を重視する様子。**

対義 民主的

不平等で、〔封建的〕な制度は、撤廃《てっぱい》しなければならない。

	単語	意味	使い方	類似語
304	人口《じんこう》	その地域に**住んでいる人の数**。	日本の〔**人口**〕は、少しずつ減ってきている。	
305	核家族《かくかぞく》	**夫婦《ふうふ》とその子供だけの家族**。	都市部では〔**核家族**〕の家庭が増えている。	
306	少子化《しょうしか》	出生率が低下したことで、**総人口中の子供の割合が小さくなること**。	〔**少子化**〕に歯止めをかけるには、子供を育てやすい環境《かんきょう》にしなければならない。	
307	高齢化《こうれいか》	**総人口中の高齢者《こうれいしゃ》の割合が大きくなっていくこと**。	〔**高齢化**〕が進み、老人ホームの不足が問題になっている。	
308	介護《かいご》	病人や高齢者の**世話をすること**。	祖父が寝《ね》たきりになり、〔**介護**〕施《し》設《せつ》に入ることになった。	看護《かんご》・看病
309	バリアフリー	高齢者や体の不自由な人の**生活に不便な障害を取り除こうという考え方**。	最近は、駅やさまざまな施設で、〔**バリアフリー**〕が取り入れられている。	

310
ボランティア
社会のためになることを、**自ら進んで無報酬《むほうしゅう》で行うこと。**

〔ボランティア〕で近所の清掃《せいそう》をした。

奉仕《ほうし》活動

311
福祉《ふくし》
人々の幸せ。幸せな環境《かんきょう》。

北欧《ほくおう》では〔福祉〕政策が進んでいて、社会保障が充実《じゅうじつ》している。

厚生《こうせい》

312
支援《しえん》
力を貸して助けること。

市町村による、子育てを〔支援〕する制度の充実が期待されている。

後押《あとお》し・援助《えんじょ》・応援・サポート・慈善《じぜん》371・助成

313
活性化《かっせいか》
社会や組織の**活動が活発になること。**

地産地消で地元の経済を〔活性化〕させる。

314
NPO《エヌピーオー》
市民などの支援のもとに、社会の利益になる活動を行う団体。**民間非営利組織。**

災害ボランティアの活動を行っている〔NPO〕に参加する。

315
NGO《エヌジーオー》
国際的な活動を行っている**非政府組織、**民間団体。

紛争《ふんそう》地帯の難民救護活動に携《たずさ》わる〔NGO〕の団体を紹介《しょうかい》する。

	単語	意味	使い方	類似語
316	ジャーナリズム	新聞・雑誌・放送などの**言論や報道**。また、その世界で作られる文化。	新聞記者などの〔ジャーナリズム〕にかかわる仕事に就《つ》きたいと考えている。	言論機関・マスコミ
317	世《せ》論《ろん》	**世間一般《いっぱん》の人の意見**。「よろん」とも読む。	新聞に、内閣に関する〔世論〕調査が発表された。	公論・国論・世評・民意 322
318	報《ほう》道《どう》	新聞やテレビなどで、**できごとを広く告げ知らすこと**。	首相会議に関するニュースを連日〔報道〕する。	報告・レポート
319	社《しゃ》説《せつ》	新聞や雑誌が、**その社の責任において表明する、主張を表した論説**。	増税に関する各新聞の〔社説〕を読み比べてみる。	コラム
320	号《ごう》外《がい》	重大な突発的《とっぱつてき》事件を早く報道するため、**臨時に発行する印刷物**。	ノーベル賞受賞のニュースに、街では〔号外〕が配られた。	ニュース
321	リテラシー	必要な情報を手に入れ、その情報を**使いこなす力**。	今では、情報〔リテラシー〕を身につけることは常識になっている。	識別能力・判断力・批判精神

322 民意《みんい》
国民の意思。
その選挙は、〔民意〕が反映された結果となった。
オピニオン337・公論・国論・世論317

323 難 流布《るふ》
世の中に広く行き渡《わた》ること。
今、世間に〔流布〕している本は、実は十年前に書かれたものである。
拡散554・浸透《しんとう》564・普及《ふきゅう》324・広まる

324 普及《ふきゅう》
世の中に広く行き渡ること。
パソコンは、今や世界中に〔普及〕している。
拡散554・市民権325・浸透564・流布《るふ》323・広まる

325 市民権《しみんけん》
自由が認められ、国政に参加できる権利。また、広く世間に認められること。
すっかり〔市民権〕を得て流行語となる。
選挙権・認知《にんち》・普及324

326 難 席巻《せっけん》
ものすごい勢いで、自分の勢力範囲《はんい》にすること。
彼《かれ》らはデビューと同時に、音楽業界を〔席巻〕した。
時めく・もてはやされる

327 難 寵児《ちょうじ》
世間でもてはやされている人。
出す本が全てベストセラーとなり、まさに彼は時代の〔寵児〕であった。
売れっ子・人気者・風靡《ふうび》

番号	単語	意味	使い方	類似語
328	IT《アイティー》	コンピューターなどを利用して、**情報処理や通信を行う技術。**	〔IT〕の発達によって、人々のコミュニケーションのあり方は大きく変化した。	情報技術
329	ウェブ	インターネット上の、誰《だれ》もが**情報を閲覧《えつらん》できるように公開するためのシステム。**	情報を集めるために〔ウェブ〕サイトを閲覧する。	ホームページ
330	アクセス	**接続。交通手段。**また、インターネットなどに接続して情報の受け渡《わた》しをすること。	お申し込《こ》みの際は、こちらのウェブサイトに〔アクセス〕して下さい。	接近・利用
331	コミュニケーション	言葉や身振《みぶ》りなどで、お互《たが》いの**考えや気持ちを伝え合うこと。**	〔コミュニケーション〕の手段を得るための基本的な方法は言語を学ぶことである。	会話・疎通《そつう》332・通信・伝達
332	疎《そ》通《つう》	考えや意見が**相手に通じること。**	アイコンタクトで意思の〔疎通〕をするサッカー選手。	コミュニケーション331・伝達・理解
333	孤《こ》立《りつ》	独りぼっちで、**仲間がいないこと。**	他国との友好に努めなければ、国際的に〔孤立〕することになる。	隔絶《かくぜつ》・孤独《こどく》・四面楚歌《しめんそか》1573

334
プライバシー
他人に知られたくない個人のこと。また、それを守る権利。
遠慮《えんりょ》なく他人の〔プライバシー〕に立ち入るのは良くない。
私事・私生活

335 難
匿《とく》名《めい》
本名を隠《かく》すこと。また、本名を隠して別の名を名乗ること。
ラジオ番組のお便りのコーナーに〔匿名〕で投書した。
偽《ぎ》名《めい》・変名

336
公《こう》私《し》
公的なことと、私的なこと。
〔公私〕混同した彼《かれ》の言動に批判が集まる。

337
オピニオン
意見、考え。世論。
彼女《かのじょ》は音楽界の〔オピニオン〕リーダーだ。
見解・判断・民意 322

338
ディベート
あるテーマについて、**肯定《こうてい》と否定の二組に分かれてする討論。**
賛成と反対に分かれて、ゴミ処理場建設についての〔ディベート〕を行う。
議論

339
プレゼンテーション
聞き手に対して**情報や提案などを提示して説明すること。**
新商品の〔プレゼンテーション〕を行うための資料を作る。
発表・プレゼン

単語 / 意味 / 使い方 / 類似語

340 依《い》存《ぞん》

意味：他のものに**頼《たよ》って生活、存在すること。**「いそん」とも読む。
対義 自立

使い方：親に〔依存〕しないで、早く自立できるようになりたい。

類似語：従属

341 難 迎《げい》合《ごう》

意味：他人に気に入られるように**言動を合わせること。**

使い方：視聴者《しちょうしゃ》に〔迎合〕するタレント。

類似語：追従 1028・おもねる・こびる・ごまをする

342 干《かん》渉《しょう》

意味：わきから**口出しすること。**

使い方：親からの過度の〔干渉〕は、子供の成長を妨《さまた》げる。

類似語：お節介《せっかい》・介入・横槍《よこやり》を入れる

343 傍《ぼう》観《かん》

意味：直接そのことには関係せずに、**周囲で見ていること。**
対義 介入

使い方：決してかかわらず、〔傍観〕者の立場を貫《つらぬ》いた。

類似語：対岸の火事 1525・手をこまねく 1369

344 放《ほう》棄《き》

意味：**投げ捨てること。**

使い方：彼《かれ》は、遺産相続の権利を〔放棄〕し、何一つもらわなかった。

類似語：遺棄《いき》・投棄・廃棄《はいき》・諦《あきら》める・手放す

345 確《かく》執《しつ》

意味：互《たが》いに**自分の意見を主張してゆずらないこと。**また、それによる争い。

使い方：あの二人の〔確執〕は、相も変わらず続いていて、決着がつかない。

類似語：いさかい 1197・けんか・固執《こしつ》・こだわり・不和

□ 346
偏見《へんけん》
偏《かたよ》った考え。
文学作品はつまらないというのが〔**偏見**〕であることに気づいた。
色眼鏡・思い込《こ》み・先入観388・先入主

□ 347
排他《はいた》
仲間ではない者を退けること。
外国人を締《し》め出すような〔**排他**〕的な考えは改めるべきだ。
差別・除外・疎外《そがい》349・排除《はいじょ》・排斥《はいせき》・閉鎖的《へいさてき》605

□ 348
侵害《しんがい》
他人の権利や利益を侵《おか》して、**損害を与《あた》えること。**
プライバシーを〔**侵害**〕するような報道が許されてよいのか。
加害209・蹂躙《じゅうりん》・踏《ふ》みにじる

□ 349
疎外《そがい》
仲間外れにすること。
自分の利害ばかり主張したら、仲間から〔**疎外**〕された。
差別・除外・排除・排斥・排他347

□ 350 難
逸脱《いつだつ》
筋道やルールから**外れること。**
ルールを〔**逸脱**〕した行為《こうい》は許されない。
違反《いはん》・ずれ・脱線《だっせん》

□ 351
虐待《ぎゃくたい》
むごい扱《あつか》いをすること。
対義 愛護
親による幼児〔**虐待**〕が社会問題として取り上げられた。
弾圧《だんあつ》・暴虐《ぼうぎゃく》・暴力

単語	意味	使い方	類似語
352 難 糾《きゅう》弾《だん》	罪や失敗の責任を**追及《ついきゅう》し、非難すること。**	軽率《けいそつ》な言動を〔**糾弾**〕される。	抗議《こうぎ》1037・弾劾《だんがい》355・非難・問責362
353 クレーム	**苦情。**	近年、何かにつけ〔**クレーム**〕をつける人が増えている。	異議・抗議1037・要求
354 提《てい》訴《そ》	裁判所などに**訴《うった》え出ること。**	公害問題で企業《きぎょう》を〔**提訴**〕する。	
355 難 弾《だん》劾《がい》	不正や犯罪を暴《あば》いて、その**責任をとるように求めること。**	汚職《おしょく》事件に関係した、政府の高官たちを〔**弾劾**〕する報道がなされている。	糾弾《きゅうだん》352・追及・問責362
356 難 転《てん》嫁《か》	責任や罪を**他人に押《お》しつけること。**	先輩《せんぱい》が後輩に責任を〔**転嫁**〕するとは許しがたい。	被《かぶ》せる・なすりつける
357 暴《ばく》露《ろ》	隠《かく》していたことが、**表に現れること。** 対義 隠蔽《いんぺい》	重大な秘密を世間に〔**暴露**〕する。	摘発《てきはつ》1038・発覚・露顕《ろけん》・すっぱ抜《ぬ》く・打ち明ける

358 難
更迭《こうてつ》
ある地位や役目の人を**入れ替《か》える**こと。
不正が発覚し、大臣が〔**更迭**〕された。
解職・改編・再編・免職《めんしょく》

359 難
懲戒《ちょうかい》
懲《こ》らしめ戒《いまし》めること。
不正が明るみに出て〔**懲戒**〕解雇《かいこ》された。
叱責《しっせき》1036・懲罰《ちょうばつ》

360 難
押収《おうしゅう》
裁判所などが物品を**差し押《お》さえ、取り上げる**こと。
警察が家宅捜索《そうさく》し、事件の証拠物《しょうこ》件を〔**押収**〕する。
接収・没収《ぼっしゅう》

361
剥奪《はくだつ》
はぎ取ること。
禁止薬物の使用が発覚し、金メダルを〔**剥奪**〕された選手。
没収・取り上げる

362
問責《もんせき》
責任を問うこと。
計画の失敗に関して、リーダーが〔**問責**〕される。
糾弾《きゅうだん》352・弾劾《だんがい》355・非難

363
警鐘《けいしょう》
良くない事態に向かっていると、**警戒《けいかい》を促《うなが》すもの**。警告。
権力の暴走に、メディアが〔**警鐘**〕を鳴らす。
喚起《かんき》・注意

364 応《おう》酬《しゅう》

意味：**相手の言動に対してやり返すこと**。また、やり取りすること。

使い方：議題について、参加者同士で激しい言葉の〔応酬〕があった。

類似語：舌戦《ぜっせん》・反論・論戦

365 伯《はく》仲《ちゅう》

意味：力がどちらも優《すぐ》れていて、**優劣《ゆうれつ》がつけられないこと**。

使い方：実力が〔伯仲〕したチーム同士なのでどちらが勝つか、わからない。

類似語：互角《ごかく》・五分五分・対等・甲乙《こうおつ》つけがたい 934・伍《ご》する 1092

366 忠《ちゅう》告《こく》

意味：他人の欠点や過《あやま》ちなどを、**真心をもって注意すること**。

使い方：先輩《せんぱい》の〔忠告〕を守って勉強したら、合格した。

類似語：勧告《かんこく》・警告 1040・助言・忠言

367 難 甘《かん》受《じゅ》

意味：**喜んで受け取ること。**

使い方：ミスに対する厳しい批判を〔甘受〕する。

類似語：受け入れる・従う

368 寛《かん》容《よう》

意味：心が広く、**他人の過ちを許すこと**。

使い方：父親が、子供のいたずらに〔寛容〕な態度を見せる。

類似語：寛大《かんだい》 761・容赦《ようしゃ》 1084

369 融《ゆう》和《わ》

意味：打ちとけて、**仲良くすること**。

使い方：対立を止め、人々の〔融和〕を図《はか》る。

類似語：協調・調和・融合《ゆうごう》

370 節《せつ》度《ど》

行き過ぎず、**ちょうど良い程度。**

公共の場では、〔**節度**〕ある振《ふ》る舞《ま》いが求められる。

節制・中庸《ちゅうよう》

371 慈《じ》善《ぜん》

困っている人に**情けをかけて助けること。**

〔**慈善**〕のための活動として、定期的にバザーを開いている。

援助《えんじょ》・支援《しえん》312・チャリティー

372 貢《こう》献《けん》

あることに**力を尽《つ》くし、役立つこと。**

チームの優勝に〔**貢献**〕した四番打者がMVPに輝《かがや》いた。

寄与《きよ》・尽力《じんりょく》972

373 擁《よう》護《ご》

しっかりと**かばい守ること。**

人権を〔**擁護**〕するために力を尽くす。

守護・弁護215

374 互《ご》助《じょ》 難

互《たが》いに助け合うこと。

かつての地域社会にあった〔**互助**〕機能が、改めて見直されている。

協力・扶助《ふじょ》

375 献《けん》身《しん》

ある物事や他人のために、**自分の身を捧《ささ》げて尽くすこと。**

医師の〔**献身**〕的な介護《かいご》によって、一命をとりとめる。

犠牲《ぎせい》413・専心・忠義1163・忠節

376

単語

グローバル

意味

国境を越《こ》えて、地球全体規模である様子。世界的。

使い方

交通や通信技術の発達は、世界の〔グローバル〕化を促進《そくしん》させた。

類似語

ワールドワイド

理解のための一歩

グローバルな世界になることを「グローバル化」と言います。現代社会では、地球はだんだんと「一つ」になってきています。人や情報が国境を越えて移動することが当たり前になりました。しかし、最近はグローバル化によって起きるマイナス面にも目が向けられています。

経済においては巨大《きょだい》な多国籍《たこくせき》企業《きぎょう》が主導する市場経済が中心となり、貧富の格差が広がるという問題が起きています。また、文化の面では、アメリカを代表とする西《せい》欧《おう》文化が世界を席巻《せっけん》し、さまざまな国の固有の文化が消えていこうとしています。

地球が一つになって、皆《みな》が幸せになる……とは簡単にいかないようです。文章中にグローバルという語が出てきた場合には、どんな意味で使われているかに注意しましょう。

377
媒《ばい》介《かい》

単語

意味
二つの物事の間に立って、**うまくまとまるようにすること。**

使い方
地産品の販売《はんばい》を〔**媒介**〕に地域同士の交流を図《はか》る。

類似語
斡旋《あっせん》・介在《かいざい》・仲立ち・橋渡《はしわた》し

378
メディア

意味
二つの物事を媒介《ばいかい》するもの。媒体。特に情報の伝達を指す場合が多い。

使い方
〔**メディア**〕の論調では、与党《よとう》の支持者が減っているらしい。

類似語
手段・マスコミ

理解のための一歩

メディア（＝媒体）とは、本来「**媒介**する手段」という意味です。現代では、おもに情報を伝えるものという意味で使われます。一度に多くの人に情報を送ることから、「マス（＝多くの）**メディア**」とも言います。

メディアの代表的なものとしては、テレビや新聞が挙げられます。これらは、テレビ局または新聞社から発信される情報と、視聴者《しちょうしゃ》・読者とを媒介します。また、近年はインターネットが情報媒体としての中心的な役割を果たすようになりました。

大量に発信される情報をどう使いこなすか。情報リテラシーの重要性がいっそう増してきています。

単語｜意味｜使い方｜類似語

379 哲《てつ》学《がく》

世界や人生の根本的な法則を論理的に追求する学問。自分の経験などから作り上げた人生観。

「努力は必ず報《むく》われる」という彼《かれ》の人生〔哲学〕が成功に導いた。

類似語：世界観 387

380 思《し》索《さく》

筋道をたどって、深く考えること。

ここは、ある有名な科学者がよく〔思索〕にふけった場所だ。

類似語：思案 668・思考・思想

381 倫《りん》理《り》

人の行うべき正しい道。道徳。

友人を裏切った男を主人公にすえ、人間の〔倫理〕を問題にした小説。

類似語：モラル

382 難 二《に》元《げん》

物事が、対立する二つの根本的な法則からできている様子。

対義 一元・多元

世界を、精神と物質の二つに分けて捉《とら》える〔二元〕論。

類似語：二項《にこう》対立

383 デジタル

連続するものを区切って、数字や記号で表現する方法。

対義 アナログ 384

コンピューターは、0と1から成る〔デジタル〕方式でデータを処理する。

384 アナログ

連続するものを区切らず、そのまま数字や記号で表現する方法。

対義 デジタル 383

〔アナログ〕式の時計は、時間を角度によって表す。

385
認識《にんしき》
物事をはっきり理解し、見分け、判断すること。また、そうした心の働き。
君は話が上手なんだね。〔**認識**〕を新たにしたよ。
知見・知識・認知《にんち》

386
価値観《かちかん》
どのような物事に価値を認めるかという、個人または社会の考え方。
何を大切にするかは、人それぞれ〔**価値観**〕が違《ちが》うから面白《おもしろ》い。
世界観 387

387
世界観《せかいかん》
世界や人生の意義、価値などに関する考え方。
監督《かんとく》の〔**世界観**〕が示された映画を観《み》て興味深く感じた。
価値観 386・人生観・哲学《てつがく》 379

388
先入観《せんにゅうかん》
ある物事に対して、あらかじめもっている固定的な考えやイメージ。
〔**先入観**〕をなくせないうちは真実に気づくことはできないだろう。
色眼鏡・思い込《こ》み・先入見・先入主・偏《へん》見《けん》 346

389
座右の銘《ざゆうのめい》
常に自分のそばに置いて、日常の戒《いまし》めとする言葉や文。
不言実行を〔**座右の銘**〕にして、日々仕事に専心しております。
信条・スローガン・モットー

390
イデオロギー
政治や社会に関する基本的な考え。思想傾向《けいこう》。
〔**イデオロギー**〕の対立によって、国内情勢が不安定になる。
社会観・主義・政治観

単語｜意味｜使い方｜類似語

391 根源《こんげん》
物事の始まり。一番もとになっているもの。おおもと。
事態の〔根源〕に遡《さかのぼ》って検証をする。
根幹・根本・本質 393

392 原理《げんり》
物事を成り立たせる、根本的な法則、規則。根本の理論。
てこの〔原理〕を使って、大きな石を持ち上げる。
原則 644・ルール

393 本質《ほんしつ》
物事の一番もととなる大切な性質。その物事を成り立たせている要素。対義 現象 394
問題の〔本質〕を捉《とら》えるには、鋭《するど》い視点が必要だ。
根幹・根源 391・根本・本体

394 現象《げんしょう》
人が感覚で理解することのできる、自然界や人間界のできごと。対義 本質 393・本体
北極では、白夜《びゃくや》など、日本では見られない自然〔現象〕が起こる。
事象

395 命題《めいだい》
解決しなければならない問題。判断した内容を言葉で表したもの。
「良く生きるとは?」ということは、人生の〔命題〕の一つである。
課題・問題

396 属性《ぞくせい》
そのものがもつ、固有の性質。
社会的な身分などは、その人物の〔属性〕の一つである。
特質・特性

397
本《ほん》能《のう》
生まれつきもっている性質や能力。
彼《かれ》は〔本能〕で危険を察知し、難を避《さ》けることができた。
野性

398
既《き》成《せい》
既《すで》にできあがっていること。また、既に世間に認められていること。対義 未成
彼の説は、〔既成〕の考え方を打ち破る全く新しいものだ。
既定《きてい》・従来

399
主《しゅ》体《たい》
他の物事に対して働きかけるもの。
対義 客体 400
自分自身が〔主体〕となって、将来のことを考えなければならない。

400
客《きゃく》体《たい》
自分の意志や行動の対象となるもの。
対義 主体 399
西洋では、自然を〔客体〕として扱《あつか》い、人間が支配するものだという考え方がある。

401
対《たい》象《しょう》
目標となるもの。相手。
〔対象〕をよく見てデッサンを行う。
客体 400

402
他《た》者《しゃ》
自分以外の者。
自分の存在は、〔他者〕との関係によって認識《にんしき》できる。
他人

番号	単語	意味	使い方	類似語
403	**悪《あく》徳《とく》**	**人の道に反した行いや精神。** 対義 美徳	〔**悪徳**〕業者にだまされて、欠陥《けっかん》商品を買わされた。	悪行・悪辣《あくらつ》・不正
404	**利《り》己《こ》**	自分の利益ばかりを考え、**他人のことはかえりみないこと。** 対義 利他 418	他人に掃除《そうじ》をまかせて、自分はさぼるのは〔**利己**〕的な行動だ。	エゴイズム 405・我《わ》がまま
405	**エゴイズム**	自分の利益だけを追求し、**他人の迷惑《めいわく》などは考えない態度や考え。** 利己主義。	自分だけが楽をしたいと考えて、〔**エゴイズム**〕まる出しの行動を取る。	利己 404・我がまま
406	**禁《きん》忌《き》**	その社会の中で**禁止されていること。** また、その事柄《ことがら》。	日本人の意識の中で「死」は最も強い〔**禁忌**〕となっている。	タブー
407	**殺《せっ》生《しょう》**	**生き物を殺すこと。** 残酷《ざんこく》なこと。	「無益な〔**殺生**〕をすると地獄《じごく》に堕《お》ちるよ」と祖母がよく言っていた。	無慈悲《むじひ》
408	**不《ふ》条《じょう》理《り》**	**道理に合わないこと。**	人種や性別で差別されるなどという〔**不条理**〕なことを許してはいけない。	不合理・理不尽《りふじん》

409
悲観《ひかん》
物事を、悪い方向に考えて心配すること。
対義 楽観 424
今度の試験の結果を〔**悲観**〕して、ため息をつく。
失望・絶望

410 難
虚無《きょむ》
世の中や生きることに価値を感じず、**むなしくて無意味なものと考えること。**
信じていた人に裏切られ、〔**虚無**〕感に陥《おちい》る。
空虚《くうきょ》 871・ニヒル

411 難
刹那的《せつなてき》
先のことは考えず、**目の前にある楽しみだけを求めて生きる様子。**
その場限りの、〔**刹那的**〕な生き方に流される。
一過性・瞬間的《しゅんかんてき》

412
受難《じゅなん》
災難や苦難に遭《あ》うこと。
家族が立て続けに病気になるという〔**受難**〕の一年だった。
遭難《そうなん》・苦しむ

413
犠牲《ぎせい》
目的のために**命や大切なものを捧《ささ》げること。**災難などで**命を失ったり、傷ついたりすること。**
ビル火災で多くの人が〔**犠牲**〕となった。
生け贄《にえ》・献身《けんしん》 375・挺《てい》身《しん》・人柱《ひとばしら》

414
殉職《じゅんしょく》
職務のために死ぬこと。
強盗《ごうとう》を逮捕《たいほ》しようとして〔**殉職**〕した警察官の葬儀《そうぎ》に参列する。

単語 / 意味 / 使い方 / 類似語

415 慈《じ》悲《ひ》

いつくしみ哀《あわ》れむ心。情け。

深く謝罪し、相手の〔慈悲〕を乞《こ》う。

温情・仁

416 博《はく》愛《あい》

全ての人を等しく愛すること。

〔博愛〕の精神をもって、差別のない社会の建設に貢献《こうけん》する。

思いやり・人道主義

417 平《びょう》等《どう》

差別がなく等しいこと。

食料が被災者《ひさいしゃ》全員に行き渡《わた》るよう、〔平等〕に配給する。

公正・公平・同等

418 利《り》他《た》

他人の幸福を願うこと。他人のために自分を犠牲《ぎせい》にすること。

対義 利己 404

これからは、次世代の人々の幸福を考える〔利他〕的な考えが求められる。

無私 834

419 難 崇《すう》高《こう》

気高くて尊いこと。

憲法の〔崇高〕な精神を後代まで伝えたい。

高貴・高尚《こうしょう》 154

420 難 啓《けい》蒙《もう》

人々に新しい知識を与《あた》えて教え導くこと。

感染症《かんせんしょう》予防のための〔啓蒙〕活動を行う。

感化 441・教化・啓発《けいはつ》

421 難

克己《こっき》

自分の欲望や邪念《じゃねん》に打ち勝つこと。

柔道《じゅうどう》の稽古《けいこ》を通して、〔克己〕心を身につけることができた。

修養・修練

422

内省《ないせい》

自分の心のもち方や言動をかえりみること。

自分自身の過去の行いを〔内省〕する。

内観・反省

423

達観《たっかん》

細かなことにこだわらずに、**物事の真理や道理を見通すこと。**

人生を〔達観〕した高僧《こうそう》のような口ぶりに驚《おどろ》いた。

悟《さと》り・諦観《ていかん》

424

楽観《らっかん》

物事を、**良い方向に考えて心配しないこと。**

対義 悲観 409

「なんとかなるさ」と事態を〔楽観〕することも必要だ。

楽天

425

超越《ちょうえつ》

他のものや基準などを**超《こ》えること。**物事に**こだわらないこと。**

俗世《ぞくせ》を〔超越〕したお坊《ぼう》さん。

超然《ちょうぜん》 827・優《すぐ》れる・飛び抜《ぬ》ける・抜きんでる

426

成就《じょうじゅ》

成《な》し遂《と》げること。願いや思いがかなうこと。

初詣《はつもう》でで学業〔成就〕の祈願《きがん》をした。

達成・果たす

単語 / 意味 / 使い方 / 類似語

427 難 帰依《きえ》
神仏や高僧《こうそう》の教えなどを深く信《しん》仰《こう》し、その力にすがること。
鎌倉《かまくら》時代、仏教が庶民《しょみん》にも広がり、仏門に〔帰依〕する人々が増えていった。
類似語：信心・入信

428 因果《いんが》
原因と結果。
事件の〔因果〕関係がはっきりせず、解決には時間がかかりそうだ。

429 難 功徳《くどく》
現在または未来に幸福をもたらすであろう良い行い。また、神仏の恵《めぐ》み。
彼《かれ》が助かったのは、母親が何度も神仏に祈《いの》った〔功徳〕によるものだと言われた。
類似語：善行・利益《りやく》

430 難 霊験《れいげん》
神仏が示す不思議な力の現れや利益。「れいけん」とも読む。
〔霊験〕あらたかな仏として、多くの人が参拝に訪《おとず》れる。

431 難 行脚《あんぎゃ》
修行《しゅぎょう》のために諸国を巡《めぐ》ること。
四国の霊場《れいじょう》を〔行脚〕する老夫婦《ふうふ》。
類似語：巡礼《じゅんれい》・遍歴《へんれき》・遍路

432 難 建立《こんりゅう》
寺院・堂塔《どうとう》などを建てること。
奈良《なら》県にある法隆寺《ほうりゅうじ》の五重塔《ごじゅうのとう》は、七世紀に〔建立〕された現存最古の木造建築だ。
類似語：建造・造営・築造

433 **往生**《おうじょう》

死後に極楽浄土《ごくらくじょうど》**に生まれ変わること。**また、死ぬこと。

齢《よわい》百歳《さい》まで生きて、〔**往生**〕を遂《と》げた。

永眠《えいみん》・寂滅《じゃくめつ》

434 **冥土**《めいど》

死者の魂《たましい》**が行く世界。**あの世。

どれだけお金を持っていても、死後の〔**冥土**〕には持って行けない。

冥界《めいかい》・黄泉《よみ》

435 **喪中**《もちゅう》

死者を悼《いた》**み、行いを慎**《つつし》**む期間。**

〔**喪中**〕につき新年のご挨拶《あいさつ》は失礼させていただきます。

忌中《きちゅう》・服喪《ふくも》・物忌《ものい》み

436 **供養**《くよう》

仏や死者にものを供えて、**冥福**《めいふく》**を祈**《いの》**ること。**

先祖を〔**供養**〕するために、法事を行う。

回向《えこう》・弔《とむら》う

437 難 **彼岸**《ひがん》

仏教での悟《さと》**りの境地。**また、その境地に入ること。あの世。

対義 **此岸**《しがん》

この世の迷いを川などにたとえ、行き着いた悟りの世界を〔**彼岸**〕と言う。

浄土《じょうど》・涅槃《ねはん》

438 **お盆**《ぼん》

七月十五日または八月十五日を中心に行われる、**先祖の霊**《れい》**を供**《く》**養**《よう》**する行事。**

毎年〔**お盆**〕の時期になると、郷里に帰って墓参りをする。

精霊会《しょうりょうえ》

単語 / 意味 / 使い方 / 類似語

439 **儒教《じゅきょう》**

孔子《こうし》の教えに基《もと》づいた、**中国の伝統的道徳思想。**

中国から伝わった〔**儒教**〕は、今なお日本人の生き方や考え方に大きな影響《えいきょう》を与《あた》え続けている。

類似語：儒学《じゅがく》

440 難 **神道《しんとう》**

日本固有の、多神教の宗教。

〔**神道**〕では、山や川などの自然に神が宿ると考えられている。

441 **感化《かんか》**

相手を共感させて、**考え方や行動に影響を与えること。**

友人に〔**感化**〕されてギターを始める。

類似語：影響・教化・啓蒙《けいもう》 420

442 **節操《せっそう》**

考えや意見、主義などを**かたく守って変えないこと。**

〔**節操**〕のない彼《かれ》は、他人に何か言われるとすぐに考えを変えてしまう。

類似語：信念 443・ポリシー・操《みさお》

443 **信念《しんねん》**

かたく信じて疑わない心。

対義 疑念

誰《だれ》に何と言われようと、私は自分の〔**信念**〕を決して曲げない。

類似語：信仰《しんこう》・節操 442・操

444 難 **精進《しょうじん》**

一心に打ち込《こ》んで励《はげ》むこと。特に仏道修行《しゅぎょう》に励むこと。

剣道《けんどう》に〔**精進**〕して、技《わざ》と心と身体を鍛《きた》える。

類似語：斎戒《さいかい》・修行

445 霊《れい》魂《こん》

魂《たましい》。 対義 肉体

故人の〔霊魂〕の平安を祈《いの》って合《がっ》掌《しょう》した。

魂魄《こんぱく》

446 難 権《ごん》化《げ》

神仏が人々を救うために**仮の姿でこの世に現れること**。また、**ある特性が具体的な形で現れた人**。

悪事の限りを尽《つ》くして、まさに悪の〔権化〕のような人物だ。

具現・化身《けしん》・権現《ごんげん》

447 偶《ぐう》像《ぞう》

神や仏の姿をかたどった**像**。また、崇拝《すうはい》・**憧《あこが》れの対象となるもの**。

〔偶像〕崇拝を禁止している宗教。

アイドル

448 模《も》範《はん》

見習うべきもの。手本。

人々の〔模範〕となるような、立派な態度を見せる。

規範《きはん》291・見本

449 難 先《せん》達《だつ》

その道の先輩《せんぱい》。案内人。指導者。「せんだち」とも読む。

我々は〔先達〕の教えから多くを学び、新たな文化を築いていく。

先覚・先人

450 難 福《ふく》音《いん》

良い知らせ。また、キリストによって人類が救われるという教え。

〔福音〕を伝えるために来日した神父。

吉報《きっぽう》・伝道

単語 / 意味 / 使い方 / 類似語

451
運《うん》命《めい》
人間の意志を超《こ》えて、幸・不幸をもたらす**巡《めぐ》り合わせ**。
私たち二人は結ばれる〔**運命**〕にあったのだ。
天命・命運

452
因《いん》縁《ねん》
定まった運命。**運命によって結びついた関係**。つながり。
私と彼《かれ》は、小学校から同じ学校で、浅からぬ〔**因縁**〕である。
縁《えん》・宿縁・宿業《しゅくごう》

453
慶《けい》弔《ちょう》
喜び祝うべきことと、悲しみ弔《とむら》うべきこと。
新婚《しんこん》旅行に行くために〔**慶弔**〕休暇《きゅうか》をとった。

454
吉《きっ》凶《きょう》
縁起の良いことと、悪いこと。
今年の私の運勢の〔**吉凶**〕を占《うらな》ってもらった。
禍福《かふく》 456

455
縁《えん》起《ぎ》
物事の吉凶《きっきょう》の兆候。
夜に爪《つめ》を切るのは〔**縁起**〕が悪いと言われる。
験《げん》

456 難
禍《か》福《ふく》
災《わざわ》いと幸せ。
〔**禍福**〕は、誰《だれ》にでも代わる代わる訪《おとず》れるものである。
吉凶 454

457
神秘《しんぴ》
人間の知恵《ちえ》でははかりしれないような**不思議なこと。**
〔**神秘**〕のベールに包まれた古代文明について研究する。
驚異《きょうい》

458
礼拝《れいはい》
神仏を**拝むこと。**「らいはい」とも読む。
毎週日曜日に、教会に〔**礼拝**〕に行く。
参拝・拝礼

459
祈念《きねん》
神仏などに**願い、祈《いの》ること。**
世界の恒久《こうきゅう》平和を〔**祈念**〕する。
祈願《きがん》・希求 695・念願

460
奉納《ほうのう》
神仏のために**ものなどを供えたり、芸能や競技を行ったりすること。**
氏神《うじがみ》様にお神酒《みき》を〔**奉納**〕する。
献上《けんじょう》・献納

461 難
参詣《さんけい》
寺や神社に**お参りすること。**
正月に、神社に〔**参詣**〕する。
参拝・物詣《ものもう》で

462
厄払い《やくばらい》
神仏に祈るなどして、**災《わざわ》いを取り除いてもらうこと。**
事故が起きないように〔**厄払い**〕をしてもらう。
厄落《やくお》とし・厄よけ

単語

463

自《じ》我《が》

意味

自分。自己。主体としての私。

対義 非《ひ》我《が》

使い方

思春期になると、〔**自我**〕の意識が芽生えてくる。

類似語

個性・主体性

464 難

アイデンティティー

自分が、他人と違《ちが》う、他ならぬ自分であるという確信をもつこと。自己同一性。

多くの人が、「自分とは何か」という〔**アイデンティティー**〕の動揺《どうよう》を、成長過程で経験する。

理解のための一歩

アイデンティティーとは、「自分が自分であると確信をもつこと」です。つまり、自分がどういう人間で、これからどういう人生を歩んでいきたいか、といった自覚をもっていることです。

また、**アイデンティティー**が確立していると、自分が他人とどうかかわるかということもはっきりします。

反対に、**アイデンティティー**をうまく確立できないと、自分は社会の中で生きていく能力があるのかと疑いを抱《いだ》き、不安定な心理状態になります。

アイデンティティーとは、その人の生き方・人生にかかわる、とても重要で難しい問題なのです。

465
美意識《びいしき》

単語

意味
美を感じて、理解する心の意識。

使い方
高い〔**美意識**〕によって作られた、繊細《せんさい》で細やかな装飾《そうしょく》が施《ほどこ》された器《うつわ》。

類似語
美学

466
無《む》常《じょう》

この世の全てのものが、とどまることなく移り変わっていくこと。はかないこと。

散っていく桜の花に〔**無常**〕を感じる。

有為転変《ういてんぺん》1612・栄枯盛衰《えいこせいすい》1616

理解のための一歩

「祇園精舎《ぎおんしょうじゃ》の鐘《かね》の声、諸行無常の響《ひび》きあり。」

中学校でも習う『平家物語』の冒頭《ぼうとう》部分です。「諸行無常」とは仏教の教えで「全てのものは常に変化し、不変なものはない」ことです。権力者の平氏が源氏に滅《ほろ》ぼされたように、この世は**無常**なのです。

この考え方（＝**無常**観）は、日本人の**美意識**に大きく影《えい》響《きょう》しています。たとえば、桜の花はすぐに散るからこそ美しい、などと述べる人がいますが、**無常**なものに美しさを見いだす日本人ならではの発想です。

日本の文化を扱《あつか》った評論文では、**無常**観をキーワードにしたものが多くあります。

単語 / 意味 / 使い方 / 類似語

467 難 **地殻**《ちかく》
地球の固体部分の表層。
〔地殻〕の変動で大きな地震《じしん》が起こる可能性がある。
類似語：—

468 **隆起**《りゅうき》
高く盛り上がること。
対義 陥没《かんぼつ》 469
海底が〔隆起〕してできた陸地。
類似語：突起《とっき》・突出

469 **陥没**《かんぼつ》
落ち込《こ》んで、くぼむこと。
対義 隆起《りゅうき》 468
地震で道路が〔陥没〕した。
類似語：沈下《ちんか》・沈降

470 **堆積**《たいせき》
うずたかく積み重なること。岩石や土砂《どしゃ》などが風や水によって運ばれ、たまること。
川などが運んだ土砂が〔堆積〕して砂州《さす》となる。
類似語：山積み・累積《るいせき》

471 **浸食**《しんしょく》
水や風などが陸地や岩石を少しずつ崩《くず》していくこと。「侵食」とも書く。
波に〔浸食〕されて、不思議な形になった岩。
類似語：海食・水食

472 **大洋**《たいよう》
大きな海。
ヨットで〔大洋〕を航海して世界を一周するのが、私の夢だ。
類似語：大海原《おおうなばら》・大海

473 氾濫《はんらん》

川の水などが**あふれ出すこと**。また、良くないものが多量に出回ること。

川が〔氾濫〕して、浸水被害《しんすいひがい》がでた。

大水・洪水《こうずい》・出水・蔓延《まんえん》529

474 蛇行《だこう》

蛇《へび》のように**曲がりくねっていること**。

平野の真ん中を川が〔蛇行〕しながら流れている。

曲流・湾曲《わんきょく》

475 暗礁《あんしょう》

海中に隠《かく》れていて見えない岩。また、**思いがけない困難**。

資金繰《しきんぐ》りがうまくいかず、公園の整備計画は〔暗礁〕に乗り上げた。

476 干潟《ひがた》

遠浅で、**潮が引いたあとの海岸**。

〔干潟〕の泥《どろ》の中には、他では見られない生物が生息している。

477 扇状地《せんじょうち》

谷から平地に向かって**扇形《おうぎがた》に発達した山麓《さんろく》に見られる地形**。

〔扇状地〕では、水はけの良さから、果樹の栽培《さいばい》が盛《さか》んだ。

478 渓谷《けいこく》

山などに挟《はさ》まれた、**側面が急な谷**。

夏休みには〔渓谷〕で釣《つ》りを楽しもう。

峡谷《きょうこく》・谷間

単語 / 意味 / 使い方 / 類似語

479 難
開墾《かいこん》
山林や原野を切り開いて新しく田畑にすること。

荒《あ》れ地を〔開墾〕して野菜畑を作った。

類似語：開拓《かいたく》・開発 482・切り開く

480
伐採《ばっさい》
森林の樹木を切り取ること。

山林の樹木を〔伐採〕して、宅地を造成する。

類似語：伐木《ばつぼく》

481
干拓《かんたく》
海岸や湖・沼《ぬま》などの水を干して、陸地や田畑にすること。

干潟《ひがた》を〔干拓〕して作られた田畑。

482
開発《かいはつ》
土地などを活用し、生活に役立つようにすること。新しいものを考えて、実用化すること。

駅前の〔開発〕で立派なターミナルビルが完成した。

類似語：開墾《かいこん》 479・開拓

483
促成《そくせい》
植物を人工的に早く生長させること。

ビニールハウスでナスの〔促成〕栽《さい》培《ばい》をする。

類似語：促進《そくしん》 638

484
種苗《しゅびょう》
種《たね》と苗《なえ》。

畑に植える〔種苗〕を仕入れに行く。

485 駆除《くじょ》
害を与《あた》えるものを殺したり、追い払《はら》ったりして**取り除くこと。**

害虫を〔**駆除**〕するために農薬を使う。

駆逐《くちく》・退治

486 難 燻蒸《くんじょう》
いぶし、蒸《む》すこと。薬でいぶして殺虫・消毒を行うこと。

収蔵品をかびなどから守るため、倉庫の〔**燻蒸**〕作業を行う。

487 捕獲《ほかく》
生き物などを**捕《と》らえること。**

動物園から逃《に》げた猿《さる》が、ようやく〔**捕獲**〕された。

生け捕り

488 養殖《ようしょく》
水産物を**人工的に飼育し、増殖《ぞうしょく》させること。**
〔**養殖**〕で育てたブリを出荷《しゅっか》する。
育成・培養《ばいよう》

489 酪農《らくのう》
牛などを飼って、**乳を搾《しぼ》ったりバターやチーズなどの乳製品を製造したりする農業。**

〔**酪農**〕を営んでいる伯父《おじ》の家に行き、牛の世話をする。

畜産《ちくさん》・乳業・牧畜

490 豊作《ほうさく》
作物が豊かに育って、**収穫《しゅうかく》が多いこと。**
対義 凶作《きょうさく》
今年も〔**豊作**〕を感謝して秋祭りが行われた。
豊年・満作

単語 / 意味 / 使い方 / 類似語

491
宇宙《うちゅう》
全ての天体を含《ふく》む全空間。 秩序《ちつじょ》ある統一体としての世界。
〔**宇宙**〕は、今でも広がり続けていると言われる。
類似語：コスモス・造化 494

492
公転《こうてん》
惑星《わくせい》が一定の周期で太陽のまわりを回ること。 対義 自転
地球は太陽を中心に〔**公転**〕しているというのが地動説である。

493
上弦《じょうげん》
新月から満月までの月。 月の入りの時に弓の弦《げん》にあたるほうが上になる。 対義 **下弦《かげん》**
今夜は陰暦《いんれき》の七日にあたるから、〔**上弦**〕の月を見ることができる。

494 難
造化《ぞうか》
天地万物《ばんぶつ》を作ったとされる**造物主。** 天地、自然、宇宙。
花の形の美しさは〔**造化**〕の妙《みょう》と言えるだろう。

495
摂理《せつり》
自然界を支配する法則。
早寝《はやね》早起き、自然の〔**摂理**〕に従って生活することが大切だ。

496
典型《てんけい》
同類の中で、**その特徴《とくちょう》を最もよく表しているもの。** または型。
私は、ご飯と味噌汁《みそしる》をこよなく愛する〔**典型**〕的な日本人です。
類似語：代表・見本

497
成分《せいぶん》
あるものを構成している**物質や要素。**
食品〔**成分**〕表を見て、カロリー計算をする。
組成

498 難
粒子《りゅうし》
物質を構成している**微細《びさい》な粒《つぶ》。**
この写真は〔**粒子**〕が粗《あら》くて、きれいに見えない。

499
結晶《けっしょう》
原子や分子が規則正しく配列しているもの。また、努力や苦労が**結果となって現れること。**
雪の〔**結晶**〕を顕微鏡《けんびきょう》で観察する。
結実・成果

500
精密《せいみつ》
詳《くわ》しく細かいこと。細かいところまで巧《たく》みに作られていること。
対義 **粗雑《そざつ》**
病院で〔**精密**〕検査を受ける。
精巧《せいこう》・精緻《せいち》・緻密

501
均質《きんしつ》
物体のどの部分をとっても**同じ性質、成分であること。**
メディアや交通手段の発達による文化の〔**均質**〕化が指摘《してき》されている。
等質・同質・同等

502
含有《がんゆう》
中に含《ふく》んでもっていること。
二十四金の金は、不純物をほとんど〔**含有**〕していない。
内包・保有

単語 / 意味 / 使い方 / 類似語

503
環境《かんきょう》
あるものを**取り巻く世界**。
子供の生活〔**環境**〕を考えて、田舎《いなか》に転居することにした。
状況《じょうきょう》

504
汚染《おせん》
汚《よご》れに染まること。
対義 清浄《せいじょう》
深刻な大気〔**汚染**〕に悩《なや》まされる。
汚濁《おだく》・公害

505
温暖化《おんだんか》
温室効果によって**地球全体の気温が上がること**。
〔**温暖化**〕の影響《えいきょう》で異常気象が各地で起こっている。

506
絶滅《ぜつめつ》
滅《ほろ》び絶えること。
日本のコウノトリは〔**絶滅**〕の危機に瀕《ひん》している。
壊滅《かいめつ》・全滅・根絶やし

507 難
枯渇《こかつ》
渇《かわ》いて**水がなくなること**。ものが尽《つ》きてなくなること。
雨が降らず、ダムの水も〔**枯渇**〕しそうだ。

508
乱獲《らんかく》
野生動物や植物を**やたらと大量にとること**。
「濫獲」とも書く。
〔**乱獲**〕によって、漁業資源が枯渇《こかつ》する。

509 共生《きょうせい》
一緒《いっしょ》に生きていくこと。二種類の生物が、互《たが》いに利益を共にしながら生活すること。

水槽《すいそう》にいるヤドカリとイソギンチャクの〔**共生**〕を観察する。

共存

510 浄化《じょうか》
汚《よご》れを取り除いて、**きれいにすること。**

生活排水《はいすい》で汚れてしまった川を〔**浄化**〕する。

洗浄《せんじょう》

511 天然《てんねん》
人の手が加わらない、**自然のままであること。**生まれながらのもの。
対義 人工・人造
やはり養殖《ようしょく》よりも〔**天然**〕のもののほうがおいしい。
天性・天賦《てんぷ》

512 難 繁茂《はんも》
草木が**生《お》い茂《しげ》ること。**
空き地に〔**繁茂**〕した雑草を刈《か》り取る。

513 土壌《どじょう》
土。また、物事が発生する**基盤《きばん》、環境《かんきょう》。**

昔から日本には産業を発達させる〔**土壌**〕があった。

大地・土地

514 肥沃《ひよく》
土地が**肥えていること。**
北海道の〔**肥沃**〕な大地で育ったジャガイモはおいしい。
豊潤《ほうじゅん》

番号	単語	意味	使い方	類似語
515	生態系《せいたいけい》	ある地域に生息する**生物と、それらを取り巻く環境《かんきょう》の全体。**	水質汚染《おせん》によって、川の〔**生態系**〕が壊《こわ》れ始めている。	
516	進化《しんか》	生物が、環境に適応して**機能などを変化させること。**物事が**発展すること。** 対義 退化 517	長い時間をかけて〔**進化**〕した結果、人間は現在の姿となった。	進歩・発達
517	退化《たいか》	生物の器官が、**衰《おとろ》え小さくなること。**進歩したものが、**もとに戻《もど》ること。** 対義 進化 516	しばらく運動をしていなかったので、筋力が〔**退化**〕したようだ。	退歩・衰退《すいたい》
518 難	淘汰《とうた》	不適当なものを**除くこと。**環境に適応した生物だけが残り、その他《ほか》のものは滅《ほろ》びること。	魅力《みりょく》のない商品は〔**淘汰**〕され、市場から消えていく。	間引く
519	外来種《がいらいしゅ》	もともとその土地には生息していなかった、**外国から来た生物。** 対義 在来種	〔**外来種**〕が、在来の生物を脅《おびや》かし、生態系に変化が生じている。	帰化植物
520	繁殖《はんしょく》	生物が新しい個体を作り、**種族を増やすこと。**	〔**繁殖**〕期になると、動物の求愛行動を観察できる。	生殖《せいしょく》・増殖

521
雌雄《しゆう》
雌《めす》と雄《おす》。また、**勝ち負け。**
決勝戦で、ライバル同士が〔雌雄〕を決する。
勝敗・勝負・性別

522
遺伝子《いでんし》
親の性質を子孫に伝えるもととなる物質。
〔遺伝子〕の組み換《か》え表示を見て、食品を買う。
DNA

523 難
バイオテクノロジー
遺伝子や増殖《ぞうしょく》などの**生物の機能を工学的に利用する技術。**生物工学。
近年、〔バイオテクノロジー〕の技術が医療《いりょう》や農業などの分野で多く利用されるようになった。

524 難
クローン
全く**同一の遺伝子構成をもつもの。**
〔クローン〕技術の、人への応用は、倫理的《りんりてき》な問題を含《ふく》むことがある。

525 難
人為《じんい》
人間の力ですること。人が力を加えること。
停止した心臓にショックを与《あた》え、〔人為〕的に蘇生《そせい》を促《うなが》す。
人工・人造

526
先天的《せんてんてき》
生まれつき身に備わっていること。
対義 後天的
彼《かれ》の優《すぐ》れた運動能力は、親譲《おやゆず》りの〔先天的〕なものだ。
天性・天賦《てんぷ》

単語 / 意味 / 使い方 / 類似語

527 難
疾患《しっかん》
病気。
胸部の〔疾患〕で入院することになった。
類似語：疾病《しっぺい》

528
感染《かんせん》
病原体が体内に侵入《しんにゅう》すること。また、悪い風習や影響《えいきょう》に染まること。
インフルエンザに〔感染〕して、学校を欠席する。
類似語：伝染《でんせん》

529 難
蔓延《まんえん》
病気や悪い習慣などが広がること。
インフルエンザが〔蔓延〕して、学級閉鎖《へいさ》が相次いだ。
類似語：拡散 554・氾濫《はんらん》 473・はびこる

530
後遺症《こういしょう》
病気やけがが治った後にも残る故障や悪い症状《しょうじょう》。
事故の〔後遺症〕で、一か月間うまく歩けなかった。

531
治癒《ちゆ》
病気やけがが治ること。
風邪《かぜ》が〔治癒〕したので、明日から学校へ行く。
類似語：完治・全快・平癒《へいゆ》・癒《い》える

532
処方箋《しょほうせん》
医師が薬剤師《やくざいし》あてに発行する調剤《ちょうざい》の指示書。また、物事に対処するための方法、計画。
薬がきれたので、医者に〔処方箋〕を書いてもらう。
類似語：対策

533 リハビリテーション
患者《かんじゃ》の身体的能力を**回復させたり、社会的復帰ができるようにさせたりする訓練。**リハビリ。

一日も早く職場に復帰できるように、〔**リハビリテーション**〕に励《はげ》んでいる。

トレーニング

534 効能《こうのう》
効き目。

薬品は、〔**効能**〕書きを読んで正しく服用してください。

効果・効用・効力

535 摂生《せっせい》
規則正しい生活を送り、**健康に注意すること。**

日頃《ひごろ》から〔**摂生**〕に心がけて、健康を維持《いじ》しよう。

保養・養生

536 難 滋養《じよう》
体の栄養となること。また、そのもの。

〔**滋養**〕の付くものを食べて、元気を出そう。

養分

537 摂取《せっしゅ》
取り入れて自分のものにすること。
対義 排泄《はいせつ》
血圧が非常に高いので、塩分の過度な〔**摂取**〕はやめたほうが良い。
吸収・服用・補給

538 難 分泌《ぶんぴつ》
細胞《さいぼう》が、消化液や汗《あせ》などの物質を作って、**細胞外《さいぼうがい》に出すこと。**「ぶんぴ」とも読む。
よく噛《か》むことで唾液《だえき》が〔**分泌**〕され、消化を助ける。

単語 / 意味 / 使い方 / 類似語

539 萌芽《ほうが》

草木の**芽が出ること**。また、新しく**物事が始まろうとすること**。

彼《かれ》には、小学生ながらも、才能の〔萌芽〕が感じられる。

類似語：胎動《たいどう》・発芽・芽生え

540 羽化《うか》

幼虫やさなぎが羽を持った**成虫になること**。

卵の時から飼育していたカブトムシのさなぎを〔羽化〕させた。

541 回遊《かいゆう》

魚が群れをなして、**季節に応じて移動すること**。また、**あちこち旅行をすること**。

ダイビングをしていると、〔回遊〕魚の群れに出会うことができる。

類似語：周遊・巡回《じゅんかい》・漫遊《まんゆう》・遊歴

542 稚魚《ちぎょ》

卵からかえってすぐの魚。

対義 成魚

サケの〔稚魚〕を川に放流した。

類似語：幼魚

543 霊長類《れいちょうるい》

哺乳類《ほにゅうるい》の中の一グループ。五本の指を持ち、ものを持つことができる。

ヒトは、猿《さる》などと一緒《いっしょ》に〔霊長類〕の仲間に入る。

544 難 植生《しょくせい》

ある地域に生えている**植物の集団**。

山の草木は、高度によって〔植生〕が変化する。

545
物理的《ぶつりてき》
時間・空間・速度・力など**数量に置き換《か》えられる面から、物事を捉《とら》える立場に立つこと。**
今から目的地に時間内に到着《とうちゃく》するのは〔**物理的**〕に不可能だ。

546
質量《しつりょう》
物体がもつ**重さ。**
月の上でも、地球上でも〔**質量**〕は変わらない。

547
焦点《しょうてん》
鏡やレンズで、入射光線が反射または屈折《くっせつ》して一点に集まる点。また、**物事の中心となる点。**

犯人の動機が何だったのかが事件の〔**焦点**〕となっている。

ピント

548
起点《きてん》
物事の始まりとなる点、ところ。出発点。
対義 終点
点Aを〔**起点**〕にX軸《じく》に平行な直線を引きなさい。
原点・始点

549
軌跡《きせき》
人や物事が**たどってきた跡《あと》。**
放物線状の〔**軌跡**〕を描《えが》いてボールが飛んでゆく。
足跡・わだち

550
制御《せいぎょ》
抑《おさ》えつけて**自分の思うようにすること。**適当に**操作をすること。**

コンピューターで機械の運転を〔**制御**〕する。

コントロール

単語 / 意味 / 使い方 / 類似語

551 搭載《とうさい》

意味　車両や船舶《せんぱく》、飛行機などに、**ものを積み込《こ》むこと。**装備や機能**を組み込むこと。**

使い方　最新のエンジンを〔**搭載**〕しているスポーツカー。

類似語　積載《せきさい》・装着・載《の》せる

552 並列《へいれつ》

意味　**並ぶこと。**並べること。

使い方　さまざまな事例を〔**並列**〕して比較《ひかく》し、共通点を見つける。

類似語　並行・並立

553 循環《じゅんかん》

意味　**一回りして元に戻《もど》る、**ということを繰《く》り返すこと。

使い方　血液が体内を〔**循環**〕する。

類似語　巡回《じゅんかい》

554 拡散《かくさん》

意味　広がり、**散らばること。**

使い方　病原菌《びょうげんきん》の〔**拡散**〕を食い止める。

類似語　四散・普及《ふきゅう》324・蔓《まん》延《えん》529・流布《るふ》323

555 燃焼《ねんしょう》

意味　**燃えること。**また、**力を尽《つ》くしてことにあたること。**

使い方　大事な時に、自己を完全〔**燃焼**〕させることができるかが重要だ。

類似語　発火

556 摩擦《まさつ》

意味　物体が他《ほか》の物体に**触《ふ》れることで生じる抵抗《ていこう》。**また、**意見の食い違《ちが》いや感情のもつれ。**

使い方　貿易〔**摩擦**〕が原因で、二国間が緊《きん》迫《ぱく》した状態にある。

類似語　衝突《しょうとつ》557・不和

557
衝突《しょうとつ》
ぶつかること。互《たが》いに激しく争うこと。
文化祭についての意見が、クラス内で〔衝突〕した。
激突《げきとつ》・摩擦《まさつ》556

558
反射《はんしゃ》
光や音がものの表面に当たって跳《は》ね返ること。刺激《しげき》に対して、意識と関係なく反応すること。
ボールが飛んできたので、〔反射〕的によけた。

559
共鳴《きょうめい》
振動《しんどう》する物体の作用で、それと同じ振動数で振動をすること。他人の言動に同感すること。
講演を聴《き》いて、講師の考えに深く〔共鳴〕した。
共感192・共振《きょうしん》・賛同

560
伸縮《しんしゅく》
伸《の》びることと、縮むこと。
〔伸縮〕性に富んだ生地《きじ》で作られたシャツの着心地《きごこち》は良い。
屈伸《くっしん》

561
収縮《しゅうしゅく》
縮まること。縮めること。
対義 膨張《ぼうちょう》562
腕《うで》の筋肉を〔収縮〕させて、思い切り引っ張った。
萎縮《いしゅく》・縮小609・しぼむ

562
膨張《ぼうちょう》
膨《ふく》れて広がること。物体の体積が大きくなること。
対義 収縮561
地方では過疎《かそ》が問題となっているのに、都市部では人口が〔膨張〕している。
拡大608・増大・発展

番号	単語	意味	使い方	類似語
563 難	飽《ほう》和《わ》	最大限まで**満たされた状態にあること。**	勉強のしすぎで頭が〔**飽和**〕状態だ。	
564	浸《しん》透《とう》	**しみ通ること。** しみ込《こ》むこと。	我《わ》が校の教育理念が、生徒たちに〔**浸透**〕しつつあるようだ。	波及《はきゅう》・普及《ふきゅう》 324・流布《るふ》 323
565	添《てん》加《か》	**付け加えること。**	〔**添加**〕物の使われていない自然食品を愛用する。	追加・付加
566	抽《ちゅう》出《しゅつ》	**抜《ぬ》き出すこと。**	製品をランダムに〔**抽出**〕して検査する。	
567	凝《ぎょう》固《こ》	液体や気体が**固体に変化する現象。** 対義 融解《ゆうかい》 568	液体を冷やして〔**凝固**〕させる。	凝結《ぎょうけつ》
568	融《ゆう》解《かい》	**溶《と》けること。** 溶かすこと。固体が熱によって**液体に変化する現象。** 対義 凝固 567	高熱で金属が〔**融解**〕した。	解凍《かいとう》・溶解《ようかい》

569 **沸騰《ふっとう》**

煮《に》え立つこと。液体が**内部から気体に変化する現象。**また、非常に**盛り上がること。**

人気〔**沸騰**〕中のアイドルにサインしてもらった。

570 **蒸発《じょうはつ》**

液体が**表面で気体に変化する現象。**また、**人がこっそりいなくなること。** 対義 凝結《ぎょうけつ》

日光を浴びて、水たまりが〔**蒸発**〕した。

気化・失踪《しっそう》・蒸散

571 **蒸留《じょうりゅう》**

液体を**加熱して蒸発させ、それを冷却《れいきゃく》し再び液体にすること。** 対義 乾留《かんりゅう》

水道水を〔**蒸留**〕して、純度の高い水を作る。

純化・精製

572 **沈殿《ちんでん》**

液体中に混じっているものが底**に沈《しず》んでたまること。**「沈澱」とも書く。

瓶《びん》の底に果実が〔**沈殿**〕しているので、よく振《ふ》ってお飲みください。

沈降《ちんこう》

573 **腐敗《ふはい》**

腐《くさ》ること。また、精神的に**いやしくなること。**

食品を放置していたら、〔**腐敗**〕してしまった。

腐乱《ふらん》・傷《いた》む・すえる

574 **発酵《はっこう》**

酵母《こうぼ》や細菌《さいきん》などの**微生物《びせいぶつ》が、有機物を分解して**アルコールなど**特定の産物を生すること。**

ヨーグルトは、牛乳を〔**発酵**〕させて作る。

575

単語

テクノロジー

意味

科学技術。科学を応用する方法論。

使い方

最新の〔テクノロジー〕が地球の環《かん》境《きょう》保全に役立っている。

類似語

工学

理解のための一歩

現代を生きる私たちは、テクノロジーのおかげで、大変便利な生活を送ることができます。たとえば、インターネットによって、さまざまな情報が簡単に手に入ります。しかし一方で、インターネットは、個人を攻撃《こうげき》する恐《おそ》ろしい武器になったり、一度に何十万件もの個人データを流出させたりすることがありますから、人間にとって諸刃《もろは》の剣《つるぎ》であると言えるでしょう。

テクノロジーの発達は、人間のものの考え方や生活様式を、一変させました。現代のテクノロジーとは、単純な「技術」ではないのです。時には、技術の進歩に人間の心がついていけないことすらあります。評論文では、こうした人間の心とテクノロジーの関係について述べているものもあります。

■576 普遍《ふへん》 ⇔ ■577 特殊《とくしゅ》

単語

普遍《ふへん》

特殊《とくしゅ》

意味

普遍：全てに共通し、例外のないこと。 対義 特殊《とくしゅ》 577

特殊：普通《ふつう》と違《ちが》っていること。 対義 普遍《ふへん》 576

使い方

芸術作品には、どんな人とも分かちあえるような〔普遍〕的なテーマが必要だ。

冬の登山には、防寒性の優《すぐ》れた〔特殊〕な装備が必要だ。

類似語

普遍：一般《いっぱん》

特殊：個別・特異・独特・特別

理解のための一歩

普遍の「普」の字にも「遍」の字にも「あまねく、広く行き渡《わた》る」という意味があり、共通し、例外のないことを表します。

たとえば、三角形の面積を求める基本公式は「底辺×高さ÷２」です。いつの時代だろうと、どこの国だろうと「三角形の面積＝底辺×高さ÷２」という公式は成り立ちます。こうしたことを、普遍的と言います。

これに対して特殊は、「特」の字も「殊」の字も「とりわけ」という意味で、一部の限られたものにあてはまることを表します。

⇔がついているものは対《つい》で覚えましょう。

単語 / 意味 / 使い方 / 類似語

578 肯《こう》定《てい》 ⇔

意味 そのとおりだ、と認めること。
対義 否定 579

使い方 納得《なっとく》できたので、会議で彼《かれ》の案を〔肯定〕する意見を述べた。

類似語 賛成・首肯《しゅこう》 1033・是認《ぜにん》・同意

579 否《ひ》定《てい》

意味 そうではない、と打ち消すこと。
対義 肯定 578

使い方 今までの考え方を〔否定〕して、新しい学説を打ち立てる。

類似語 反対・否認《ひにん》

580 内《ない》容《よう》 ⇔

意味 物事の中身。
対義 形式 581・外観

使い方 文章の〔内容〕を理解するには、まず筆者の主張を押《お》さえることが大切だ。

類似語 実質・本体

581 形《けい》式《しき》

意味 物事の外見、型、方法。
対義 内容 580・実質

使い方 〔形式〕にこだわらず、内容を大切にする。

類似語 うわべ・外観・体裁《ていさい》 1298

582 直《ちょく》接《せつ》 ⇔

意味 間に他のものを挟《はさ》まないで、じかに接すること。
対義 間接 583

使い方 言いたいことがあるなら、〔直接〕本人に言うべきだ。

類似語 ダイレクト・まともに

583 間《かん》接《せつ》

意味 間に他のものを挟んで行うこと。
対義 直接 582

使い方 母の話を、兄を通して〔間接〕的に聞いた。

類似語 遠回し

584 広義《こうぎ》
ある言葉のもつ意味に幅《はば》がある時、**範囲《はんい》の広いほうの意味。**
対義 狭義《きょうぎ》 585
「決まり」を〔広義〕に考えると、世間での決め事全般《ぜんぱん》ということになる。

585 狭義《きょうぎ》
ある言葉のもつ意味に幅がある時、**範囲の狭《せま》いほうの意味。**
対義 広義 584
学校内において「決まり」と言った場合、〔狭義〕で捉《とら》えて校則を指す。

586 創造《そうぞう》
今までにない、**独自なものをつくりだすこと。**
対義 模倣《もほう》 587
新たな表現世界を〔創造〕することに成功した。
創作・創成・独創

587 模倣《もほう》
他のものを**まねること。**
対義 創造 586
有名な画家の筆遣《ふでづか》いを〔模倣〕する。
猿真似《さるまね》 1405・二番煎《せん》じ

588 真実《しんじつ》
本当のこと。偽《いつわ》りのないこと。
対義 虚偽《きょぎ》 589
いくら〔真実〕を述べても、信じてもらえない。
事実・真理 193

589 虚偽《きょぎ》
うそ。偽り。
対義 真実 588
〔虚偽〕の収入を申告《しんこく》したのが見つかり、追徴金《ついちょうきん》を請求《せいきゅう》された。
虚言《きょげん》・虚妄《きょもう》・ほら・まやかし 1305

単語 ⇔がついているものは対《つい》で覚えましょう。

	単語	意味	使い方	類似語
590 難	明瞭《めいりょう》 ⇔	はっきりしていて、あきらかなこと。 対義 曖昧《あいまい》 591	アナウンサーは、発音が〔明瞭〕で聞きやすい。	明快・明確・明白
591 難	曖昧《あいまい》	はっきりしていないこと。 対義 明瞭《めいりょう》 590	君の〔曖昧〕な発言が、誤解を招いてしまったようだ。	漠然《ばくぜん》 859・不分明
592	理想《りそう》 ⇔	自分が考える最善の状態。 対義 現実 593	頭の中で描《えが》いた〔理想〕を実現するのは、たやすいことではない。	最高
593	現実《げんじつ》	実際に目の前に現れている事実。 対義 理想 592・空想	今ある〔現実〕を、きちんと見つめられる目が必要だ。	実情・如実《にょじつ》 66
594	公的《こうてき》 ⇔	公《おおやけ》のことに関係する様子。 対義 私的 595	警察・消防などの〔公的〕サービスは、国民の税金によってまかなわれている。	公共 1184・パブリック
595	私的《してき》	自分一人に関係している様子。 対義 公的 594	仕事ではなく、〔私的〕な旅行で北海道へ行く。	個人的・プライベート

596 難
保守《ほしゅ》 ⇔

これまでのやり方や制度などを重んじて、守り続けていくこと。

対義 革新 597・進歩

市の新事業に対して、〔保守〕的な立場から反対意見が出された。

597
革新《かくしん》

古くからの習わしや考え方を改めて、**新しいものに変えること。**

対義 保守 596

選挙で〔革新〕的な主張をもつ市長が当選し、大幅《おおはば》な改革が行われた。

改革・進歩的・変革

598 難
自律《じりつ》 ⇔

外からの力に縛《しば》られないで、**自分で立てた規律に従って行動すること。**

対義 他律 599

自分たちの欠点を自分たちで指摘《してき》しあえる〔自律〕的な組織を作ろう。

599 難
他律《たりつ》

自分の意志でなく、**他からの支配や強制によって行動すること。**

対義 自律 598

小学校時代の私は〔他律〕的で、人に言われたとおりにしか行動しなかった。

600
容易《ようい》 ⇔

簡単なこと。 たやすいこと。

対義 困難 601

この厚い本を三日で読み終えるのは〔容易〕なことではない。

朝飯前・安易・難なく

601
困難《こんなん》

成し遂《と》げることが**難しいこと。**

対義 容易 600

危機を脱出《だっしゅつ》した主人公を待っていたのは、新たな〔困難〕だった。

難関・難問

単語 ⇔がついているものは対《つい》で覚えましょう。

602 許可《きょか》 ⇔ 603 禁止《きんし》

602 許可《きょか》
意味：許すこと。願いを聞き入れること。
対義：禁止 603・謝絶
使い方：休日の部活動は、学校の〔許可〕を得なければならない。
類似語：許容・承認《しょうにん》・認可

603 禁止《きんし》
意味：してはいけないと、やめさせること。
対義：許可 602・解禁
使い方：図書館での飲食は〔禁止〕です。
類似語：禁忌《きんき》 406・厳禁・法度《はっと》

604 開放的《かいほうてき》 ⇔ 605 閉鎖的《へいさてき》

604 開放的《かいほうてき》
意味：制限や拘束《こうそく》がなく、のびのびしている様子。
対義：閉鎖的《へいさてき》 605
使い方：南の島の〔開放的〕な風土に魅力《みりょく》を感じる。
類似語：開けっ広げ・オープン

605 閉鎖的《へいさてき》
意味：内に閉じ籠《こ》もって、外のものを受け入れない様子。
対義：開放的 604
使い方：そのグループは〔閉鎖的〕で、一般《いっぱん》には存在すら知られていない。
類似語：排外《はいがい》・排他 347

606 生産《せいさん》 ⇔ 607 消費《しょうひ》

606 生産《せいさん》
意味：ものを作り出すこと。
対義：消費 607
使い方：そのスーパーでは、〔生産〕者の名前の入った野菜が売られている。
類似語：製作・製造

607 消費《しょうひ》
意味：お金・もの・時間・エネルギーなどを使ってなくすこと。
対義：生産 606
使い方：毎年夏になると電気の〔消費〕量がアップする。
類似語：購買《こうばい》・需要《じゅよう》 248・消耗《しょうもう》

608 拡大《かくだい》
広げて、大きくすること。
対義 縮小 609
虫眼鏡で〔拡大〕したら、随分《ずいぶん》読みやすくなった。
拡張・展開 9・膨張《ぼうちょう》 562・手を広げる 1370

609 縮小《しゅくしょう》
縮めて、小さくすること。
対義 拡大 608・拡張
予算が削《けず》られて、新しく整備される公園は、規模が〔縮小〕された。
収縮 561

610 利益《りえき》
もうけ。ためになること。
対義 損失 611・損害
〔利益〕を得るには、まず投資をしなければならない。
営利 245・収益・利潤《りじゅん》

611 損失《そんしつ》
損をすること。財産などを失うこと。
対義 利益 610・利得
地価が暴落したことでの〔損失〕は大きい。
赤字 247・失墜《しっつい》 285・足が出る 1338

612 栄転《えいてん》
今までより高い地位や役職に移ること。
対義 左遷《させん》 613
本社への〔栄転〕が決まった同僚《どうりょう》のお祝いをする。
出世・昇級《しょうきゅう》・昇進

613 左遷《させん》
今までより低い地位や役職に移ること。
対義 栄転 612
営業不振《ふしん》のため、課長は重要でない職務へ〔左遷〕された。
格下げ・降格

単語　⟺がついているものは対《つい》で覚えましょう。

意味　使い方　類似語

614 難 斬新《ざんしん》 ⟺

とても新しく珍《めずら》しいこと。

対義 陳腐《ちんぷ》 615

君の〔**斬新**〕なアイデアには脱帽《だつぼう》だよ。

類似語：画期的 852・新奇《しんき》・新鮮《せん》

615 難 陳腐《ちんぷ》

古くさいこと。ありふれていて、つまらないこと。

対義 斬新《ざんしん》 614・新奇

『源氏物語』は平安時代に書かれたが、今でも少しも〔**陳腐**〕に感じられない。

類似語：月並・平凡《へいぼん》 619・紋切《もんき》り型 163

616 順境《じゅんきょう》 ⟺

物事が**思いどおりにいく**、**恵《めぐ》まれた境遇《きょうぐう》。**

対義 逆境 617

人生は〔**順境**〕ばかりではない、うまくいかないこともあるさ。

類似語：順調・順風満帆《じゅんぷうまんぱん》 1654

617 逆境《ぎゃっきょう》

物事が**思いどおりにならない**、**苦労の多い境遇。**

対義 順境 616

〔**逆境**〕に強い彼《かれ》だから、これしきのことでくじけることはない。

類似語：苦境・不遇《ふぐう》

618 非凡《ひぼん》 ⟺

普通《ふつう》よりも、**とても優《すぐ》れていること。**

対義 平凡《へいぼん》 619

そのすばらしい作品を見ると、彼の〔**非凡**〕な才能を感じとることができる。

類似語：傑出《けっしゅつ》・卓越《たくえつ》 63・抜《ばつ》群《ぐん》 64

619 平凡《へいぼん》

特に変わった点や優れた点がなく、**ありふれていること。**

対義 非凡 618・奇抜《きばつ》

〔**平凡**〕で面白《おもしろ》みのないストーリーの小説。

類似語：尋常《じんじょう》 915・陳腐 615・月並・普通・凡人

620 長所《ちょうしょ》 ⇔ 621 短所《たんしょ》

620 長所《ちょうしょ》

良い点。優《すぐ》れているところ。

対義 短所 621

私の〔長所〕は、時間をきちんと守ることだ。

美点・特長

621 短所《たんしょ》

足りない点。劣《おと》っているところ。

対義 長所 620

私の〔短所〕は、せっかちなところだ。

欠点・弱点・難点

622 積極《せっきょく》 ⇔ 623 消極《しょうきょく》

622 積極《せっきょく》

自分から進んで物事をしようとすること。

対義 消極 623

授業中に〔積極〕的に発言したら、先生に褒《ほ》められた。

自発的 946・主体的・能動 624・ポジティブ

623 消極《しょうきょく》

自分から進んで物事をしないこと。

対義 積極 622

〔消極〕的なプレーをしていては、試合に勝つことはできない。

受動 625・ネガティブ

624 能動《のうどう》 ⇔ 625 受動《じゅどう》

624 能動《のうどう》

他からの働きかけを待たずに**自分から行動すること。**

対義 受動 625

本校の生徒会が〔能動〕的にボランティア活動に参加し、評価された。

自発的 946・主体的・積極 622

625 受動《じゅどう》

他から働きかけられて行動すること。

対義 能動 624

「人に言われたからやる」なんて〔受動〕的なことではだめだ。

受身・消極 623

単語 / 意味 / 使い方 / 類似語

⇔がついているものは対《つい》で覚えましょう。

626 本音《ほんね》 ⇔ **627 建前《たてまえ》**

626 **本音《ほんね》**
意味：本心から出た言葉。 対義 建前 627
使い方：〔本音〕を言えば、誰《だれ》も台風の中、仕事に行きたいなんて思わない。
類似語：真意・本意

627 **建前《たてまえ》**
意味：表向きの原則や方針。「立前」とも書く。 対義 本音 626
使い方：〔建前〕ばかり話して本心が見えず、全く信用できない。

628 歓喜《かんき》 ⇔ **629 悲哀《ひあい》**

628 **歓喜《かんき》**
意味：非常に喜ぶこと。 対義 悲哀《ひあい》 629
使い方：優勝校の名前が発表されると、会場に〔歓喜〕の声が上がった。
類似語：欣喜《きんき》

629 **悲哀《ひあい》**
意味：悲しむこと。哀《あわ》れなこと。 対義 歓喜《かんき》 628・欣喜
使い方：久しぶりに会った父の疲《つか》れきった姿に人生の〔悲哀〕を感じた。
類似語：哀愁《あいしゅう》・悲嘆《ひたん》

630 有機的《ゆうきてき》 ⇔ **631 無機的《むきてき》**

630 **有機的《ゆうきてき》**
意味：生命力がある様子。部分が結びついて全体として統一がとれている様子。 対義 無機的 631
使い方：スタッフの一人一人が〔有機的〕につながって仕事を進めていくべきだ。

631 **無機的《むきてき》**
意味：生命感がない様子。 対義 有機的 630
使い方：もし芸術がなければ、潤《うるお》いのない生活になってしまう。〔無機的〕で

632 無《む》限《げん》

限りがないこと。

対義 有限 633

若者には〔無限〕の可能性がある。

無尽蔵《むじんぞう》・無数

633 有《ゆう》限《げん》

限りがあること。

対義 無限 632

化石燃料は〔有限〕です。資源を大切にしましょう。

634 急《きゅう》性《せい》

病気が急に起こり、症状《しょうじょう》が激しいこと。

対義 慢性《まんせい》 635

〔急性〕の肺炎《はいえん》にかかって、緊急《きんきゅう》入院をした。

635 慢《まん》性《せい》

病気やけががいつまでも治らないで長引くこと。

対義 急性 634

〔慢性〕の腰痛《ようつう》で何年も医者通いをしている。

636 固《こ》定《てい》

一定の場所や状態にあって、動かないこと。

対義 流動 637・可動

家具をしっかりと〔固定〕して、地《じ》震《しん》に備える。

静止・不動

637 流《りゅう》動《どう》

流れ動くこと。移り動くこと。

対義 固定 636

天候にも左右されるため、日程は〔流動〕的です。

単語 / 意味 / 使い方 / 類似語

⇔がついているものは対《つい》で覚えましょう。

638 促《そく》進《しん》 ⇔ 639 抑《よく》制《せい》

638 促進：今より早く進ませること。 対義 抑制《よくせい》 639
使い方：植物の生長を〔促進〕する薬品を開発した。
類似語：促成《そくせい》 483

639 抑制：抑《おさ》えてとどめること。 対義 促進 638
使い方：痛みを〔抑制〕する薬を与《あた》える。
類似語：抑圧・抑止

640 希《き》薄《はく》 ⇔ 641 濃《のう》厚《こう》

640 希薄：薄《うす》いこと。少ないこと。「稀薄」とも書く。 対義 濃厚《のうこう》 641
使い方：スポーツでは、勝ちたいという意識が〔希薄〕だと勝てない。
類似語：空疎《くうそ》・薄弱《はくじゃく》

641 濃厚：濃《こ》いこと。 対義 希薄 640・淡泊《たんぱく》 1179
使い方：今日は雨が降る可能性が〔濃厚〕だ。
類似語：濃密

642 難 潜《せん》在《ざい》 ⇔ 643 難 顕《けん》在《ざい》

642 潜在：表面に現れないで、内に潜《ひそ》んで隠《かく》れていること。 対義 顕在《けんざい》 643
使い方：夢には〔潜在〕意識が表れると言う。
類似語：深層

643 顕在：はっきりと表面に現れていること。 対義 潜在《せんざい》 642
使い方：議論を重ねることで、お互《たが》いの対立点が〔顕在〕化してきた。

644 原則《げんそく》 ⇔ 645 例外《れいがい》

原則
特別な場合以外を除いて、**全てにあてはまる規則。**
対義 例外 645
この駐車場《ちゅうしゃじょう》は、〔原則〕として一日一回の使用が認められている。
原理 392

例外
一般的《いっぱんてき》な決まりから外れること。
対義 原則 644
一人一回五百円です。ただし、子供は〔例外〕で無料です。

646 原因《げんいん》 ⇔ 647 結果《けっか》

原因
物事を引き起こした**元となるもの。**
対義 結果 647
信号のトラブルが〔原因〕で、電車が遅《おく》れている。
所以《ゆえん》 39・要因

結果
あることが元で**起こった事柄《ことがら》。**
対義 原因 646
努力の〔結果〕、前回よりもテストの点が十点上がった。
成果

648 総合《そうごう》 ⇔ 649 分析《ぶんせき》

総合
バラバラなものを**一つにまとめあげること。**
対義 分析《ぶんせき》 649
代表選手は、技術面や精神面などを〔総合〕的に判断して、決定する。
統合・複合

分析
物事を**各要素に分けて調べること。**
対義 総合 648
事故の原因を、さまざまな角度から〔分析〕する。
解析・調査

⟷がついているものは対《つい》で覚えましょう。

	650	651
単語	必《ひつ》然《ぜん》 ⟷	偶《ぐう》然《ぜん》
意味	必ずそうなること。 対義 偶然《ぐうぜん》 651	思いがけないこと。そのことの起こる原因が考えられないこと。 対義 必然 650
使い方	このまま人口が増え続けていけば、〔必然〕的に食糧《しょくりょう》不足が起こる。	こんなところであなたに会うなんて、全くの〔偶然〕ですね。
類似語	必至 948・必定・不可《ふか》避《ひ》 947	予想外

理解のための一歩

サイコロを転がして同じ目が連続して出る確率は低いですが、連続して出た時に、それを**偶然**とは言いません。**偶然**・**必然**は、確率が高いか低いかの問題ではなく、因果関係（＝原因と結果）のあるなしを問題にしていることに注意しましょう。

必然の 使い方 では、「人口が増え続ける」ことが原因で「食糧不足が起こる」という結果が生みだされるので、**必然**的と言っているのです。これに対して、**偶然**の 使い方 では、会う約束をしたといった原因となるものがないのに「あなたに会う」ということが起きたので、**偶然**だと言っているのです。

単語

652 秩序《ちつじょ》 ⇔ 難 653 混沌《こんとん》

意味

物事の正しい順序や筋道。順序や筋道が整《ととの》っていること。
対義 混沌《こんとん》 653

混ざり合って区別がつかないこと。なりゆきがわからないこと。
対義 秩序《ちつじょ》 652

使い方

社会の〔秩序〕を守るために日夜警察官が活動している。

戦況《せんきょう》は〔混沌〕としていて、どちらのチームが勝つかわからない。

類似語

規律・コスモス

カオス・混迷《こんめい》・混乱 889

理解のための一歩

混沌は、もともと「天と地がまだ分かれていない、全てが入り混じっている原始的な状態」のことを言います。人が文明や文化を創造していく過程とは、この「原始的な状態」である混沌から秩序を作り上げていくことだと言っても良いでしょう。

たとえば、混沌のままでは善悪の基準がなく、社会は混乱してしまいます。そこで、さまざまな法律や制度を作って、社会にルールという筋道（＝秩序）を与《あた》えます。

また、ものに名前をつけるということも、物事に筋道を与える行為《こうい》です。言葉によって、人間は、世界を整然と秩序だった調和のとれた状態にしようとするのです。

評論編 入試にはこう出る

1 次の文章の――線部「迎合《げいごう》」の意味として最も適当なものを、後から一つ選び記号で答えなさい。

もう一つ取り上げておきたいのは、科学の対象であっても複雑なシステムであるがゆえに真実を明らかにしがたい一群の問題である。環境《かんきょう》問題や電磁波公害など、現代の科学ではまだ結論が下せない問題が多くあり、シロともクロとも単純に断じられないのだが、それを一方的にクロと言い立てるのもシロと結論してしまうのも時期尚早《じきしょうそう》である。ところが、どちらかの答《こたえ》を早く得たいという人間心理に迎合するかのように、一つの事実だけを針小棒大に取り上げてシロクロを付けたがるのだ。

（池内了《さとる》『疑似《ぎじ》科学入門』より）

ア なんの考えもなく相手の言うことをそのまま受け入れること。
イ さまざまな考えをまぜ合わせて無難なものを作り上げること。
ウ 自分の考えがありながら、相手の考えに調子を合わせること。
エ 決められたことに照らして、それに反する行動をしないこと。

（東京・筑波大附高）

2 次の文章の［A］・［B］に入る語の組み合わせとして最も適当なものを、後から一つ選び記号で答えなさい。

つまり、何かを「いい」と思う肯定的《こうていてき》な気持ちでつながるのではなく、「いや」という否定的な気持ちでつながり合うのが、ムカツクの頻繁《ひんぱん》なやりとりによってできている関係性である。そうした関係は、常に「いけにえ」となる誰《だれ》かを必要とするとともに、［A］的な生理的感覚の同意を求める「つるむ関係」を必要としている。

誰かに対して［B］的になることで、親密になろうとする「群れる関係」が、ムカツクの背後にはある。現在、「同調する」能力は、日本の学校でやっていくための必須《ひっす》の能力になってしまっている。こうした状況《じょうきょう》では、ムカツクという言葉は、いじめと結びつきやすくなる。

（齋藤孝《さいとうたかし》『子どもたちはなぜキレるのか』より）

ア A―肯定・B―肯定
イ A―肯定・B―否定
ウ A―否定・B―肯定
エ A―否定・B―否定

（三重・高田高）

3 次の文章の□には、いずれも「客体」の対義語が入ります。「客体」の対義語を、漢字で答えなさい。

示唆《しさ》深いのは、古代ギリシャでは真の知の対象はイデアとかエイドスとか呼ばれていたが、どちらも語源的には目で見ること、ものの形という言葉と同根だったということである。おそらくさらに古く、古代メソポタミアやエジプトや黄河《こうが》流域の昔から、この事情は同じだったにちがいない。なぜなら知的な認識《にんしき》は知る□と知られる客体が向かい合い、□が客体に距離《きょり》を置いて、見渡《みわた》したり分解したり総合したりする仕事であるが、これはすぐれて視覚をおこなう営みに似ているからである。

（山崎正和《やまざきまさかず》『大停滞《だいていたい》の時代を超《こ》えて』より）

（山口県）

解答・ポイント

1 ウ →341

実際の入試では、文章中の語の意味を問う問題が主流です。特にふだんあまり使わない、評論文に特有の語が出題されます。積極的にこうした語に慣れておき、最も適切なものを選びましょう。

2 エ →578・579

文章中の空欄《くうらん》を埋《う》める問題では、①対《つい》になる語、②似た意味で使い分けが必要な語などが狙《ねら》われます。筆者の主張にかかわる重要語が多く、文章のテーマや筆者の主張が正しく捉《とら》えられているかも重要です。

3 主体 →399

2と同じく、空欄を埋める問題ですが、ここでは「客体」の対義語が何かを知っているかが問われています。単語を単体で覚えるのではなく、その対義語、類似《るいじ》語も同時に覚えて知識を広げておきましょう。

単語 / 意味 / 使い方 / 類似語

654 感嘆《かんたん》
感心して褒《ほ》めたたえること。
プロ選手の見事なプレーに〔感嘆〕の声があがる。
類似語：驚嘆《きょうたん》・賞賛・絶賛

655 感服《かんぷく》
心から感心すること。
彼《かれ》の堂々としたスピーチに〔感服〕した。
類似語：敬服・恐《おそ》れ入る

656 難 憧憬《しょうけい》
あこがれること。「どうけい」とも読む。
画学生の私には、パリは〔憧憬〕の地である。

657 思慕《しぼ》
恋《こい》しく思うこと。慕《した》うこと。
あこがれの女性への〔思慕〕の情が募《つの》る。
類似語：慕情《ぼじょう》・恋慕《れんぼ》

658 難 陶酔《とうすい》
うっとりするほど心を奪《うば》われること。
すばらしい風景に〔陶酔〕する。
類似語：恍惚《こうこつ》698・陶然《とうぜん》

659 尊重《そんちょう》
尊ぶべきものとして大切にすること。
多数意見はもちろんのことだが、少数意見も〔尊重〕すべきだ。
類似語：重視・重んじる・重きを置く

660 難 羨望《せんぼう》

羨《うらや》ましく思うこと。

二人の大変仲の良い姿を、皆《みな》は〔羨望〕のまなざしで眺《なが》めた。

661 難 畏敬《いけい》

心からおそれ敬うこと。

生涯《しょうがい》にわたって、学問を研究し続けた恩師に〔畏敬〕の念を抱《いだ》く。

敬愛・尊敬・あがめる・敬う

662 畏縮《いしゅく》

おそれかしこまって、体が縮こまったり活気がなくなったりすること。

伝説の名監督《めいかんとく》の前では、〔畏縮〕して何も話せなかった。

恐縮《きょうしゅく》 663・すくむ

663 恐縮《きょうしゅく》

おそれ入って、身を小さくすること。

恩師のお宅に呼ばれ、ごちそうになり、大変〔恐縮〕した。

畏縮《いしゅく》 662

664 仰天《ぎょうてん》

非常に驚《おどろ》くこと。

突然《とつぜん》、目の前にものが落ちてきたので、びっくり〔仰天〕した。

動転 1014・たまげる・息を呑《の》む 1425・目を丸くする

665 難 狼狽《ろうばい》

あわてふためくこと。

突然のできごとに〔狼狽〕する。

動転 1014・うろたえる・取り乱す・面食《めんく》らう 1015・どぎまぎ 786

単語 / 意味 / 使い方 / 類似語

666 葛《かっ》藤《とう》

- 意味：対立する欲求が同時に働いて、**どちらを選んだら良いか迷うこと。**
- 使い方：あれこれ買い物をしたい気持ちと節約をしたい気持ちとの〔**葛藤**〕に苦しむ。
- 類似語：苦悩《くのう》・困惑《こんわく》711・ジレンマ

667 難 腐《ふ》心《しん》

- 意味：**心をひどく悩《なや》ますこと。**
- 使い方：指揮者は、音楽祭の成功に向けて〔**腐心**〕した。
- 類似語：苦心・苦慮《くりょ》

668 思《し》案《あん》

- 意味：**あれこれ考えること。**心配。
- 使い方：文化祭に出展する作品のアイデアが出ず、〔**思案**〕に暮れた。
- 類似語：考慮《こうりょ》・思索《しさく》380・熟考

669 難 逡《しゅん》巡《じゅん》

- 意味：**ためらうこと。**尻込《しりご》みすること。
- 使い方：事実を話すべきかどうか、〔**逡巡**〕する。
- 類似語：躊躇《ちゅうちょ》670・迷う・二の足を踏《ふ》む1372

670 難 躊《ちゅう》躇《ちょ》

- 意味：あれこれ迷って**決心できないこと。**ためらうこと。
  対義 決断
- 使い方：職員室に入ろうか、どうしようか、一瞬《いっしゅん》〔**躊躇**〕した。
- 類似語：逡巡《しゅんじゅん》669・迷う・二の足を踏む1372

671 悔《かい》恨《こん》

- 意味：自分のしたことを**悔《く》やみ、残念に思うこと。**
- 使い方：友人に悪態をついたことに対しての〔**悔恨**〕の情が湧《わ》く。
- 類似語：後悔《こうかい》・悔いる・ほぞをかむ

□672 後《うし》ろめたい
良心に恥《は》じるところがあると感じること。
友人にうそをつき、〔後ろめたい〕気持ちになる。
後ろ暗い・やましい・気がとがめる・気が引ける

□673 忍《しの》びない
我慢《がまん》できない。かわいそうで耐《た》えられない。
見るに〔忍びない〕、悲惨《ひさん》な事故現場だった。

□674 羞恥《しゅうち》
恥ずかしく思うこと。
〔羞恥〕心のない彼《かれ》と一緒《いっしょ》にいると、こちらが恥ずかしくなる。

□675 ばつが悪《わる》い
なんとなく恥ずかしい。
人前で褒《ほ》められて〔ばつが悪く〕て仕方がない。
きまりが悪い

□676 口惜《くちお》しい
思うようにならず残念だ。悔《くや》しい。
皆《みな》の前でけなされ、〔口惜しい〕思いをした。
痛恨《つうこん》・無念

□677 不服《ふふく》
納得《なっとく》しないこと。不満なこと。
苦労した仕事に対する報酬《ほうしゅう》がこんなに少なくては〔不服〕だ。
不承知・不平

単語 / 意味 / 使い方 / 類似語

678 閉《へい》口《こう》

意味 困り果てること。うんざりすること。

使い方 つまらないダジャレを連発されて〔閉口〕する。

類似語 困惑《こんわく》711・迷惑《めいわく》・持て余す

679 難 興《きょう》醒《ざ》め

意味 白けてしまうこと。面白《おもしろ》みがなくなること。

使い方 彼《かれ》の説教めいた一言で〔興醒め〕した。

680 やるせない

意味 気持ちが晴れず、つらく切ない。

使い方 失敗ばかりで、〔やるせない〕日々を送っている。

類似語 やるかたない・憂《うれ》い・憂愁《ゆうしゅう》

681 めいる

意味 元気がなく、気分が沈《しず》む。

使い方 こう雨ばかり続くと、気持ちも〔めいっ〕てくるね。

類似語 ふさぐ・陰鬱《いんうつ》・憂鬱《ゆううつ》682・辛気《しんき》くさい

682 憂《ゆう》鬱《うつ》

意味 心が沈んで気持ちが晴れないこと。
対義 明朗《めいろう》1107

使い方 期末試験が近づき、〔憂鬱〕になる。

類似語 陰鬱・鬱屈《うっくつ》・屈託《くったく》707・めいる681・浮《う》かない

683 感《かん》傷《しょう》

意味 物事に感じて心を痛めること。心が動かされやすいこと。

使い方 秋になって枯《か》れ葉が舞《ま》い始めると、〔感傷〕的な気分になる。

類似語 センチメンタル

684 脅威《きょうい》
危害を加えられるのではと恐《おそ》れること。
A国の軍事力の強化は、周辺国に〔**脅威**〕を与《あた》えた。
恐怖《きょうふ》・戦々恐々《せんせんきょうきょう》・怯《おび》える

685 難 焦燥《しょうそう》
あせり、いらだつこと。
締《し》め切りが迫《せま》り、〔**焦燥**〕にかられる。
焦慮《しょうりょ》・やきもきする

686 挫折《ざせつ》
途中《とちゅう》でくじけること。駄目《だめ》になること。
対義 貫徹《かんてつ》 966
毎日二時間勉強する目標を立てたが、三日で〔**挫折**〕した。
蹉跌《さてつ》・失敗・つまずく

687 失意《しつい》
望みがかなわず、**がっかりすること。**
対義 得意
彼女《かのじょ》にふられて〔**失意**〕のどん底にいる。
失望・傷心・絶望・憮然《ぶぜん》 771

688 断念《だんねん》
諦《あきら》めること。思いを断《た》つこと。
練習が不十分なので、コンテストの出場を〔**断念**〕した。
諦念《ていねん》 689・見切りを付ける

689 難 諦念《ていねん》
道理をわきまえて悟《さと》る心。諦めの心。
半世紀生きてきて、〔**諦念**〕が生じてきたのか、怒《いか》ることが減《へ》ってきた。
観念 752・断念 688・諦観

単語 / 意味 / 使い方 / 類似語

690 難 気《き》が置《お》けない

意味：気兼《きが》ねがない。遠慮《えんりょ》がいらない。

使い方：彼《かれ》とは子供の頃《ころ》からの付き合いで、〔**気が置けない**〕関係だ。

類似語：懇意《こんい》1187・懇《ねんご》ろ816

691 くつろぐ

意味：気分・服装・姿勢などが**ゆったりする**。楽にする。

使い方：自宅のベッドに横になると、心も体も〔**くつろぐ**〕。

類似語：手足を伸《の》ばす・休息・リラックス

692 難 安《あん》堵《ど》

意味：心配事がなくなり、**ほっとすること**。
対義 危惧《きぐ》706

使い方：遅刻《ちこく》をするかと思ったが、なんとか間に合ったので〔**安堵**〕した。

類似語：安心・息をつく・胸を撫《な》で下ろす

693 厚《こう》意《い》

意味：**親切な心遣《こころづか》い**。思いやりのある心。

使い方：他人の〔**厚意**〕を無にするようなことはするな。

類似語：温情・厚情《こうじょう》・心尽《こころづ》くし

694 期《き》待《たい》

意味：**あてにして待っていること**。

使い方：君が成長して、社会で活躍《かつやく》する日を〔**期待**〕している。

類似語：嘱望《しょくぼう》・待望

695 希《き》求《きゅう》

意味：**強く願い求めること**。

使い方：差別と暴力のない世界を〔**希求**〕してやまない。

類似語：祈願《きがん》・祈念459

696 有頂天《うちょうてん》

喜びですっかり我を忘れてしまうこと。

テストで百点をとって〔有頂天〕になった。

意気揚々《いきようよう》

697 難 謳歌《おうか》

幸せな境遇《きょうぐう》をはばかることなく**楽しむこと。**褒《ほ》めたたえること。

青春を〔謳歌〕する若者たち。

享受《きょうじゅ》190・堪能《たんのう》46

698 難 恍惚《こうこつ》

心を奪《うば》われて**うっとりすること。**

すばらしい演奏に、〔恍惚〕として聴《き》き入る。

陶酔《とうすい》658・陶然

699 至福《しふく》

この上なく幸福であること。

ベッドに横になってマンガを読むのが、私の〔至福〕の時間だ。

喜悦《きえつ》

700 充足感《じゅうそくかん》

満ち足りた気分になること。

おいしい食事をとって空腹が満たされ、〔充足感〕を得る。

堪能46・満悦《まんえつ》701・満《まん》喫《きつ》・満足

701 満悦《まんえつ》

満足して喜ぶこと。

祖父は、孫に囲まれてご〔満悦〕のようだ。

充足感《じゅうそくかん》700・上機嫌《じょうきげん》

単語 / 意味 / 使い方 / 類似語

702 哀《あい》惜《せき》

人の死などを**悲しみ、惜《お》しむこと。**

亡《な》き人への〔**哀惜**〕の念に堪《た》えない。

類似語：哀傷《あいしょう》・哀悼《あいとう》703・愁傷《しゅうしょう》・惜別《せきべつ》704

703 哀《あい》悼《とう》

人の死を**悲しみ、嘆《なげ》くこと。**

亡くなった恩師の遺族に〔**哀悼**〕の意を述べる。

類似語：哀傷・哀惜《あいせき》702・追悼

704 惜《せき》別《べつ》

別れを惜しむこと。

三年間苦楽を共にした友人の門出《かどで》に〔**惜別**〕の情が湧《わ》き上がった。

類似語：哀惜 702

705 遺《い》憾《かん》

思ったとおりでなく、**心残りなこと。**

このような不祥事《ふしょうじ》が起きたことは、まことに〔**遺憾**〕でございます。

類似語：残念・心外

706 危《き》惧《ぐ》

危《あや》ぶみ恐《おそ》れること。

対義 安堵《あんど》 692

科学によって、人類は非常に深刻な事態を引き起こすのではないかと〔**危惧**〕する。

類似語：懸念《けねん》709・心配・憂慮《ゆうりょ》

707 難 屈《くっ》託《たく》

気にして**くよくよすること。**

〔**屈託**〕のない子供たちの歌声が聞こえてくる。

類似語：心配・憂鬱《ゆううつ》682

□708 案《あん》じる

心配する。考える。工夫《くふう》する。

子供たちの将来はどうなるのだろうかと〔案じる〕。

不安・心許《こころもと》ない710・気を揉《も》む

□709 難 懸《け》念《ねん》

気にかかって**不安に思うこと。**心配。

地球環境《かんきょう》の今後が〔懸念〕される。

気がかり・危惧《きぐ》706・不安

□710 難 心許《こころもと》ない

頼《たよ》りにならなそうで不安になる。じれったい。

気が弱い彼《かれ》がキャプテンとは、全く〔心許ない〕ね。

心配・案じる708

□711 困《こん》惑《わく》

どうして良いかわからず、**とまどうこと。**

東京駅は広くて、どっちへ行ったら良いか〔困惑〕した。

葛藤《かっとう》666・閉口678・おろおろ784

□712 堪《かん》忍《にん》

怒《いか》りを抑《おさ》えて他人の過失などを**許すこと。**堪《た》え忍《しの》ぶこと。

何度も同じ失敗ばかりして、もう、〔堪忍〕できない。

我慢《がまん》・勘弁《かんべん》・容赦《ようしゃ》1084

□713 所在《しょざい》ない

することがなくて**退屈《たいくつ》だ。**

病気のために何もできず、一日〔所在なく〕過ごした。

つれづれ・手持ち無《ぶ》沙汰《さた》

単語 / 意味 / 使い方 / 類似語

714 難 拘《こう》泥《でい》

意味：こだわること。

使い方：一つのことに〔**拘泥**〕していると、他のことが見えなくなってしまう。

類似語：固執《こしゅう》・執心・執着 715

715 執《しゅう》着《ちゃく》

意味：気持ちが深くとらわれていて、**思い切れないこと。**

使い方：この世への〔**執着**〕が消えず、いつまでも悟《さと》りを開くことができない。

類似語：拘泥《こうでい》 714・固執・執心

716 未《み》練《れん》

意味：諦《あきら》められず、**心残りがすること。**

使い方：長年住んでいた家を手放すことになり、〔**未練**〕が残る。

類似語：残念・後ろ髪《がみ》を引かれる 1344

717 嫉《しっ》妬《と》

意味：**人の愛情が自分以外のものに向くことを憎《にく》むこと。**羨《うらや》ましくて憎むこと。

使い方：恋人《こいびと》が他の人と話しているだけで〔**嫉妬**〕した。

類似語：焼き餅《もち》・悋気《りんき》

718 遺《い》恨《こん》

意味：忘れられない**恨《うら》み。**

使い方：相手の、誠意ある謝罪で〔**遺恨**〕が晴れた。

類似語：怨恨《えんこん》・怨念《おんねん》 719・宿怨《しゅくえん》

719 怨《おん》念《ねん》

意味：**恨みに思う心。**

使い方：無念の死を遂《と》げた人々が〔**怨念**〕によって亡霊《ぼうれい》となる怪談《かいだん》。

類似語：遺恨 718・怨恨・宿怨

□ 720 難

呵《か》責《しゃく》

責め、**苦しめること**。

うそをつき続けるなんて、良心の〔**呵責**〕に耐《た》えられない。

とがめ

□ 721

激《げき》怒《ど》

激しく怒《おこ》ること。

父親が大切にしているゴルフクラブを勝手にいじったら、〔**激怒**〕された。

憤慨《ふんがい》・立腹・憤《いきどお》る 722

□ 722

憤《いきどお》る

怒《いか》り嘆《なげ》く。腹を立てる。

政治家の収賄《しゅうわい》事件のニュースを見て、激しく〔**憤る**〕。

激怒 721・憤慨・立腹

□ 723

侮《ぶ》蔑《べつ》

人をばかにして**軽く見ること**。

つまらないことで大騒《おおさわ》ぎする彼《かれ》に、周囲の人は〔**侮蔑**〕の視線を投げかけた。

軽視・侮辱《ぶじょく》・見下す・見くびる

□ 724

邪《じゃ》推《すい》

他人の言動に対して**間違《まちが》った推測をすること**。また、ひがんで悪く考えること。

一度だけ、友人の裏切りを〔**邪推**〕した。

勘繰《かんぐ》り・ひが目

□ 725

嫌《けん》悪《お》

憎《にく》み、嫌《きら》うこと。

対義 愛好

友人につらくあたってしまい、自己〔**嫌悪**〕に陥《おちい》る。

毛嫌《けぎら》い・不快・虫酸《むしず》が走る

	単語	意味	使い方	類似語
726	モチベーション	目標に向けて**行動を起こそうとする気持ち**。やる気。	公式戦が近付いてきて、練習での〔モチベーション〕が上がっている。	士気・動機付け
727	向上心《こうじょうしん》	**自分を良いほうへ向かわせようとする心**。	不器用だが、〔向上心〕のある彼《かれ》は、きっと成績も伸《の》びるだろう。	志
728	好奇心《こうきしん》	珍《めずら》しいことや自分の知らないことに**関心をもつ気持ち**。	彼女《かのじょ》は、〔好奇心〕が旺盛《おうせい》で、いろんなことにチャレンジする。	興味
729	自尊心《じそんしん》	**自らを誇《ほこ》りに思う気持ち**。	あまりに冷たい態度を取られて、〔自尊心〕が傷つけられた。	矜持《きょうじ》・自負730・プライド731
730	自《じ》負《ふ》	**自分の才能や業績に対して誇りに思うこと**。	これまで続けてきた仕事に〔自負〕心をもつ。	矜持・自尊心729・プライド731
731	プライド	**誇り**。自尊心。	〔プライド〕の高い彼は、欠点を指《し》摘《てき》されることを極端《きょくたん》に嫌《きら》う。	うぬぼれ・自負730

□ 732
虚栄心《きょえいしん》
地位や実力などを実際以上にみせかけて誇《ほこ》る気持ち。
〔**虚栄心**〕の強い人は、自分のことを誇張《こちょう》して語りたがる。
見栄《みえ》

□ 733
自己顕示欲《じこけんじよく》
自分をはっきりと他人に示そうとする欲。
彼女《かのじょ》は〔**自己顕示欲**〕が強い人で、すぐに人前に出たがる。
アピール

□ 734
優越感《ゆうえつかん》
自分が他人よりも優《すぐ》れていると思う気持ち。
対義 劣等感《れっとうかん》 735
友人が解けなかった問題を五分で解いたので、少し〔**優越感**〕を感じた。

□ 735
劣等感《れっとうかん》
自分が他人よりも劣《おと》っていると思う気持ち。
対義 優越感《ゆうえつかん》 734
クラスで一番悪い点数を取ってしまい、〔**劣等感**〕をもった。
コンプレックス

□ 736 難
憐憫《れんびん》
哀《あわ》れむこと。かわいそうに思うこと。
泣いている幼子に〔**憐憫**〕の情を催《もよお》す。
同情

□ 737
老婆心《ろうばしん》
自分の心遣《こころづか》いを、**必要以上に世話を焼いているかもしれないとへりくだって言う語。**
〔**老婆心**〕ながら、一言忠告させていただきます。
お節介《せっかい》

単語 / 意味 / 使い方 / 類似語

738 心《しん》境《きょう》
心の状態。気持ち。
恋人《こいびと》を失った時の〔心境〕を歌詞にした曲。
類似語：感情・気分

739 感《かん》慨《がい》
身にしみてしみじみと心に深く感じること。
娘《むすめ》の結婚《けっこん》に、喜びとも寂《さび》しさともつかない言いしれぬ〔感慨〕を催《もよお》した。
類似語：感動・情緒《じょうちょ》

740 感《かん》受《じゅ》性《せい》
外からの刺激《しげき》を感じ取る能力。
さまざまな芸術作品に触《ふ》れて、自分の〔感受性〕を磨《みが》く。
類似語：感性 1335・センス

741 衝《しょう》動《どう》
理性が働かず、発作《ほっさ》的《てき》に行動しようとする心の動き。
おいしそうなケーキを見て、丸ごと食べたい〔衝動〕に駆《か》られた。
類似語：出来心

742 難 倒《とう》錯《さく》
頭が混乱すること。正常でなくなること。
〔倒錯〕した精神状態で描《えが》かれた作品で、観《み》る人を不安にさせる。
類似語：異常・錯乱《さくらん》・常軌《じょうき》を逸《いっ》する 1454

743 トラウマ
心理的に強いショックを与《あた》え、影響《えいきょう》が長く残るような体験。心的外傷。
幼少の頃《ころ》の事故が〔トラウマ〕となり、車に乗ることができない。
類似語：精神的外傷

744 他意《たい》
別の考え。特に相手に対する悪意。
よそ見をしてたらぶつかってしまったんだ。〔他意〕はないよ。
故意・二心

745 印象《いんしょう》
物事が人の心に直接与《あた》える感じや影響《えいきょう》。
美術館で観《み》た絵画が〔印象〕深く心に残っている。
心象

746 抱負《ほうふ》
実現しようと心の中に抱《いだ》いている考えや計画。
正月に今年の〔抱負〕を父母に聞かせる。
志

747 野心《やしん》
大きな望み。企《たくら》み。
彼《かれ》は、将来大会社の社長になるという〔野心〕を心に秘《ひ》めている。
大志・大望《たいもう》

748 不覚《ふかく》
油断して失敗すること。また、思わずそうしてしまうこと。
私としたことが、こんなミスを犯すとは。一生の〔不覚〕だ。
粗相《そそう》・不注意・無意識

749 合点《がってん》
納得《なっとく》すること。承知すること。「がてん」とも読む。
説明を聞いても、どうも〔合点〕がいかない。
首肯《しゅこう》1033・承知・膝《ひざ》を打つ

750 難

概《がい》念《ねん》

単語

意味

個々の物事の**共通点を取り出してまとめたもの。**

使い方

犬、人、鳥などは、全て動物という〔**概念**〕でまとめることができる。

類似語

観念 752・コンセプト

理解のための一歩

概念とは具体的にどんなものを言うのでしょうか。

たとえば、使い方に出てきた「動物」という語を考えてみましょう。この語には、犬や猫《ねこ》や人、鳥、蛇《へび》など、いろいろな種類のものが含《ふく》まれますが、これらのものの「自由に動きまわり、他の生物を食べて生きるもの」という共通点をまとめて言い表した語が「動物」です。

この「個々の物事の共通点を取り出してまとめた、大まかな考え」のことを**概念**と言います。評論文では「**概念**的には……」などという言い回しで出てくることもあります。

難しい言葉ですが、まずは「共通点をまとめた、大まかな考え」と当てはめて考えてみましょう。

751
理《り》念《ねん》

752
観《かん》念《ねん》

単語

意味

751 **物事がこうあるべきだ、という根本的な考え。**

752 **ある物事に対する個人の考え。**また、覚悟《かくご》すること。諦《あきら》めること。

使い方

751 我《わ》が校の教育〔理念〕は、開校以来変わっておりません。

752 また遅刻《ちこく》をしてきて、君の時間の〔観念〕はどうなっているんだ。

類似語

概念《がいねん》 750・諦念《ていねん》 689

理解のための一歩

理念・観念と概念は、意味の似た感じのする言葉です。それぞれの違《ちが》いを押《お》さえましょう。

理念は、物事のあり方についての考えを表す時に使います。使い方にある「教育理念」であれば、教育がどうあるべきかについての考えということになります。根本的、理想的な考えという意味合いをもっています。

観念は、物事についての考えを言います。概念と似ていますが、概念が一般《いっぱん》的な考えであるのに対して、個人的な考えを表します。また「観念的」といった使われ方をした場合、「頭の中だけで考えて、実際的ではない」という意味を含《ふく》むこともあります。

単語 / 意味 / 使い方 / 類似語

753
風《ふう》格《かく》
その人の言動や態度に現れる気高さや厳《おごそ》かな様子。
最近、彼《かれ》には一流選手の〔風格〕が出てきた。
類似語：威厳《いげん》754・品格

754
威《い》厳《げん》
近寄りがたいほど堂々としていて、厳かでいかめしいこと。
彼女《かのじょ》はいつも〔威厳〕に満ちた態度で話すので、誰《だれ》もが説得されてしまう。
類似語：貫禄《かんろく》755・品格・風格753

755 難
貫《かん》禄《ろく》
身についた態度の重々しさ。立派さ。
どっしりとしていて、見るからに〔貫禄〕のある社長さんだ。
類似語：威厳754・威風・落ち着き

756 難
気《き》概《がい》
困難に負けない強い意志。
最後の一人になっても闘《たたか》い続ける〔気概〕をもつ。
類似語：意地・ガッツ・気骨・根性《こんじょう》・熱意

757 難
覇《は》気《き》
勝ち抜《ぬ》こうという意気。意気込《ご》み。
疲《つか》れきって〔覇気〕のない姿に心配する。
類似語：威勢・気勢

758
果《か》敢《かん》
決断力があって、物事を思いきってする様子。
試合開始から〔果敢〕に攻《せ》めて、勝利をつかんだ。
類似語：果断・敢然《かんぜん》・大胆《だいたん》

759

揚《よう》々《よう》

得意な様子。

意気〔**揚々**〕と行進する。

鼻が高い 1374

760

度《ど》量《りょう》

心の広さ。**人の言動を受け入れる性質。**

彼《かれ》は〔**度量**〕の広い人物である。

寛大《かんだい》 761

761

寛《かん》大《だい》

心が広く、人の欠点や失敗を受け入れる様子。

対義 厳格

失敗した者に対して厳しく接するだけでなく、〔**寛大**〕な処置をとることも必要だ。

大らか・寛容 368・広量・度量 760

762 難

毅《き》然《ぜん》

意志が強く、**しっかりしている様子。**

何を言われても、〔**毅然**〕とした態度でことにあたる。

強固・断固

763 難

凜《りん》と

態度や姿が**引き締《し》まって、しっかりしている様子。**

背筋を伸《の》ばし、〔**凜と**〕した態度で着座した。

りりしい

764 難

颯《さっ》爽《そう》

姿や態度が**きびきびしていて、爽《さわ》やかな様子。**

正義のヒーローが〔**颯爽**〕と登場した。

単語 / 意味 / 使い方 / 類似語

765 高飛車《たかびしゃ》

意味 頭ごなしに相手を押《お》さえつけるような態度をとること。

使い方 話をする時の彼《かれ》の〔高飛車〕な態度が気に入らない。

類似語 居丈高《いたけだか》766・横柄《おうへい》・高圧的・尊大・不遜《ふそん》767

766 難 居丈高《いたけだか》

意味 上から相手を押さえつけるような様子。

使い方 あの先輩《せんぱい》はいつでも〔居丈高〕に用事を言いつける。

類似語 威圧《いあつ》・尊大・高飛車765・不遜767

767 不遜《ふそん》

意味 思い上がった態度、見下した態度をとること。
対義 謙虚《けんきょ》1174・謙遜《けんそん》

使い方 いくら技術が優《すぐ》れていても、コーチに対して〔不遜〕な態度をとるのは許されない。

類似語 居丈高766・横柄・高慢《こうまん》・傲慢《ごうまん》1129・尊大・高飛車765

768 難 ぶしつけ

意味 礼儀《れいぎ》を知らないこと。無礼。

使い方 〔ぶしつけ〕なお願いとは存じますが、なにとぞお許しください。

類似語 失礼・非礼・無遠慮《ぶえんりょ》・無作法・はしたない

769 難 侮《あなど》る

意味 見下す。ばかにする。

使い方 格下の相手だからといって、敵を〔侮っ〕てはいけない。

類似語 蔑《さげす》む994・愚弄《ぐろう》996・軽視・軽蔑《けいべつ》・侮辱《ぶじょく》・高をくくる

770 独善《どくぜん》

意味 自分だけが正しいと思っていること。

使い方 彼は、物事に対する視野が狭《せま》く、その言動は〔独善〕に陥《おちい》りがちだ。

類似語 独りよがり

771 難
憮然《ぶぜん》
がっかりする様子。気持ちが沈《しず》んだ様子。
楽しみにしていた遠足が中止となり、弟は〔**憮然**〕とした様子だ。
暗然・意気消沈《いきしょうちん》・失意687・失望・落胆《らくたん》

772
仏頂面《ぶっちょうづら》
不機嫌《ふきげん》な顔つき。
いくら機嫌が悪くても、〔**仏頂面**〕で接客するのはやめるべきだ。
無愛想808・ふくれっ面《つら》

773 難
僭越《せんえつ》
自分の身分や能力をわきまえず、**差し出たことをすること。**
〔**僭越**〕ながら、本日の司会は私が務めさせていただきます。
越権《えっけん》・生意気・不相応・身の程《ほど》知らず

774
無謀《むぼう》
深く考えないで行動すること。
台風が近付いているというのに釣《つ》りに行くなんて〔**無謀**〕だ。
軽率《けいそつ》・向こう見ず・無思慮《むしりょ》・無鉄砲《むてっぽう》1148

775
居直《いなお》る
開き直って、急に強い態度に変わる。
彼《かれ》は、自分が非難されたとたん、〔**居直っ**〕て悪態をつき始めた。

776
おこがましい
身の程知らずだ。ばかげている。みっともない。
自分の成績が悪いのに、他人に勉強を教えるなど〔**おこがましい**〕。
無思慮

単語 / 意味 / 使い方 / 類似語

777 難
けなげ
意味：幼い子供や弱い者が、**立派に振《ふ》る舞《ま》う様子。**
使い方：幼児が〔**けなげ**〕にも親の手伝いをしている。
類似語：一生懸命《いっしょうけんめい》・殊勝《しゅしょう》779

778
いじらしい
意味：幼い子供や弱い者が、**力が足りないながらもがんばっている様子。**
使い方：幼い女の子が、母親を助けて荷物を持っている姿は〔**いじらしかっ**〕た。
類似語：殊勝779

779 難
殊《しゅ》勝《しょう》
意味：**けなげであること。**感心なこと。
使い方：毎朝家の前を掃除《そうじ》するとは〔**殊勝**〕な心がけだ。
類似語：奇特《きとく》・いじらしい778

780
しおらしい
意味：**控《ひか》えめで、慎《つつし》み深い。**
使い方：いつもと違い、今日の妹は、口数も少なく、〔**しおらしい**〕態度を見せている。
類似語：奥《おく》ゆかしい・おとなしい・遠慮《えんりょ》

781
悪《わる》びれる
意味：**気後《きおく》れして、おどおどする。**
使い方：〔**悪びれ**〕た様子もなく、先生の質問に答える。
類似語：すくむ・たじろぐ1017・ひるむ

782
卑《ひ》屈《くつ》
意味：意気地《いくじ》がなく、**他人にへつらうなどして、いじけていること。**
使い方：ミスをしたからといって、そんなに〔**卑屈**〕になることはない。
類似語：媚《こ》びる

783 **おずおず**

怖《こわ》がりながらする様子。恐《おそ》る恐る。

怒《おこ》りっぽい上司に〔おずおず〕と反対意見を述べた。

おっかなびっくり・こわごわ

784 **おろおろ**

どうして良いのかわからず、**とまどう様子。**

隣家《りんか》が火事になって、動転した母は、ただ〔おろおろ〕するばかりだった。

困惑《こんわく》711・当惑・途方《とほう》に暮れる

785 **はらはら**

成り行きがどうなるかと、**心配する様子。**

スリル満点のサスペンス映画を、〔はらはら〕しながら観《み》る。

やきもき・不安・気をもむ

786 **どぎまぎ**

不意をつかれて、**うろたえる様子。**

急に名前を呼ばれて、〔どぎまぎ〕した。

動揺《どうよう》・狼狽《ろうばい》665・慌《あわ》てふためく・とまどう

787 難 **呆《ぼう》然《ぜん》**

予想外のことに**驚《おどろ》きあきれる様子。**

「茫然」とも書く。

突然《とつぜん》の彼《かれ》の告白に〔呆然〕と立ちつくした。

唖《あ》然《ぜん》788・呆気《あっけ》にとられる

788 難 **唖《あ》然《ぜん》**

あきれて、ものも言えない様子。

彼の無神経な発言に皆《みな》は〔唖然〕とした。

驚愕《きょうがく》・呆然《ぼうぜん》787・開いた口が塞《ふさ》がらない

単語 / 意味 / 使い方 / 類似語

789 たけだけしい

とても勇ましくて強そうだ。図図しい。

祭りでは、〔**たけだけしい**〕武者姿の人々が、市内を練り歩く。

類似語：荒々《あらあら》しい・雄々《おお》しい・剛勇《ごうゆう》・武勇・勇猛《ゆうもう》 1166

790 粗野《そや》

言葉や態度が荒々しくて品のないこと。

対義 優雅《ゆうが》 1183

もうすぐ高校生になるんだから、君の〔**粗野**〕な言葉遣《ことばづか》いは直さないとね。

類似語：がさつ・武骨 1154・野卑《やひ》・乱暴

791 無粋《ぶすい》

人情の、微妙《びみょう》なやり取りを理解しないこと。風流でないこと。

恋人同士《こいびとどうし》の邪魔《じゃま》をしようなんて、〔**無粋**〕なことをするんじゃない。

類似語：鈍感《どんかん》・木石・野暮《やぼ》 1153

792 おざなり（難）

その場しのぎであること。間に合わせ。

〔**おざなり**〕な返事に腹を立てる。

類似語：安易・いい加減・おろそか・なおざり

793 横着《おうちゃく》

できるだけ**楽をしようとすること。**また、すべきことをしないで怠《なま》けること。

面倒臭《めんどうくさ》がって〔**横着**〕したら、かえって仕事が増えてしまった。

類似語：怠惰《たいだ》 1131・怠慢《たいまん》 794・骨惜《ほねお》しみ・怠《おこた》る

794 怠慢《たいまん》

仕事など、しなければならないことを**怠けること。**

対義 勤勉 1161

兄は、〔**怠慢**〕から学業を怠り、落第した。

類似語：横着 793・怠惰 1131・さぼる

795 難 浅《あさ》ましい

いやしい。さもしい。みじめだ。

老人をだます詐欺《さぎ》がいまだになくならないとは、〔浅ましい〕世の中だ。

下劣《げれつ》1133・卑劣《ひれつ》

796 こざかしい

利口ぶって生意気である。悪《わる》賢《がしこ》くて**抜《ぬ》け目がない。**

小学生のくせに理屈《りくつ》ばっかり言って〔こざかしい〕やつだ。

小生意気・小利口

797 空々《そらぞら》しい

見えすいている。知っているのに知らない振《ふ》りをする。

あの人は、〔空々しい〕お世辞を平気で言えるような、厚かましい人だ。

ごまかす・とぼける・心にもない

798 図太《ずぶと》い

神経が太くて、大抵《たいてい》のことでは**びくともしない。**

先生に叱《しか》られてもへっちゃらなんて、〔図太い〕やつだ。

図々しい・横柄《おうへい》・厚《こう》顔《がん》

799 難 胡散臭《うさんくさ》い

どことなく疑わしい、**怪《あや》しげな様子。**

あの男は、さっきからこちらをちらちら見て〔胡散臭い〕。

いかがわしい・いぶかしい・けげん800・不審《ふしん》

800 難 けげん

不思議に思って、**納得《なっとく》がいかないこと。**

知人だと思って声をかけたら別人で、〔けげん〕そうな顔で見られた。

不審・いぶかる1064・胡散臭《うさんくさ》い799

	単語	意味	使い方	類似語
801 難	かたくな	意地を張って**自分の考えを曲げない様子。**	刑事《けいじ》の尋問《じんもん》に対して、容疑者は〔**かたくな**〕に口を閉ざしている。	一徹《いってつ》・頑固《がんこ》 1168・強情《ごうじょう》・偏屈《へんくつ》 1126
802	つれない	**無情だ。**冷淡《れいたん》だ。	一緒《いっしょ》に食事をしようと誘《さそ》ったのに断るなんて、〔**つれない**〕人だ。	すげない 803・邪険《じゃけん》 810・薄情《はくじょう》
803	すげない	**思いやりがない。**愛想《あいそ》がない。	必死に頼《たの》んでみたが、〔**すげない**〕返事しか来なかった。	そっけない・つれない 802・にべもない 804・薄情・無愛想 808
804	にべもない	**愛想がない。**そっけない。	頼みごとをしたら、〔**にべもなく**〕断られた。	すげない 803・無愛想 808・けんもほろろ・取りつく島もない 1465
805 難	否応無し《いやおうなし》	**承知している、していないに関係ない。**有無《うむ》を言わせず。	テスト前なので、〔**否応無く**〕勉強しなくてはならない。	強制・無理矢理《むりやり》・理不尽《りふじん》
806	一蹴《いっしゅう》	全く取り合わないで、**はねつけること。**簡単に相手を負かすこと。	私の提案は、現実的でないと会議で〔**一蹴**〕された。	歯牙《しが》にも掛《か》けない 1358

807
冷然《れいぜん》
感情に左右されず、**冷ややかな様子。**
社長は〔冷然〕とした口調で、私に解雇《かいこ》を告げた。
無情・冷酷《れいこく》・冷静 1111・冷淡《れいたん》・冷徹《れいてつ》

808
無愛想《ぶあいそう》
そっけないこと。
そんな〔無愛想〕な応対はやめてくれ。お客が逃《に》げるよ。
つっけんどん・仏頂《ぶっちょう》面《づら》 772・冷淡・すげない 803・にべもない 804

809
しぶしぶ
仕方なく。嫌々《いやいや》ながら。
行きたくなかったが、会員の義務なので〔しぶしぶ〕参加した。
不本意

810 難
邪険《じゃけん》
冷たくて**意地悪いこと。**
友人に〔邪険〕に手を払《はら》いのけられてショックだった。
薄情《はくじょう》・無慈悲《むじひ》・無情・冷酷・つれない 802

811
水臭《みずくさ》い
他人のように**よそよそしい。**
兄弟なんだから、〔水臭い〕ことを言うな。
遠慮《えんりょ》・他人行儀《ぎょうぎ》・冷淡

812
すごすご
がっかりして、**元気なくその場を去っていく様子。**
試合に敗れ、〔すごすご〕と退場した。
悄然《しょうぜん》・落胆《らくたん》・肩《かた》を落とす 1351

	単語	意味	使い方	類似語
813	真《しん》摯《し》	真面目《まじめ》に一つのことに集中する様子。	何事にも〔真摯〕に取り組む君の姿勢にいつも感心させられるよ。	一途《いちず》815・真剣《しんけん》・熱心・ひたむき814
814	ひたむき	一つのことに一生懸命《いっしょうけんめい》な様子。	夢の実現のために、〔ひたむき〕に努力する。	一途815・真剣・真摯《しんし》813・熱心
815 難	一《い》途《ず》	他のことは考えず、一つのことに打ち込《こ》む様子。	少しでもうまくなろうと〔一途〕に練習に打ち込む。	真剣・真摯813・熱心・ひたむき814
816 難	懇《ねんご》ろ	真心を込める様子。また、仲が良い様子。	客を〔懇ろ〕にもてなす。	懇意《こんい》1187・親密1190・仲良し・気が置けない690
817 難	恭《うやうや》しい	慎《つつし》み深く礼儀《れいぎ》正しい様子。	褒美《ほうび》の品を〔恭しく〕頂戴《ちょうだい》する。	折り目正しい・丁寧《ていねい》
818	地《じ》道《みち》	手堅《てがた》く、着実なこと。	目標達成までは、毎日〔地道〕な努力を重ねる以外にない。	堅実《けんじつ》・地味・一歩一歩

819 慎《しん》重《ちょう》

注意深くて、軽々しくないこと。

ガラス細工の品物を壊《こわ》さないように〔慎重〕に取り扱《あつか》う。

石橋をたたいて渡《わた》る・君子危《あや》うきに近寄らず

820 黙《もく》々《もく》

黙《だま》って物事に励《はげ》む様子。

彼《かれ》は朝から誰《だれ》とも話さず〔黙々〕と仕事を続けている。

いそしむ 970・精を出す・身を粉《こ》にする

821 てきぱき

手際《てぎわ》良く、素早《すばや》く物事を行う様子。

〔てきぱき〕と片付けていく彼の仕事ぶりに感心する。

きびきび・機敏《きびん》 932

822 いそいそ

嬉《うれ》しくて心を弾《はず》ませて物事をする様子。

姉が〔いそいそ〕とデートに出かけていった。

うきうき

823 あくせく

目先のことに追われてゆとりがなく、忙《いそが》しくしている様子。

対義 悠々《ゆうゆう》

〔あくせく〕働いても、なかなか生活は楽にならない。

せかせか・せわしい 824・馬車馬のよう

824 難 せわしい

忙しい。落ち着かない。せかせかしている。

年末は仕事がつまっていて、とても〔せわしい〕。

気ぜわしい・せわしない・多忙《たぼう》・あくせく 823

単語 / 意味 / 使い方 / 類似語

825 **分別《ふんべつ》**
物事の道理、善悪などをよくわきまえていること。
中学生にもなって、まだそんなことの〔分別〕もつかないのか。
類似語：思慮《しりょ》・判断・判別

826 **釈然《しゃくぜん》**
疑問や不満などが消えて、すっきりする様子。
担当者の説明には〔釈然〕としないものがあった。
類似語：納得《なっとく》・合点がいく・腑《ふ》に落ちる

827 難 **超然《ちょうぜん》**
物事にこだわらない様子。
彼《かれ》は、周囲のことなど全く気にせず、〔超然〕と我《わ》が道を行くタイプだ。
類似語：超越《ちょうえつ》 425・超俗《ちょうぞく》

828 **悠然《ゆうぜん》**
ゆったりと落ち着いている様子。
鯨《くじら》が大海原《おおうなばら》を〔悠然〕と泳いでいる。
類似語：鷹揚《おうよう》 1177・泰然自若《たいぜんじじゃく》 1668・平然 829

829 **平然《へいぜん》**
落ち着いていて、平気な様子。
対義 愕然《がくぜん》
生徒会長が、全校生徒を前にして、言葉に詰《つ》まることなく、〔平然〕とスピーチをした。
類似語：沈着《ちんちゃく》 830・悠然 828・事も無げ

830 **沈着《ちんちゃく》**
物事に動じないこと。
突然《とつぜん》のできごとにも驚《おどろ》くことなく、〔沈着〕に対応する。
類似語：平静・平然 829・冷静 1111

831 淡々《たんたん》
あっさりしていて、物事にこだわらないこと。
先生は、感情を交えることなく、〔淡々〕と授業を進めた。
淡泊《たんぱく》1179・恬淡《てんたん》

832 無心《むしん》
心に不満・不信などないこと。雑念や欲心のないこと。
〔無心〕に眠《ねむ》る赤ん坊《ぼう》の姿に癒《い》やされる。
無垢《むく》・無邪気《むじゃき》836・無想・夢中

833 難 潔《いさぎよ》い
思い切りが良く、さっぱりしている。
対義 未練がましい
言い訳せず、自分の非を〔潔く〕認める。
すがすがしい

834 無私《むし》
利己的な心のないこと。
審判《しんぱん》は公平〔無私〕な判定をしなければならない。
公平・公正・利他418

835 難 清廉《せいれん》
心が清く、自分だけが得しようという気持ちがないこと。
物欲をなくし、〔清廉〕な生活を送ることを望んでも、実現は難しい。
潔白214・公正・廉直《れんちょく》

836 無邪気《むじゃき》
素直《すなお》で、飾《かざ》ろうとする気持ちのないこと。
保育園から子供たちの〔無邪気〕な歌声が聞こえてくる。
純粋《じゅんすい》・素直・天真爛漫《てんしんらんまん》・無心832・あどけない

837 具《ぐ》体《たい》 ↔ 838 抽《ちゅう》象《しょう》

	837 具体	838 抽象
単語	具《ぐ》体《たい》	抽《ちゅう》象《しょう》
意味	目に見える形をもっていること。 対義 抽《ちゅう》象《しょう》 838	物事の中から共通する性質を引き出し、まとめること。 対義 具体 837
使い方	わかりやすくするために、〔具体〕例を挙げて説明する。	あなたの話は〔抽象〕的でわかりにくい。
類似語	具象	捨象

理解のための一歩

たとえば、犬、猫《ねこ》、鯨《くじら》などと言った場合、それぞれ目に見える形を備えているから具体的です。ここから子供を母乳で育てるという共通する性質を引き出して「哺乳《ほにゅう》類」とまとめることを抽象化と言います。

目に見える形をもっていることは、つまり、それが何であるかわかりやすいということです。文章中で「具体的には……」などと言う場合、「わかりやすくすると」という意味をもちます。

一方、抽象化すればするほど、はっきりした形がなくなるため、使い方のように「抽象的」と言う場合、「曖《あい》昧《まい》である」という意味になります。

単語

839 **主観《しゅかん》** ↔ 840 **客観《きゃっかん》**

意味

自分一人の考え方やものの見方。 対義 客観 840

主観から独立して存在する物事。 対義 主観 839

使い方

君の解釈《かいしゃく》はきわめて〔主観〕的で、他人に受け入れられるとは思えない。

科学は自然を〔客観〕的に認識《にんしき》する方法を教えてくれた。

類似語

所感・所見

理解のための一歩

主観の「主」は「行為《こうい》をする人」という意味で、「観」は「ものの見方、考え」という意味です。したがって、主観は、ものを見る人自身の見方、考え方を表します。けれども人の意見も聞かず、自分の考えだけに固まれば、偏《かたよ》った考え方になってしまいます。ですから、主観的と言った場合、使い方のように「自分だけの考えに偏った、独りよがりなこと」という意味にもなります。

一方、客観の「客」は「自分に対立するもの」という意味です。客観的と言った場合は、主観的とは逆に「自分の考えにとらわれないで、物事を公平で冷静な立場から見ること」という意味になります。

841 爽《そう》快《かい》

意味：爽《さわ》やかで気持ちが良いこと。

使い方：風呂《ふろ》上がりは、気分〔**爽快**〕だ。

類似語：快適・清爽《せいそう》・すがすがしい

842 健《すこ》やか

意味：心身が丈夫《じょうぶ》である様子。

使い方：子供たちが〔**健やか**〕に成長していくことを、心より願う。

類似語：健全・丈夫・壮健《そうけん》・達者 843

843 達《たっ》者《しゃ》

意味：物事に慣れて上手にできる様子。身体が丈夫で健康なこと。

使い方：祖父は九十を超《こ》えても、相変わらず読みやすい〔**達者**〕な字を書く。

類似語：熟練・健《すこ》やか 842

844 難 つつがない

意味：事故や障害がない。無事である。

使い方：儀式《ぎしき》は〔**つつがなく**〕執《と》り行われ、無事に終了《しゅうりょう》した。

類似語：健康・息災・平穏《へいおん》

845 円《えん》滑《かつ》

意味：物事が滑《なめ》らかにすらすらと進む様子。

使い方：司会の手際《てぎわ》が良かったので、会議は〔**円滑**〕に進んだ。

類似語：快調・順調・スムーズ

846 安《あん》泰《たい》

意味：安全で、危険や心配がないこと。

使い方：君のような優秀《ゆうしゅう》な働き手がいれば、我《わ》が社は〔**安泰**〕だ。

類似語：安心・安寧《あんねい》・無事・平穏

847
裕福《ゆうふく》
富んでいて暮らしが豊かなこと。
対義 貧困 239・困窮《こんきゅう》
あの学校は学費が高く、通うのは〔**裕福**〕な家庭の子女ばかりだ。
金持ち・富裕《ふゆう》・リッチ

848
上首尾《じょうしゅび》
うまくいくこと。結果が良いこと。
対義 不首尾《ふしゅび》
締《し》め切り日より前に仕事が終わるならば、〔**上首尾**〕だ。
順調・上々・成功・良好

849
本望《ほんもう》
本来の望み。**望みがかなって満足であること。**
代表チームの選手に選ばれたのは〔**本望**〕だ。
会心 850・宿願・念願・悲願・本意・満足

850
会心《かいしん》
自分が思ったとおりになること。
逆転ホームランを打って、〔**会心**〕の笑《え》みを浮《う》かべる選手。
本望 849・満足

851 難
躍進《やくしん》
勢いよく発展、進出すること。
我《わ》が校の野球部がベストエイトに入るとは大〔**躍進**〕だ。
活躍《かつやく》・伸長《しんちょう》・成長

852
画期的《かっきてき》
新たな時代を開くかと思われるほど、**新しいことを始める様子。**
〔**画期的**〕な大発明をして、ノーベル賞を取るのが私の夢だ。
斬新《ざんしん》 614・新機軸《しんきじく》

単語 / 意味 / 使い方 / 類似語

853 難 **たたずまい**
ものやその場所の様子。
落ち着いた〔たたずまい〕の喫茶店《きっさてん》でコーヒーを味わう。
類似語：状況《じょうきょう》・状態・雰囲気《ふんいき》・ムード

854 **依然《いぜん》**
前と変わらず、もとのままである様子。
この国では〔依然〕として内紛《ないふん》が続いている。
類似語：なおも

855 **点在《てんざい》**
あちらこちらに散らばってあること。
集落が〔点在〕する山間地。
類似語：散在・散点・分布

856 **閑散《かんさん》**
人が少なく、ひっそりと静かな様子。
対義 多忙《たぼう》・繁忙《はんぼう》
〔閑散〕とした早朝のホームで、電車の到着《とうちゃく》を待つ。
類似語：がらがら・閑古鳥《かんこどり》が鳴く 1402

857 **静寂《せいじゃく》**
静かで寂《さび》しいこと。
物音一つしない、〔静寂〕な夜に一人月を見ながら歩いて行く。
類似語：閑静 858・深閑・幽玄《ゆうげん》 151

858 **閑静《かんせい》**
落ち着いていて、もの静かなこと。
対義 喧騒《けんそう》
緑の多い、〔閑静〕な住宅街に住んでいる。
類似語：閑寂《かんじゃく》・深閑・静寂 857・ひっそり

859
漠《ば》然《ぜん》
ぼんやりとして、はっきりしない様子。
対義 歴然
〔漠然〕とした説明で、状況《じょうきょう》がさっぱりわからない。
曖昧《あいまい》591・散漫《さんまん》・漫然・雲をつかむよう1446

860
簡《かん》易《い》
簡単で手軽なこと。
対義 煩雑《はんざつ》890
そんなに難しく考えなくても、もっと〔簡易〕な方法で問題を解くことができるよ。
簡便・簡略・造作ない937

861
質《しっ》素《そ》
ぜいたくでないこと。飾《かざ》り気《け》のないこと。
対義 華美《かび》70・贅沢《ぜいたく》
大きな家に住んでいるわりには、〔質素〕な生活をしているようだ。
簡素・地味

862 難
不《ふ》憫《びん》
かわいそうなこと。
両親を事故で失った子供が〔不憫〕で、涙《なみだ》が止まらない。
哀《あわ》れ・痛々しい

863
いたいけ
幼くてかわいらしい様子。
〔いたいけ〕な幼児に暴力をふるうなんて、許されないことだ。
可憐《かれん》・あどけない・頑是《がんぜ》無《な》い・年端《としは》もいかない

864 難
零《れい》落《らく》
落ちぶれること。
対義 栄華《えいが》・栄達
かつては栄華を極めたが、のちに〔零落〕した貴族の日記を題材にした小説。
斜陽《しゃよう》・凋落《ちょうらく》・没落《ぼつらく》

単語 / 意味 / 使い方 / 類似語

865 難
脆《ぜい》弱《じゃく》
もろくて弱いこと。
対義 強靭《きょうじん》 878
彼《かれ》はひどく痩《や》せていて、〔脆弱〕な印象を受けた。
類似語：華奢《きゃしゃ》 1182・ひ弱《よわ》

866
拙《せっ》劣《れつ》
ひどく下手な様子。
対義 巧妙《こうみょう》 931
〔拙劣〕ではあるが、味わいのある文章で、好感をもった。
類似語：拙《つたな》い

867
粗《そ》悪《あく》
質やできが悪いこと。
安かったけど〔粗悪〕品で、買って損したよ。
類似語：粗末《そまつ》・低質・不良

868
貧《ひん》弱《じゃく》
乏《とぼ》しいこと。みすぼらしくて、見劣《みおと》りのすること。
語彙《ごい》が〔貧弱〕で作文が苦手だ。
類似語：貧小《ひんしょう》・不十分・不足

869 難
瑣《さ》末《まつ》
さほど重要でないこと。
「些末」とも書く。
〔瑣末〕な問題にこだわっていてはいけない。
類似語：些細《ささい》・些事・枝葉末《しようまつ》・節《せつ》 1655

870
単《たん》純《じゅん》
仕組みや形などがこみいっていないこと。混じりけのないこと。
対義 複雑
その機械は〔単純〕な仕組みでできているので、すぐに解体できる。
類似語：簡易・簡素・簡単

871 **空《くう》虚《きょ》**

外形だけで**中身がないこと。**空っぽ。
対義 充実《じゅうじつ》

手痛い失恋《しつれん》をした彼《かれ》にとって、慰《なぐさ》めの言葉も〔**空虚**〕に響《ひび》いた。

虚無《きょむ》410・空疎《くうそ》・空白

872 **あいにく**

具合が悪い様子。

〔**あいにく**〕の雨で体育祭が中止になった。

不運・折悪《おりあ》しく

873 難 **いたずらに**

成果がなく、**無駄《むだ》に。**むなしく。

何もできぬまま〔**いたずらに**〕時が過ぎてゆく。

徒労

874 難 **世《せ》知《ち》辛《がら》い**

ゆとりがなく、**暮らしにくい。**計算高くて、抜《ぬ》け目ない。

あれこれ費用をきりつめないと生活できず、全く〔**世知辛い**〕世の中になって、つらいもんだ。

けち・損得勘定《そんとくかんじょう》

875 **厄《やっ》介《かい》**

面倒《めんどう》なこと。面倒をみること。世話をすること。

しばらく先輩《せんぱい》の家に〔**厄介**〕になる。

援助《えんじょ》・助力・手数・力を貸す

876 **いたちごっこ**

両者が**同じことを繰《く》り返すばかりで、物事がはかどらないこと。**

放置自転車の取り締《し》まりは、違反《いはん》者《しゃ》との〔**いたちごっこ**〕だ。

エンドレス

番号	単語	意味	使い方	類似語
877	ダイナミック	力強く、生き生きとしている様子。	ピカソの作品の魅力《みりょく》は、何と言ってもその〔ダイナミック〕な構図と色彩《しきさい》にあるだろう。	エネルギッシュ・活動的・精力的
878 難	強《きょう》靭《じん》	強くてしなやかなこと。 対義 脆弱《ぜいじゃく》 865	彼《かれ》は〔強靭〕な精神力のもち主で、めったなことではへこたれない。	強固・強硬《きょうこう》・丈夫《じょうぶ》・タフ
879	したたか	強くて手ごわい様子。程度が普《ふ》通《つう》より超《こ》えている様子。	敵もなかなか〔したたか〕で、簡単には点を入れさせない。	海千山千
880	雄《ゆう》大《だい》	規模が大きくて堂々としていること。	頂上からの〔雄大〕な眺望《ちょうぼう》に感動する。	壮観《そうかん》・荘厳《そうごん》・壮大
881	豪《ごう》快《かい》	大きくて力にあふれ、気持ちが良い様子。	大柄《おおがら》な彼は、笑い声も〔豪快〕だった。	豪放《ごうほう》
882	不《ふ》断《だん》	絶え間なく続く様子。決断力がない様子。	金メダルの獲得《かくとく》は、〔不断〕の努力の成果だ。	継続《けいぞく》・優柔《ゆうじゅう》・連続

□ 883 難

滔《とう》々《とう》

水が勢いよく流れる様子。すらすらとよどみなく話す様子。

眼前の大河が〔**滔々**〕と流れていく。

流暢《りゅうちょう》77・立て板に水1526

□ 884

厳《げん》粛《しゅく》

厳《おごそ》かで慎《つつし》み深いこと。

卒業式が〔**厳粛**〕に執《と》り行われた。

厳然・粛然《しゅくぜん》・荘厳《そうごん》

□ 885

物《もの》々《もの》しい

厳しい。厳重な。大げさな。

大勢の警察官が建物を取り囲んでいて、〔**物々しい**〕警備態勢だ。

いかめしい・仰々《ぎょうぎょう》しい・大仰886

□ 886

大《おお》仰《ぎょう》

大げさで、わざとらしいこと。

対義 控《ひか》えめ

タレントの〔**大仰**〕な反応は、見ていてうんざりする。

誇大《こだい》・誇張54・仰々しい・物々しい885

□ 887

過《か》剰《じょう》

ありすぎること。

キャベツの生産が〔**過剰**〕で、値崩《ねくず》れを起こしている。

過多・剰余《じょうよ》・余剰・余分

□ 888 難

冗《じょう》長《ちょう》

文や話が**不必要に長いこと。**

対義 簡潔

あまりに〔**冗長**〕な話で、途中《とちゅう》からうんざりしてしまった。

冗語《じょうご》・冗漫《じょうまん》・くどい

単語 / 意味 / 使い方 / 類似語

889 混乱《こんらん》
さまざまなものが入り乱れて、秩序《ちつじょ》がないこと。
一度にたくさんのことを言われて、頭が〔混乱〕してしまう。
混雑・混沌《こんとん》653・混迷《こんめい》・錯乱《さくらん》・紛糾《ふんきゅう》224・無秩序

890 煩雑《はんざつ》
ごたごたして、面倒《めんどう》なこと。
対義 簡易860・簡略
〔煩雑〕な仕事を根気強く最後までやり遂《と》げた。
煩瑣《はんさ》・複雑・煩《わずら》わしい

891 難 差し障り《さしさわり》
具合が悪いこと。
〔差し障り〕があって、今日のパーティーは欠席します。
差し支《つか》え・妨《さまた》げ・支障・不都合

892 深刻《しんこく》
甚《はなは》だしく重大な様子。事態が切実な様子。
世界各地の〔深刻〕な公害問題を取り上げる。
甚大《じんだい》

893 難 のっぴきならない
身動きができない。どうしようもない。
彼《かれ》は巨額《きょがく》の借金を抱《かか》えていて、〔のっぴきならない〕状態だ。
なすすべもない・抜《ぬ》き差しならない

894 危篤《きとく》
病気やけがの症状《しょうじょう》が重くて、今にも死にそうなこと。
父が〔危篤〕との報を聞いて、駆《か》けつける。
重体・重病・半死・瀕死《ひんし》・虫の息1419

895 殺伐《さつばつ》

心に温かみがなく、**すさんで荒々**《あらあら》**しい様子。**

人々が互《たが》いに悪口を言い合っていて、〔**殺伐**〕とした雰囲気《ふんいき》だ。

荒廃《こうはい》・殺気立つ・乱暴

896 凶悪《きょうあく》

残忍《ざんにん》**で、ひどく悪いこと。**

〔**凶悪**〕犯罪の容疑者が、犯行を認めた。

凶暴《きょうぼう》・極悪《ごくあく》・残虐《ざんぎゃく》897・邪悪《じゃあく》・乱暴

897 残虐《ざんぎゃく》

むごたらしい様子。

〔**残虐**〕な殺人事件の犯人が、近所に潜伏《せんぷく》していると言う。

凶悪896・残酷《ざんこく》・残忍

898 獰猛《どうもう》 難

乱暴で荒々しいこと。

対義 温順《おんじゅん》

牙《きば》をむいた熊《くま》は、非常に〔**獰猛**〕そうに見えた。

凶暴・粗暴《そぼう》・残忍

899 過酷《かこく》

厳しすぎること。

冬には、気温がマイナス五十度になるという〔**過酷**〕な自然環境《かんきょう》の中で生きる人々。

苛酷《かこく》・無慈悲《むじひ》・むごい

900 まがまがしい

不吉《ふきつ》**だ。**縁起《えんぎ》が悪い。

そのもち主は必ず不幸になるという、〔**まがまがしい**〕伝説があるダイヤの指輪。

忌《い》まわしい

単語 / 意味 / 使い方 / 類似語

901
即《そく》座《ざ》
その場で、**ためらわずすぐにすること。**

欲《ほ》しかった品が見つかったので、〔**即座**〕に購入《こうにゅう》した。

即刻《そっこく》・即時《そくじ》・間髪《かんはつ》をいれず・立ちどころに

902
早《そう》急《きゅう》
とても急ぐこと。すぐ。「さっきゅう」とも読む。

〔**早急**〕に対策を講じなければ、事態が悪化する。

火急・急遽《きゅうきょ》・緊急《きんきゅう》・早速《さっそく》・至急

903
唐《とう》突《とつ》
いきなり物事が行われて不自然な感じを受けること。突然《とつぜん》。

彼《かれ》の〔**唐突**〕な発言に一同びっくりした。

出し抜《ぬ》け・にわか905・やぶから棒《ぼう》1487

904 難
忽《こつ》然《ぜん》
物事が**急に現れたり消えたりする様子。**

犯人は〔**忽然**〕と姿を消した。

卒然・突如《とつじょ》・突然・にわか905・不意・出し抜け

905
にわか
物事が**急に起こる様子。**突然。

さっきまで良い天気であったのに、〔**にわか**〕に空が曇《くも》りだした。

忽然《こつぜん》904・卒然・出し抜け・唐突《とうとつ》903・突如・不意

906
次《し》第《だい》に
物事が**時間とともに少しずつ変化したり進行したりする様子。**だんだんに。

雨雲が、西から東へ〔**次第に**〕広がってきた。

おいおい・徐々《じょじょ》に907・漸次《ぜんじ》

907 徐々《じょじょ》に
物事がゆっくりと変化したり進行したりする様子。
薬が〔徐々に〕効いてきて、痛みがやわらぐはずだ。
おもむろに 909・次第《しだい》に 906・なし崩《くず》し 908

908 なし崩《くず》し
少しずつ物事を進めていくこと。
計画は〔なし崩し〕に変更《へんこう》されていった。
徐々《じょじょ》に 907

909 難 おもむろに
落ち着いて、ゆっくりと物事を始める様子。
対義 速《すみ》やかに
彼女《かのじょ》は丁寧《ていねい》にお辞儀《じぎ》をしたあと、〔おもむろに〕ソファーに腰《こし》を下ろした。
徐々に 907・やおら

910 頻《ひん》繁《ぱん》
たびたび起こる様子。繰《く》り返し。
親友から〔頻繁〕にメールが送られてくる。
しきりに・しげしげ 911・しばしば・しょっちゅう

911 しげしげ
何度も同じ所に行く様子。じっと見る様子。しきりに。
昔は、映画館に〔しげしげ〕と通って多くの作品を観《み》た。
しばしば・よくよく・頻繁《ひんぱん》 910

912 永《えい》久《きゅう》
いつまでも続くこと。
地球は〔永久〕に存在するわけではない。
永遠・永劫《えいごう》・恒久《こうきゅう》

単語 / 意味 / 使い方 / 類似語

913 一様《いちよう》

意味：どれもが皆《みな》同じである様子。
対義 多様 1496

使い方：数学の最後の問題は難しくて、皆《みな》が〔一様〕に間違《まちが》えていた。

類似語：一律・画一 1495・均一・同一・一概《いちがい》に 914・おしなべて 919

914 一概《いちがい》に

意味：個々の差を考えず、皆同じように考える様子。皆ひっくるめて。

使い方：〔一概に〕、親子げんかの原因が子供にばかりあるわけではない。

類似語：一様 913・おしなべて 919

915 尋常《じんじょう》

意味：当たり前、普通《ふつう》なこと。

使い方：事態が複雑すぎて、〔尋常〕な手法ではとても解決できない。

類似語：正常・通常・平凡《へいぼん》 619

916 おびただしい

意味：とても数が多い。程度が甚《はなは》だしい。とてもひどい。

使い方：彼女《かのじょ》の部屋には〔おびただしい〕数の本があった。

類似語：あまた・沢山《たくさん》・多数・枚挙にいとまがない 1476

917 あまねく 難

意味：広く行き渡《わた》っている様子。隅々《すみずみ》まで。

使い方：彼《かれ》の偉業《いぎょう》は〔あまねく〕世界に知れ渡っている。

類似語：くまなく 918

918 くまなく

意味：全体に及《およ》んでいて、残っているところがない様子。隅々まで。

使い方：家の中を〔くまなく〕探したのに見つからなかった。

類似語：あまねく 917・万遍《まんべん》なく・漏《も》れなく

919
おしなべて
全体に渡《わた》って、同じようである様子。
我《わ》が校の生徒は〔おしなべて〕英語が得意で数学が苦手だ。
一概《いちがい》に 914・一様 913

920
およそ
物事のおおまかなところ。大体のところ。
駅までは、歩いて〔およそ〕一時間くらいというところだ。
概して・大概《たいがい》

921 難
得《え》てして
よくそうなること。とかく。
慌《あわ》てて物事をすると、〔得てして〕ろくなことがない。
往々にして 922・ややもすると

922 難
往々《おうおう》にして
そうなりやすい様子。しばしば。
過信は〔往々にして〕ミスを犯《おか》す原因となる。
得てして 921・ともすると

923 難
さしずめ
一時的に結論を出す様子。とりあえず。さしあたり。
旅行の詳《くわ》しいことはわからないが、〔さしずめ〕必要なものを準備しておく。
当座・当面

924
いささか
数量や程度が少ない様子。ほんの少し。ちょっと。
〔いささか〕困ったことが起きたが、なんとかなるだろう。
幾分《いくぶん》・若干《じゃっかん》・多少・わずか

単語 / 意味 / 使い方 / 類似語

925 顕著《けんちょ》
はっきりと目立つ様子。
対義 隠微《いんび》
期末テストの結果に、努力の成果が〔顕著〕に表れた。
一際《ひときわ》・際立つ

926 めぼしい
多くの中で、特に目立っている様子。価値がありそうな様子。
この店には〔めぼしい〕ものが見あたらないね。
貴重・際立つ

927 難 煌々《こうこう》
まぶしいほど輝《かがや》く様子。
誰《だれ》もいないのに、〔煌々〕と電気をつけているのはもったいない。
燦々《さんさん》・燦然

928 ユニーク
独特な様子。
君の〔ユニーク〕な発想に強い刺激《しげき》を受けたよ。
稀少《きしょう》・特異・独創的

929 魅惑《みわく》
人の心を引きつけ惑《まど》わすこと。
その女性は大変〔魅惑〕的な人物で、誰もが心ひかれた。
魅了《みりょう》・心を奪《うば》う

930 微妙《びみょう》
言葉では簡単には言い表すことができないくらい細かい感じがあること。
あなたには二つの音の〔微妙〕な違《ちが》いがわかりますか？
軽微《けいび》・玄妙《げんみょう》・微細《びさい》・微少《びしょう》・かすか・僅《わず》か

931
巧妙《こうみょう》
とても上手な様子。
対義 拙劣《せつれつ》 866
〔**巧妙**〕に仕組まれたトリックを名《めい》探偵《たんてい》が見破る。
秀逸《しゅういつ》・絶妙《ぜつみょう》 62・巧《たく》み・鮮《あざ》やか

932
機敏《きびん》
その場に応じて素早《すばや》く動くこと。
彼《かれ》らの〔**機敏**〕な働きで、災害時も最小限の被害《ひがい》ですんだ。
俊敏《しゅんびん》・迅速《じんそく》・臨機応変 1693・てきぱき 821

933 難
いみじくも
非常にうまく適切に。すばらしく。
この歌詞は、〔**いみじくも**〕今の私の心情を言い表している。
上手に・みごとに

934
甲乙《こうおつ》つけがたい
どちらが優《すぐ》れているか決められないこと。
対義 段違《だんちが》い
どちらの選手も実力十分なので、〔**甲乙つけがたい**〕。
互角《ごかく》・五分五分・対等・伯仲《はくちゅう》 365

935 難
やぶさかでない
努力を惜《お》しまない。快く行う。
私は、この会の委員長を務めるのは〔**やぶさかでない**〕。

936
満更《まんざら》でもない
必ずしも悪くない。
三振《さんしん》を奪《うば》い、〔**満更でもない**〕顔つきを見せたピッチャー。
なかなか・まずまず

単語 / 意味 / 使い方 / 類似語

937 難 **造作《ぞうさ》ない**
手数がいらない。面倒《めんどう》がない。
こんな簡単な問題を五分で解くなんて、僕《ぼく》にとっては〔**造作ない**〕ことだ。
たやすい・簡易 860・簡単

938 **たわいない**
手応《てごた》えがない。子供っぽい。とりとめがない。
〔**たわいない**〕遊びだが、つい夢中になってやってしまう。
たやすい・取るに足りない

939 **安直《あんちょく》**
十分に考えたりしない様子。手間をかけない様子。
何事も、すぐに〔**安直**〕な答えに飛びつくのは良くない。
簡便・手軽

940 難 **おあつらえ向《む》き**
条件などにぴったり合っている様子。
今日はよく晴れていて、体育祭には〔**おあつらえ向き**〕の天気だ。
希望どおり・望みどおり

941 **目途《めど》が立《た》つ**
目標、目当てがはっきりする。「目途がつく」とも言う。
毎日、雨ばかりで、工事が終了《しゅうりょう》する〔**目途が立た**〕ない。

942 難 **便宜《べんぎ》**
都合が良いこと。また、そのような取り計らい。
人々が住みやすい環境《かんきょう》をととのえるために、さまざまな〔**便宜**〕を図《はか》る。
恩恵《おんけい》・利便

943 難
はかが行《い》く
仕事などが順調に進むこと。
今日は、一日集中が途切《とぎ》れず、仕事の〔はかが行っ〕た。
かせぐ・はかどる・快調・進捗《しんちょく》

944
果《は》たして
予想していたとおりになる様子。やはり。
対義 図《はか》らずも
実力は十分あったので〔果たして〕試験に合格した。
案の定

945 難
随《ずい》意《い》
自分の思いのままになること。自由。
こちらのパンフレットは、どうぞご〔随意〕にお持ちください。
勝手・任意

946
自《じ》発《はっ》的《てき》
自分から進んで行う様子。
対義 強制的
一人一人の〔自発的〕な活動が、地域全体を活性化させた。
主体的・積極622・能動624

947
不《ふ》可《か》避《ひ》
どうしても避《さ》けることができないこと。
世界の人口がこのまま増えていくと、食糧《しょくりょう》不足は〔不可避〕だ。
既定《きてい》・必至948・必然650

948
必《ひっ》至《し》
必ずそういう事態になること。
このまま赤字が続けば、会社の倒《とう》産《さん》は〔必至〕だ。
既定・必然650・不可《ふか》避《ひ》947

	単語	意味	使い方	類似語
949 難	塩《あん》梅《ばい》	物事や体の、具合や様子。	洗濯機《せんたくき》の〔塩梅〕が良くないので、買い換《か》えを検討する。	加減・調子
950 難	体《てい》たらく	物事の様子。特に好ましくない様子。	起きたばかりのような格好でやって来て、なんという〔体たらく〕だ。	醜態《しゅうたい》
951 難	姑《こ》息《そく》	一時しのぎをすること。	〔姑息〕な手段を使ってごまかしてみても、長くはもたない。	その場しのぎ・間に合わせ
952	赤《せき》裸《ら》々《ら》	何も包《つつ》み隠《かく》さない様子。	彼《かれ》の〔赤裸々〕な話は、聞いているこちらが恥《は》ずかしくなる。	あからさま・あらわ・露骨《ろこつ》
953	案《あん》外《がい》	予想していたことと違《ちが》うこと。 対義 案の定	道は渋滞《じゅうたい》していたのに、〔案外〕早く到着《とうちゃく》した。	意外・存外・不測・予想外
954	あながち	一方的に決めることができないこと。必ずしも。	君の言うことも〔あながち〕間違《まちが》っているわけではない。	

955
あえて
困難や抵抗《ていこう》を押《お》し切って行う様子。無理に。わざわざ。
聞き入れてもらえないのは承知の上で、〔あえて〕進言する。
意図的に・しいて・わざと

956
かろうじて
余裕《よゆう》がない状態で、ぎりぎり実現する様子。やっとのことで。なんとか。
テスト前に必死に勉強したため、〔かろうじて〕合格した。
危《あや》うく・辛《から》くも

957
むざむざ
何の対策も立てないまま、不本意な結果を招く様子。簡単に。あっさりと。
このまま〔むざむざ〕敵に負けるわけにはいかない。
手もなく・やすやす・容易に

958
まじまじ
じっと見つめる様子。
五年ぶりに会った甥《おい》を〔まじまじ〕と見た。
凝視《ぎょうし》1069・注視・直視・目を凝《こ》らす

959 難
なけなし
わずかしかなく、**それを出したら残るものがないこと。**
〔なけなし〕の金をはたいて、本を買う。
僅少《きんしょう》・些少《さしょう》・乏《とぼ》しい・雀《すずめ》の涙《なみだ》1406

960 難
ひとしお
他のものより程度が増すこと。いっそう。ひときわ。
難産だったので、子供が生まれた時の感激は、〔ひとしお〕であった。
一段と・更《さら》に・ますます・いやが上にも

単語

961

文化《ぶんか》

意味

その社会を構成する人々の、物質的・精神的活動の結果全体のこと。

使い方

郷土の〔文化〕遺産の保存に尽力《じんりょく》する。

類似語

カルチャー・文明 962

962

文明《ぶんめい》

世の中が進歩し、生活が便利で高度な文化をもつこと。

対義 未開

明治維新《いしん》以後、西洋〔文明〕が日本に急激に移入された。

文化 961

理解のための一歩

文化と文明は、よく似た感じのする言葉ですが、どう違《ちが》うのでしょう。その違いを説明する時によく挙げられるのは、精神的な面と物質的な面です。

文化は、おもに社会の風習や伝統、価値観といった精神的な面において生み出されたものを表す時に使い、時代も広範囲《こうはんい》に渡《わた》ります。一方、文明は、おもに経済や技術が発展する状態を表す時に使い、時代や場所は限定されます。文明の 使い方 にある「西洋文明」は十九世紀のヨーロッパの機械文明を表します。

精神面と物質面。文化と文明は、人間が幸福で豊かな生活を送るための車の両輪のようなものでしょうか。

963

近《きん》代《だい》

単語

意味

現代に近い時代。また、現代。

使い方

〔近代〕社会になって、人々は、自分たちを縛《しば》りつけてきた伝統から解放された。

類似語

モダン

理解のための一歩

　評論文を読んでいると、近代とか近代的という言葉によく出会います。おもに十八世紀後半以降のヨーロッパの資本主義社会を指し、日本では明治時代以降を言います。近代と出てきた時は、まず「自由獲得《かくとく》と科学技術発展の時代」と押《お》さえておくと、わかりやすくなります。
近代以前のヨーロッパでは、人々は身分や宗教によって、さまざまな制限のある生活を送っていました。そうした束縛《そくばく》から解放されたのが近代です。また、科学技術が発展し、大量生産が可能になります。人々は、以前よりも便利で健康な生活が送れるようになりました。
　しかし、科学技術の発展は、同時に、公害や自然破壊《はかい》などマイナス面も生みました。評論文では、こうした近代のマイナス面がよく取り上げられます。

単語 / 意味 / 使い方 / 類似語

964
実《じっ》践《せん》
考えや理論に従って、実際に行うこと。
対義 理論
頭であれこれ考えるより、まずは〔実践〕してみる。
執行《しっこう》・実行・励行《れいこう》965

965 難
励《れい》行《こう》
決めたことや規則を、きちんと努力して行うこと。
インフルエンザの予防のために、うがいを〔励行〕する。
実践《じっせん》964・遵守《じゅんしゅ》1035

966
貫《かん》徹《てつ》
考えや方針を貫《つらぬ》き通すこと。最後までやり通すこと。
対義 挫《ざ》折《せつ》686
初志を〔貫徹〕して、英検二級に合格した。
完遂《かんすい》・遂行277・一筋

967 難
踏《とう》襲《しゅう》
今までのやり方、考えをそのまま受け継《つ》ぐこと。
昨年の体育祭を〔踏襲〕して、今年も騎馬戦《きばせん》を行う。
維持《いじ》982・継承《けいしょう》・相続1192

968
鍛《たん》錬《れん》
鍛《きた》えること。
柔道《じゅうどう》を通して心身を〔鍛錬〕する。
訓練・修練・修行《しゅぎょう》

969
自《じ》制《せい》
自分の感情や欲望を抑《おさ》えること。
今すぐ遊びに行きたいという気持ちを〔自制〕して、勉強をする。
我慢《がまん》・自粛《じしゅく》

970

いそしむ

物事に励《はげ》むこと。

対義 怠《おこた》る

受験も近づき、勉強に〔いそしん〕でいる。

精を出す・勤勉 1161・粉骨砕身《ふんこつさいしん》 1685・黙々《もくもく》 820

971 難

かまける

一つのことに気をとられて、他のことがおろそかになる。

ゲームに〔かまけ〕て、食事まで怠るようになった。

掛《か》かりっきり・粗略《そりゃく》・なおざり

972

尽《じん》力《りょく》

力を尽《つ》くすこと。努力すること。

両国の関係改善に〔尽力〕した外交官。

貢献《こうけん》 372・一肌脱《ひとはだぬ》ぐ・骨を折る

973

制《せい》覇《は》

競争相手を抑《おさ》えて権力を握《にぎ》ること。スポーツなどで優勝すること。

我《わ》が校のサッカー部が、初めて全国〔制覇〕を成し遂《と》げた。

勝利・征服《せいふく》

974

発《はっ》散《さん》

外に出して、散らすこと。

対義 吸収・蓄積《ちくせき》

ストレス〔発散〕のために、最近は毎日ジョギングをしている。

放散・放射・放出

975

跳《ちょう》躍《やく》

飛び跳《は》ねること。

すばらしい〔跳躍〕力で塀《へい》を軽々飛び越《こ》えた。

ジャンプ

単語 / 意味 / 使い方 / 類似語

976 調整《ちょうせい》

具合が良いようにととのえること。釣《つ》り合いが取れた状態にすること。

友人と、当日の待ち合わせ時間を〔調整〕する。

調節

977 難 措置《そち》

物事をうまく処理すること。

行政が、地震《じしん》の被災者《ひさいしゃ》に対して適切な〔措置〕を講じる。

始末・処置・対策・対処

978 もくろむ

物事を行うために、計画をいろいろ考える。

事業の海外進出を〔もくろむ〕。

企《くわだ》てる・たくらむ・画策 979

979 難 画策《かくさく》

計画を立てること。たくらむこと。

クーデターを〔画策〕した人物が捕《と》らえられた。

計略・策略・謀《はか》る・もくろむ 978

980 工面《くめん》

金銭などを工夫《くふう》をして用意すること。

明日までにお金を〔工面〕できなければ、権利が消失してしまう。

算段・捻出《ねんしゅつ》・やりくり

981 打診《だしん》

相手の意向をそれとなく探ること。

講演会の講師を依頼《いらい》するために、都合を〔打診〕する。

982 維持《いじ》

同じ状態を保ち続けること。

健康〔維持〕のため、毎朝ジョギングをしています。

キープ・持続・踏襲《とうしゅう》967・保持

983 一括《いっかつ》

一まとめにすること。

対義 分割《ぶんかつ》

数人分を〔一括〕して注文すると、二割引で購入《こうにゅう》できる。

一《ひと》くくり・束ねる・十把一《じっぱひと》からげ 1452

984 矯正《きょうせい》

欠点や誤りを正すこと。

歯並びを〔矯正〕するために歯医者に通う。

改良・修正・補正

985 隔離《かくり》

他の者と離《はな》して別にすること。

人里離《はな》れた場所に住み、世間から〔隔離〕した生活を送った。

分離《ぶんり》

986 難 遮蔽《しゃへい》

遮《さえぎ》りおおうこと。

カーテンで直射日光を〔遮蔽〕する。

隠蔽《いんぺい》・遮断《しゃだん》

987 被《こうむ》る

受ける。

大雨で家屋が浸水《しんすい》し、大きな損害を〔被っ〕た。

	単語	意味	使い方	類似語
988	挑《ちょう》発《はつ》	相手を刺激《しげき》して、**事件・争い・欲情などを引き起こすようにしむけること。**	相手の〔挑発〕的な言葉に冷静さをなくしてしまい、後悔《こうかい》している。	扇動《せんどう》・誘導《ゆうどう》・誘《さそ》う・焚《た》きつける
989	妨《ぼう》害《がい》	**邪魔《じゃま》をすること。**	私語は授業の〔妨害〕になるので、やめるべきだ。	障害・阻害《そがい》・遮《さえぎ》る・妨《さまた》げる
990 難	脅《おびや》かす	**怖《おそ》れさせる。**不安にする。	新人の登場で、人気ナンバーワンの地位が〔脅かさ〕れる。	威嚇《いかく》・脅迫《きょうはく》・恫喝《どうかつ》・凄《すご》みを利《き》かせる
991	報《ほう》復《ふく》	**仕返しすること。**	武力介入《かいにゅう》に対する〔報復〕手段として、輸出入の全面禁止が発表された。	意趣《いしゅ》返し・復讐《ふくしゅう》
992	中《ちゅう》傷《しょう》	ありもしない悪口を言って、**他人の名誉《めいよ》を傷つけること。**	根も葉もない〔中傷〕にさらされて、深く心が傷ついた。	悪態・非難・誹謗《ひぼう》
993	罵《ば》倒《とう》	**激しく罵《ののし》ること。**	相手が悪いと、お互《たが》いを〔罵倒〕してばかりで、解決の糸口が見出《みいだ》せない。	悪口雑言 1600・罵声《ばせい》・非難・悪口

994 難

蔑《さげす》む

他人を劣《おと》っていると見下す。ばかにする。

これまでは一回戦負けのチームと〔蔑ま〕れてきたが、今年はそうはいかないぞ。

侮《あなど》る769・なめる・見くびる・軽蔑《けいべつ》・蔑視《べっし》

995 難

ないがしろ

人や物事を大したことはないとばかにすること。

他人を〔ないがしろ〕にするような彼《かれ》の言動が気に入らない。

軽視・蔑視・高をくくる

996 難

愚弄《ぐろう》

ばかにしてからかうこと。

人を〔愚弄〕するような言葉は、絶対に許せない。

侮辱《ぶじょく》・揶揄《やゆ》59・侮る769

997

冷笑《れいしょう》

蔑《さげす》んで笑うこと。

つまらないダジャレを言ってしまい、クラスの皆《みな》に〔冷笑〕された。

失笑999・嘲笑《ちょうしょう》998

998

嘲笑《ちょうしょう》

ばかにして笑うこと。

皆の前でドジを踏《ふ》み、〔嘲笑〕の的になった。

失笑999・冷笑997・あざ笑う・せせら笑う

999

失笑《しっしょう》

こらえきれず吹《ふ》き出して笑ってしまうこと。

うろ覚えの知識で話をしたら、間《ま》違《ちが》いだらけで〔失笑〕を買った。

嘲笑998・冷笑997・鼻で笑う

単語 / 意味 / 使い方 / 類似語

1000 吹聴《ふいちょう》 難

言いふらすこと。

彼《かれ》はクラスの皆《みな》に自慢話《じまんばなし》を〔吹聴〕してまわった。

喧伝《けんでん》・宣伝

1001 ことづける

人に頼《たの》んで、伝言してもらったり、品物を届けてもらったりする。

憧《あこが》れのあの子に届けてと、プレゼントを友人に〔ことづけ〕た。

依頼《いらい》・伝達

1002 ほのめかす 難

それとなく、態度や言葉で表す。

はっきりとではないが、彼女《かのじょ》は海外に移住する決意を〔ほのめかし〕ていた。

匂《にお》わす・暗示 50・示唆《しさ》 51

1003 うそぶく 難

とぼけて、知らないふりする。大げさなことを言う。

知っているのに、「それは初耳だ」と平気な顔で〔うそぶく〕。

しらばくれる・しらを切る

1004 はぐらかす

話題から逃《のが》れようと、うまくごまかしてかわす。

答えにくい質問をされたので、冗《じょう》談《だん》を言って〔はぐらかし〕た。

あしらう・いなす・取り繕《つくろ》う

1005 なじる

欠点や過失をとがめて、問いつめる。

約束を破ったことを強く〔なじる〕。

責める・とがめる・詰問《きつもん》・非難・槍玉《やりだま》に挙げる 1488

1006 **まくし立《た》てる**

激しい勢いで一気にしゃべる。

すごい早口で〔まくし立てる〕ので、何を言っているのか聞き取れない。

1007 **言《い》いよどむ**

言葉がうまく出ないで、口ごもったり、言うのをためらったりする。

声をかけたかったが、うまい言葉が見つからず〔言いよどん〕でしまった。

しどろもどろ・絶句 78

1008 **どよめく**

ざわざわと騒《さわ》ぐ。鳴り響《ひび》く。

すばらしいプレーの連発に観客は〔どよめい〕た。

騒ぎたてる・鳴り渡《わた》る

1009 **ねぎらう**

相手の苦労を慰《なぐさ》め、感謝する。

従業員の日頃《ひごろ》の労を〔ねぎらう〕会を開く。

いたわる・慰労《いろう》

1010 **耳打《みみう》ち**

相手の耳元に口を寄せて、そっとささやくこと。

人に聞かれないように、知ったばかりの情報を彼《かれ》に〔耳打ち〕した。

1011 難 **いとま乞《ご》い**

別れを告げること。別れの挨拶《あいさつ》。

彼女《かのじょ》は我々に〔いとま乞い〕をすると、雨の中帰っていった。

辞去

単語 / 意味 / 使い方 / 類似語

1012 はにかむ

意味：恥《は》ずかしそうな表情や態度を見せる。

使い方：先生に褒《ほ》められて、〔**はにかみ**〕ながら笑顔《えがお》を浮《う》かべた。

類似語：照れる・赤面 1013・含《がん》羞《しゅう》・面映《おもは》ゆい

1013 赤《せき》面《めん》

意味：恥ずかしくて顔を赤くすること。また、その顔。

使い方：皆《みな》の前でスピーチをしくじってしまい、〔**赤面**〕した。

類似語：汗顔《かんがん》・はにかむ 1012・顔から火が出る

1014 動《どう》転《てん》

意味：非常に驚《おどろ》き、慌《あわ》てること。

使い方：大きな地震《じしん》に気が〔**動転**〕してしまった。

類似語：仰天《ぎょうてん》 664・パニック・狼狽《ろうばい》 665・面食《めんく》らう 1015

1015 難 面《めん》食《く》らう

意味：突然《とつぜん》のことに驚き、慌てる。

使い方：道を歩いていたら突然《とつぜん》友人が大声で歌い出したので、〔**面食らっ**〕た。

類似語：動転 1014・狼狽 665・腰《こし》を抜《ぬ》かす

1016 難 はばかる

意味：遠慮《えんりょ》する。気兼《きが》ねする。幅《はば》をきかす。

使い方：周囲を〔**はばかり**〕、口をつぐむ。

類似語：控《ひか》える

1017 たじろぐ

意味：尻込《しりご》みする。気後《きおく》れする。

使い方：相手の大声に思わず〔**たじろい**〕だ。

類似語：恐《おそ》れる・すくむ・ひるむ・悪びれる 781・及《およ》び腰《ごし》・逃《に》げ腰

1018 難

おののく

恐《おそ》ろしさや寒さのために震《ふる》える。

突然《とつぜん》の銃声《じゅうせい》に恐れ〔おののい〕た。

おじけづく・わななく・戦慄《せんりつ》1020

1019

こわばる

柔《やわ》らかいものが固くなる。

嫌《いや》みを言われたため、彼女《かのじょ》の表情が〔こわばっ〕た。

硬直《こうちょく》

1020 難

戦《せん》慄《りつ》

恐ろしさのために体が震えること。

悲惨《ひさん》な戦争の話を聞いて、〔戦慄〕を覚えた。

おじけづく・おののく1018・わななく

1021

嘆《たん》息《そく》

嘆《なげ》いて、ため息をつくこと。

何もかもうまくいかなくて、思わず一人〔嘆息〕をもらす。

吐《と》息《いき》

1022 難

嗚《お》咽《えつ》

声を詰《つ》まらせて泣くこと。

友人の突然の死を聞いて〔嗚咽〕した。

すすり泣く・むせび泣く

1023

号《ごう》泣《きゅう》

大声をあげて泣くこと。

弟が、母に叱《しか》られて〔号泣〕している。

哀号《あいごう》・慟哭《どうこく》・泣き叫《さけ》ぶ

単語 / 意味 / 使い方 / 類似語

1024
賜《たまわ》る
いただく。「もらう」の謙譲語《けんじょうご》。
市長からお祝いの言葉を〔**賜る**〕。
頂戴《ちょうだい》 1026・拝受

1025
承《うけたまわ》る
謹《つつし》んで聞く。お引き受けする。「聞く」「承知する」「引き受ける」の謙譲語。
ご用命の件、確かに〔**承り**〕ました。
受諾《じゅだく》・拝聴《はいちょう》・了解《りょうかい》

1026
頂《ちょう》戴《だい》
いただく。「もらう」「食べる」「飲む」の謙譲語。
王様から褒美《ほうび》を〔**頂戴**〕した。
拝受・賜《たまわ》る 1024

1027
かしずく
人に仕えて、**大事に守り、世話をする。**
王女は多くの人に〔**かしずか**〕れて育ってきた。
世話・奉公《ほうこう》

1028 難
追《つい》従《しょう》
人にこびへつらうこと。おべっかを言うこと。
権力者に気に入られようと〔**追従**〕ばかりしている彼《かれ》を誰《だれ》も信用していない。
お世辞・迎合《げいごう》 341・ご機嫌《きげん》取り・歓心《かんしん》を買う

1029
遇《ぐう》する
もてなす。待遇《たいぐう》する。
主賓《しゅひん》として〔**遇さ**〕れた。
扱《あつか》う・接する

1030 難
会《え》釈《しゃく》
軽く頭を下げてお辞儀《じぎ》すること。

廊下《ろうか》で先生に〔会釈〕をして通り過ぎた。

挨拶《あいさつ》

1031
承《しょう》諾《だく》
相手の希望や意見などを受け入れること。

対義 拒絶《きょぜつ》・拒否

難しい依頼《いらい》であったが、彼《かれ》がすぐに〔承諾〕してくれて助かった。

承知・同意・了解《りょうかい》・了承・二つ返事

1032
快《かい》諾《だく》
快く承諾《しょうだく》すること。

対義 固辞

講演会の講師になることを〔快諾〕いただき、ありがとうございました。

承知・了承・二つ返事

1033 難
首《しゅ》肯《こう》
納得《なっとく》して、**うなずくこと。**

今日の講師の話は、内容も良く、〔首肯〕できる点も多かった。

合点749・肯定《こうてい》578・承知・相槌《あいづち》を打つ

1034
担《にな》う
ものを**肩《かた》にかつぐ。**自分の責任として**引き受ける。**

君は我《わ》が社の将来を〔担う〕人材だ。

しょって立つ・背負う

1035
遵《じゅん》守《しゅ》
教えや規則などに**従い、よく守ること。**

対義 違反《いはん》

ドライバーは、交通法規を〔遵守〕しなければならない。

遵法《じゅんぽう》・励行《れいこう》965

単語	意味	使い方	類似語
1036 難 叱《しっ》責《せき》	過《あやま》ちなどを**叱《しか》り責めること。**	仕事でミスをして上司から〔**叱責**〕を受けた。	叱咤《しった》・懲戒《ちょうかい》359・非難・たしなめる1041・油を絞《しぼ》る1424
1037 抗《こう》議《ぎ》	相手の言動に対して、**反対の意見や要求を申し立てること。**	大臣の失言に各方面から〔**抗議**〕の声が上がった。	糾弾《きゅうだん》352・クレーム353・抗弁《こうべん》・非難
1038 摘《てき》発《はつ》	**悪事を暴《あば》き、公表すること。** 対義 看過	国税局により脱税《だつぜい》が〔**摘発**〕された。	暴露《ばくろ》357
1039 難 訓《くん》戒《かい》	物事の善悪、是非《ぜひ》などを教えて、**戒《いまし》めること。**	校則に違反《いはん》した者は全員、校長先生から〔**訓戒**〕を受けた。	警告1040・説教・説諭《せつゆ》・注意・諭《さと》す
1040 警《けい》告《こく》	**前もって注意すること。**	危険な場所であることを〔**警告**〕する標識を立てる。	訓戒《くんかい》1039・忠告366
1041 たしなめる	**反省するように注意する。**	成績が下がって、親に〔**たしなめ**〕られた。	諭す・責める・とがめる・叱責1036・説諭

1042
静《しず》める
落ち着かせる。騒《さわ》ぎなどを収める。「鎮める」とも書く。
のどの痛みが薬で〔静め〕られた。
和《やわ》らげる

1043
阻《そ》止《し》
遮《さえぎ》って、抑《おさ》え止めること。
ウイルスの上陸を水際《みずぎわ》で〔阻止〕する。
抑《よく》止《し》・食い止める・差し止める・妨《さまた》げる・阻《はば》む

1044
指《さ》図《し》《ず》
物事の方法や手順などを指示すること。言いつけて、仕事などをさせること。
母親から何でもかんでも〔指図〕されると嫌《いや》になっちゃうよ。
指揮・指示・命令・采《さい》配《はい》を振《ふ》る

1045 難
使《し》役《えき》
人や家畜《かちく》に仕事をさせること。
畑の開墾《かいこん》で牛を〔使役〕する。
使用

1046
鼓《こ》舞《ぶ》
元気づけ、励《はげ》ますこと。
応援団《おうえんだん》が選手を〔鼓舞〕し、士気を高める。
応援・鼓吹《こすい》・叱咤《しった》激《げき》励《れい》・声援

1047 難
委《い》託《たく》
自分でするはずの仕事を他人に頼《たの》んでやってもらうこと。
パーティーの準備は、全て業者に〔委託〕することにした。
委嘱《いしょく》・委任・依頼《いらい》・嘱託《しょくたく》・委《ゆだ》ねる

単語 ／ 意味 ／ 使い方 ／ 類似語

1048 降《こう》伏《ふく》

意味：**戦いに負けたことを認めて、敵に従うこと。**

使い方：戦わずして敵を〔降伏〕させ、勝利を得る。

類似語：降参・投降・尻尾《しっぽ》を巻く・白旗を掲《かか》げる

1049 撤《てっ》回《かい》

意味：**一度出したものを引っ込《こ》めたり、取り下げたりすること。**

使い方：先ほどの発言を〔撤回〕し、白紙に戻《もど》します。

類似語：撤廃《てっぱい》・破棄《はき》

1050 難 翻《ひるがえ》す

意味：旗などを風に**なびかせる**。裏側になるよう**ひっくり返す。**

使い方：上司の一言で、彼《かれ》はころりと態度を〔翻し〕た。

類似語：裏返す・覆《くつがえ》す・逆転

1051 滞《とどこお》る

意味：物事がつかえたりして、**順調に進まない。**
対義 はかどる

使い方：リーダーが休んで、仕事が〔滞っ〕ている。

類似語：なずむ・足踏《あしぶ》み・渋《じゅう》滞《たい》・停滞

1052 難 迂《う》回《かい》

意味：**遠回りすること。**回り道。

使い方：工事で道路が通行止めになっているので、〔迂回〕するしかない。

類似語：迂遠《うえん》・迂曲

1053 退《たい》却《きゃく》

意味：**後へ引き下がること。**逃《に》げること。
対義 進撃《しんげき》

使い方：敵の厳しい攻撃《こうげき》を受け、〔退却〕せざるをえない。

類似語：後退・撤退《てったい》・敗走

1054
疎《そ》開《かい》
戦時中に空襲《くうしゅう》や火災の被害《ひがい》を避《さ》けるため、**都市に集中する人やものを地方に移すこと。**

戦時中、私たちは田舎《いなか》に〔**疎開**〕しておりました。

退避《たいひ》・避難

1055 難
払《ふっ》拭《しょく》
すっかりぬぐい取ること。

彼《かれ》はリーダーとしての責任を十分に果たし、我々の懸念《けねん》を〔**払拭**〕した。

削除《さくじょ》・除去・消し去る

1056
呈《てい》する
ある状態・様子を示す。

干ばつが続き、餓死者《がししゃ》が出るなどの悲惨《ひさん》な状況《じょうきょう》を〔**呈し**〕ている。

具現・露呈《ろてい》・表す

1057
出《しゅつ》没《ぼつ》
現れたり隠《かく》れたりすること。

ここは熊《くま》が〔**出没**〕するので、気をつけなければならない。

出現

1058 難
歪《わい》曲《きょく》
事実などを**歪《ゆが》め曲げること。**

事実を〔**歪曲**〕して報道することは決して許されない。

曲解・捏造《ねつぞう》

1059 難
濫《らん》用《よう》
みだりに用いること。
「乱用」とも書く。

薬の〔**濫用**〕は危険なので、絶対にしてはいけない。

多用

単語 / 意味 / 使い方 / 類似語

1060 難 **洞察《どうさつ》**
意味：物事の先、または奥底《おくそこ》までを見通すこと。
使い方：この作品は人間の心を深く〔**洞察**〕した佳作《かさく》である。
類似語：看破・見抜《みぬ》く

1061 **展望《てんぼう》**
意味：遠くまで見渡《みわた》すこと。また、社会の動きや先のことを見渡すこと。見晴らし。
使い方：国の将来を〔**展望**〕する。
類似語：一望・眺望《ちょうぼう》・ビジョン 270・見通す

1062 **検証《けんしょう》**
意味：実際に調べて、事実を証明すること。
使い方：新しい理論の当否を〔**検証**〕する。
類似語：実証・立証

1063 **鑑定《かんてい》**
意味：美術品などを調べて、本物かどうかや価値の有無《うむ》を見分けること。
使い方：先祖伝来の壺《つぼ》の価値を〔**鑑定**〕してもらった。
類似語：鑑識《かんしき》・査定・品定め・目利《めき》き

1064 **いぶかる**
意味：怪《あや》しむ。不審《ふしん》に思う。
使い方：昨日まで元気だった彼《かれ》がなぜ急に休んだのか、〔**いぶかる**〕。
類似語：疑念・けげん 800・首をひねる

1065 **類推《るいすい》**
意味：似ている点をもとにして、他のことを推測すること。
使い方：事件現場に残されたものから犯人像を〔**類推**〕する。
類似語：推理・推量

1066 詮《せん》索《さく》

細かなことまで探《さぐ》り調べること。また、細かなことまでとやかく言うこと。

根《ね》掘《ほ》り葉掘り〔**詮索**〕するから嫌《いや》になっちゃう。

あら探し・穿鑿《せんさく》・重箱の隅《すみ》をつつく

1067 難 一《いち》瞥《べつ》

ちらっと見ること。

対義 熟視

遠くを歩いている女性を〔**一瞥**〕しただけで、妹だとわかった。

一見・一顧《いっこ》・一目《ひとめ》・垣《かい》間《ま》見《み》る 1068

1068 難 垣《かい》間《ま》見《み》る

のぞき見る。また、ちらっと見る。

彼《かれ》の意外な一面を〔**垣間見**〕た。

一瞥《いちべつ》 1067・一見・一顧・一目

1069 凝《ぎょう》視《し》

じっと見つめること。

何があるのか、彼は動かず、一点を〔**凝視**〕したままだ。

注視・見入る・まじまじ 958・目を凝《こ》らす

1070 監《かん》視《し》

注意して見張ること。

密漁船がいないかどうか、周辺海域を〔**監視**〕する。

監督《かんとく》・注視・目を光らせる 1396

1071 目《め》配《くば》せ

目を動かして、意思を伝えたり合図をしたりすること。

声には出さず、〔**目配せ**〕をして相手に気持ちを伝えた。

アイコンタクト

1072 難

培《つちか》う

意味：植物を育てる。心や力などを**養い育てる。**

使い方：厳しい訓練を通して、自身の忍耐《にんたい》力《りょく》を〔**培う**〕。

類似語：育成・栽培《さいばい》・培養・養育

1073

施《ほどこ》す

意味：**恵《めぐ》み与《あた》える。**行う。付け加える。

使い方：彼《かれ》の医療《いりょう》活動は、多くの人に恩恵《おんけい》を〔**施し**〕た。

類似語：喜捨・授与《じゅよ》・提供 273

1074 難

憩《いこ》う

意味：**休む。**くつろぐ。

使い方：昼休みは〔**憩い**〕の一時《ひととき》だ。

類似語：休憩《きゅうけい》・休息・リラックス・羽を伸《の》ばす

1075

滞《たい》在《ざい》

意味：他所へ行って、そこに**しばらく留《とど》まること。**

使い方：温泉が気に入ったので、この宿にしばらく〔**滞在**〕する。

類似語：寄留・在留・駐在《ちゅうざい》・逗留《とうりゅう》

1076

賄《まかな》う

意味：**やりくりをする。**食事を出す。

使い方：今月は出費が多くて小遣《こづか》いだけでは〔**賄え**〕ない。

類似語：切り盛り

1077

自《じ》炊《すい》

意味：**自分で食事を作って食べること。**

使い方：親元から離《はな》れて、三年間〔**自炊**〕生活を送った。

1078 繕《つくろ》う

衣類などの**破れた部分を直す**。見た目を**体裁《ていさい》良くととのえる**。

言い訳をして、なんとかその場を〔繕っ〕た。

修繕《しゅうぜん》・修理・補修

1079 難 つづる

つなぎ合わせる。とじ合わせる。言葉を続けて、**文章や詩歌《しいか》を作る**。

毎晩、日記を〔つづる〕のが習慣となった。

執筆《しっぴつ》

1080 難 逝去《せいきょ》

人が**死ぬことを敬って言う言い方**。

御尊父様が〔逝去〕されたとのこと、心よりお悔《く》やみ申し上げます。

永眠《えいみん》・他界

1081 喪失《そうしつ》

なくすこと。失うこと。

対義 獲得《かくとく》

事故で過去の記憶《きおく》を〔喪失〕してしまった人。

失墜《しっつい》 285・紛失《ふんしつ》

1082 回顧《かいこ》

体験した**過去のことに思い巡《めぐ》らすこと**。

同窓会では昔を〔回顧〕して、懐《なつ》かしい話で盛り上がった。

懐旧《かいきゅう》・回想・追憶《ついおく》 1083・追想

1083 追憶《ついおく》

過ぎ去った**昔のことを思い出すこと**。

久しぶりに母校を訪《おとず》れ、小学校時代を〔追憶〕する。

懐旧・回顧《かいこ》 1082・回想・追想

単語 / 意味 / 使い方 / 類似語

1084
容《よう》赦《しゃ》
許すこと。手加減すること。
まだ始めたばかりでうまくいきませんが、どうぞご〔**容赦**〕ください。
寛恕《かんじょ》・堪忍《かんにん》712・勘弁《かんべん》・寛容368・酌量《しゃくりょう》217

1085
和《わ》解《かい》
争いをやめて、**仲直りすること。**
長年確執《かくしつ》のあった父親と〔**和解**〕した。
講和・和睦《わぼく》

1086
歓《かん》迎《げい》
喜んで迎《むか》えること。
対義 歓送《かんそう》
国際交流のために、外国から来た中学生を〔**歓迎**〕する。
迎賓《げいひん》

1087 難
緩《かん》和《わ》
緩《ゆる》め、和《やわ》らげること。
施設《しせつ》を拡張して、利用者の入場制限を〔**緩和**〕した。
軽減

1088
優《ゆう》遇《ぐう》
手厚くもてなすこと。
対義 冷遇《れいぐう》
会員になると、サービス面でさまざまに〔**優遇**〕される。
厚遇《こうぐう》・優待

1089
支《し》持《じ》
人の意見や行動に**賛成して、後《あと》押《お》しをすること。**
あの議員の訴《うった》える政策は〔**支持**〕できないので、投票しない。
後援《こうえん》・賛助

1090 難
抜擢《ばってき》
多くの中から選び出して用いること。
劇団員を続けてきたが、初めて主役に〔抜擢〕された。
起用・登用・選抜《せんばつ》

1091 難
奨励《しょうれい》
良いこととして勧《すす》め励《はげ》ますこと。
健康のために、歩くことを〔奨励〕する。
勧奨《かんしょう》

1092 難
伍《ご》する
肩《かた》を並べる。仲間に入る。
経験者に〔伍し〕て戦う。
拮抗《きっこう》・同等・伯仲《はくちゅう》365・匹敵《ひってき》・引けをとらない

1093
珍《ちん》重《ちょう》
珍《めずら》しいものとして大切にすること。
高級食材として〔珍重〕されている魚を手に入れた。
重宝

1094
買《か》いかぶる
実質以上に高く評価したり、信用したりすること。
対義 見くびる
私がこの仕事を完璧《かんぺき》にできるなんて、〔買いかぶら〕れても困る。
過大評価

1095
介《かい》する
間に入る。気にする。心にとめる。
人を〔介し〕て、好きな小説家に会うことができた。
仲介《ちゅうかい》・仲立ち

1096 民主主義《みんしゅしゅぎ》

単語　民主主義《みんしゅしゅぎ》

意味　国家の主権者は人民であり、政治は国民のために行われるという考え方。

使い方　国民主権や基本的人権の尊重は、〔民主主義〕国家の基本である。

類似語　デモクラシー

1097 資本主義《しほんしゅぎ》

単語　資本主義《しほんしゅぎ》

意味　資本家が労働者を雇《やと》って商品を生産、販売《はんばい》させ、利益を得る経済の仕組み。

使い方　〔資本主義〕の社会では、常に利益というものが重要視される。

類似語　市場経済

理解のための一歩

現代では、多くの国が、政治的には**民主主義**、経済的には**資本主義**の考え方で運営されています。

民主主義の考え方は古くからありましたが、広まったのは近代からです。近代のヨーロッパで、人間の自由や平等を尊重する考えが生まれます。それまでの王様や貴族が支配する社会から、議会をつくって国民自身が政治を行うようになります。

個人とその自由を大切にする考え方は政治だけでなく、経済にも広がります。**資本主義**社会では個人（＝資本家）が自分の財産を持ち、自由な競争が行われるようになりました。

□1098

市民社会《しみんしゃかい》

単語

意味 自由で平等な個人によって構成される社会。

使い方 人々が封建的《ほうけんてき》な身分制度を打ち倒《たお》して作り上げたのが〔市民社会〕である。

□1099

自由《じゆう》

意味 他から縛《しば》られないこと。思いのまま。

対義 束縛《そくばく》・統制

使い方 〔自由〕と自分勝手をはき違《ちが》えてはいけない。

類似語 随意《ずいい》945・任意・フリー・リバティー

理解のための一歩

市民社会の市民とは、単に「都市に住んでいる人」という意味ではありません。民主主義の項《こう》で述べたように、近代になって、人々は絶対的な権力者を倒《たお》し、自由を獲《かく》得《とく》しました。そして、自分たちの政治を自分たちで行うようになったのです。十八世紀末に起きたフランス革命は、その代表的な例です。

こうした活動をした人々を市民と言いました。つまり、市民とは「個人の自由や、平等な権利を認め合う社会を作ろうという意識をもった人々」という意味が含《ふく》まれている言葉なのです。そして、そのような人々で構成されるのが市民社会です。

単語 / 意味 / 使い方 / 類似語

1100 鋭《えい》敏《びん》

意味：感覚が鋭《するど》いこと。頭の働きがはやいこと。
対義　愚鈍《ぐどん》1132・鈍感

使い方：彼《かれ》は〔鋭敏〕な頭脳のもち主で、一を聞いて十がわかる。

類似語：聡明《そうめい》・明敏《めいびん》・利発・目から鼻へ抜《ぬ》ける1394

1101 賢《けん》明《めい》

意味：賢《かしこ》くて物事の道理がわかっていること。
対義　暗愚《あんぐ》・愚昧《ぐまい》

使い方：台風接近で旅行を取りやめたのは〔賢明〕だった。

類似語：聡明・利口・利発

1102 俊《しゅん》才《さい》

意味：優《すぐ》れた才能。また、そのもち主。

使い方：主席で大学を卒業した彼は、まさに〔俊才〕である。

類似語：英才・秀才《しゅうさい》・俊英《しゅんえい》

1103 俊《しゅん》足《そく》

意味：足が速いこと。また、そのような人。
対義　鈍足《どんそく》

使い方：〔俊足〕の彼は、大きな陸上大会で何度も優勝している。

類似語：韋駄天《いだてん》・快足

1104 機《き》知《ち》

意味：その場の状況《じょうきょう》に応じて、素早《すばや》く働く才知。

使い方：〔機知〕に富んだ人で、話をするのがとても楽しい。

類似語：ウィット・エスプリ・機転・才覚・当意即妙《とういそくみょう》

1105 カリスマ

意味：人々の心を引きつける、強い魅力《みりょく》をもった人。

使い方：ファッション界の〔カリスマ〕と呼ばれる彼がデザインした服は、女性に絶大な人気を誇《ほこ》っている。

類似語：権威《けんい》

1106 難

如才《じょさい》ない

手抜《てぬ》かりがなく、**気が利《き》いている**。また、愛想《あいそ》が良い。

いつも〔如才なく〕振《ふ》る舞《ま》う、その店員は、客から信頼《しんらい》されている。

そつがない

1107

明《めい》朗《ろう》

明るく朗《ほが》らかなこと。うそやごまかしがないこと。

対義 憂鬱《ゆううつ》682・陰鬱《いんうつ》

彼《かれ》は〔明朗〕な性格で、クラスメートから好かれている。

大らか・快活

1108

成《せい》熟《じゅく》

心身が一人前に成長すること。経験を積んで上手になること。

対義 未熟

これまでの苦労が、彼を人間として〔成熟〕させたのだろう。

円熟・完熟

1109 難

洒《しゃ》脱《だつ》

俗気《ぞくけ》がなくて、**洗練され、さっぱりしていること。**

隣《となり》に住んでいる人は〔洒脱〕で、いつも、おしゃれな服装をしている。

粋《いき》150・軽妙《けいみょう》・垢抜《あかぬ》ける

1110

老《ろう》成《せい》

年齢《ねんれい》の割に大人びていること。経験を積んで上達すること。

若い時分から〔老成〕した彼は、常に堅実《けんじつ》な仕事をする。

老熟・老練

1111

冷《れい》静《せい》

落ち着いていて、**感情などに左右されないこと。**

いつも〔冷静〕で、的確な意見を述べる。

沈着《ちんちゃく》830・平静・冷然807・泰然自若《たいぜんじじゃく》1668

単語 / 意味 / 使い方 / 類似語

1112
独身《どくしん》
結婚《けっこん》していないこと。また、そのような人。
最近は、三十歳《さい》を過ぎても結婚せず、〔**独身**〕でいる人が珍《めずら》しくない。
単身・独り身・未婚《みこん》

1113
既婚者《きこんしゃ》
すでに結婚している人。
彼女《かのじょ》は〔**既婚者**〕で、子供も三人いる。

1114
先駆者《せんくしゃ》
人に先立って、新しい分野を切り開く人。
百年以上前に女学校を創立し、女子教育の〔**先駆者**〕と言われる。
開拓者《かいたくしゃ》・先駆《さきが》け・先覚・パイオニア

1115 難
門外漢《もんがいかん》
その物事について専門としていない人。
私は歴史については〔**門外漢**〕だから、きちんと説明できない。
アマチュア・初心者・素人《しろうと》 1116・浅学《せんがく》

1116 難
素人《しろうと》
その物事に経験の少ない人。専門家でない人。
対義 玄人《くろうと》 1117
まるで〔**素人**〕のような、初歩的なミスをした。
アマチュア・未熟・門外漢 1115

1117 難
玄人《くろうと》
その物事を専門的にしている人。
対義 素人 1116
〔**玄人**〕なみのすばらしい技術の持ち主だ。
プロフェッショナル・名人

1118 難
好事家《こうずか》
変わったことに興味をもつ人。

〔**好事家**〕の彼《かれ》は、意外なことに関する造詣《ぞうけい》が深い。

趣味人《しゅみじん》・好き者・道楽・マニア

1119
重鎮《じゅうちん》
ある社会・分野《し》で**重要な地位を占める人。**
経済界の〔**重鎮**〕である彼の発言は非常に影響力《えいきょうりょく》がある。
大物・巨匠《きょしょう》166・権威《けんい》

1120
官吏《かんり》
役所に勤めて**公務に従事する人。**
私は将来〔**官吏**〕になって、国の政治にかかわるのが夢だ。
官僚《かんりょう》・公僕《こうぼく》・公務員・役人・吏員《りいん》

1121
聖職者《せいしょくしゃ》
僧《そう》・宣教師・教師など、**人を導き教える神聖な職に就《つ》く人。**

信仰《しんこう》に目覚め、〔**聖職者**〕になる道を選んだ。

1122
世捨て人《よすてびと》
俗世間《ぞくせけん》の煩《わずら》わしさから逃《のが》れて、**心静かにのんびりと生活する人。**

後半生を〔**世捨て人**〕として、人里離《はな》れた庵《いおり》で暮らした。

隠者《いんじゃ》・隠遁者《いんとんしゃ》・閑居《かんきょ》・遁世《とんせい》

1123
仙人《せんにん》
山中に住み、不老不死で、**超人《ちょうじん》的《てき》な力をもつと言われる人。**また、**世俗《せぞく》を超越《ちょうえつ》した無欲な人。**

世間の動きには目もくれない彼は、〔**仙人**〕のようだ。

神仙《しんせん》

単語 / 意味 / 使い方 / 類似語

1124 難
狡猾《こうかつ》
ずるいこと。悪賢《わるがしこ》いこと。
彼《かれ》は、〔**狡猾**〕な手段を用いて他人をだます詐欺師《さぎし》だ。
陰険《いんけん》1127・老獪《ろうかい》1125

1125 難
老獪《ろうかい》
経験を積んでいて、悪賢い様子。
まだ若い君が、〔**老獪**〕な彼と対等に交渉《こうしょう》するのは厳しいだろう。
海千山千・狡猾《こうかつ》1124・老練

1126 難
偏屈《へんくつ》
かたくなで素直《すなお》でないこと。
善意を素直に受けとらない〔**偏屈**〕な老人。
意固地・因業《いんごう》・片意地・頑固《がんこ》1168・狷介《けんかい》

1127
陰険《いんけん》
表面は良く見せかけているが、**心の内では悪意を抱《いだ》いていること。**
陰《かげ》で悪口を言うなんて、〔**陰険**〕だ。
意地悪・陰湿《いんしつ》・狡猾1124・腹黒い

1128
二枚舌《にまいじた》
前と食い違《ちが》っていることを平気で言うこと。うそをつくこと。
あっちこっちで都合の良いことばかり言って、〔**二枚舌**〕を使う。

1129
傲慢《ごうまん》
おごりたかぶって、**人を見下す様子。**
対義 謙虚《けんきょ》1174・謙譲《けんじょう》
客とは言え、〔**傲慢**〕な態度に腹が立つ。
横柄《おうへい》・傲岸《ごうがん》・傲然・尊大・不遜《ふそん》767

1130 堕落《だらく》
不真面目《ふまじめ》で、行いや生活が乱れて悪くなること。
働きもせずに人に迷惑《めいわく》をかけてばかりの〔堕落〕した生活を送る。
自堕落《じだらく》・転落・ふしだら・放蕩《ほうとう》

1131 怠惰《たいだ》
怠《なま》けること。
対義 勤勉 1161
そんな〔怠惰〕な生活を送っていると、将来困るぞ。
横着 793・ぐうたら・怠慢《たいまん》 794・無精《ぶしょう》 1151・骨《ほね》惜《お》しみ・ものぐさ

1132 難 愚鈍《ぐどん》
頭の回転が遅《おそ》く、間抜《まぬ》けな様子。
対義 鋭敏《えいびん》 1100・利発
何を言っても理解が遅く、〔愚鈍〕と言うしかないような人物だった。
暗愚《あんぐ》・愚昧《ぐまい》・愚劣《ぐれつ》・鈍感《どんかん》

1133 下劣《げれつ》
性質や態度が下品で劣《おと》っていること。
平気で人を裏切る〔下劣〕なやり口に閉口する。
下品・低俗《ていぞく》 71・卑劣《ひれつ》・浅ましい 795

1134 野蛮《やばん》
無教養、無作法で荒《あら》っぽいこと。
道につばを吐《は》くなんていう〔野蛮〕な行為《こうい》はやめてくれ。
未開・はしたない

1135 醜悪《しゅうあく》
とても醜《みにく》いこと。
対義 美麗《びれい》
口汚《くちぎたな》く罵《ののし》り合う姿は〔醜悪〕としか言いようがない。
愚劣・俗悪《ぞくあく》・見苦しい

単語 / 意味 / 使い方 / 類似語

1136
若人《わこうど》
年の若い人。若者。

渋谷《しぶや》は〔若人〕が集《つど》う町だ。

類似語：若年《じゃくねん》・青春・青年

1137 難
青二才《あおにさい》
年が若く経験が乏《とぼ》しい人。

何も知らない〔青二才〕が生意気な口をきくものじゃない。

類似語：若輩《じゃくはい》・新米・未熟

1138
壮年《そうねん》
働き盛《ざか》り。または、そのような人。

彼《かれ》は〔壮年〕期に入って、ますます活躍《かつやく》している。

類似語：中年

1139 難
翁《おきな》
年をとった男性。おじいさん。
対義 おうな

昔話には、〔翁〕とおうなの老夫婦がよく登場する。

類似語：好々爺《こうこうや》・老爺

1140
隠居《いんきょ》
仕事などから退いて、静かに生活すること。また、そのような人。

仕事からすっかり身を引いて、今は〔隠居〕の身の上だ。

類似語：隠棲《いんせい》・閑居《かんきょ》

1141
笑い上戸《わらいじょうご》
酒を飲むとよく笑う癖《くせ》。また、そのような人。よく笑う人。

彼女《かのじょ》は〔笑い上戸〕で、一度笑い出すとしばらく止まらない。

1142 難

悪漢《あっかん》

悪いことをする人。

対義 好漢

〔悪漢〕が警官に取り押《お》さえられた。

悪玉・悪党・悪人・ならず者

1143

暴君《ぼうくん》

国民を苦しめる横暴な君主。また、**身勝手で横暴な人。**

人の意見を聞き入れたことなど一度もない、全くの〔暴君〕だ。

専制君主・独裁者

1144 難

守銭奴《しゅせんど》

金を貯《た》めることだけに熱心な人。けち。

彼《かれ》は〔守銭奴〕なので、他人におごるところなど見たことがない。

吝嗇家《りんしょくか》

1145

偉人《いじん》

偉大《いだい》な人物。優《すぐ》れた業績を残した人。

対義 常人・凡人《ぼんじん》

感染病《かんせんびょう》の研究によって、多くの人の命を救った彼は〔偉人〕と呼ぶにふさわしい。

巨星《きょせい》・傑人《けつじん》

1146

紳士《しんし》

教養があり、礼儀《れいぎ》正しい男性。男性の敬称《けいしょう》。

対義 淑女《しゅくじょ》 1147

彼は〔紳士〕で、誰《だれ》に対しても丁寧《ていねい》な態度を取る。

ジェントルマン

1147

淑女《しゅくじょ》

しとやかで気品のある女性。

対義 紳士《しんし》 1146

大声でわめき散らすなど、彼女《かのじょ》を〔淑女〕とはとても言えない。

レディー

単語 / 意味 / 使い方 / 類似語

1148 無鉄砲《むてっぽう》

将来のことなどをよく考えないで行動すること。また、そのような人。

〔無鉄砲〕で、計画も立てずに行動するので、損ばかりしている。

浅はか・軽はずみ・向こう見ず・無思慮《むしりょ》・無謀《むぼう》774

1149 短絡《たんらく》

筋道を立てて考えず、簡単に原因と結果を関係づけること。

〔短絡〕的に考えて、すぐに結論を出すようではうまくいかない。

浅はか・浅薄《せんぱく》・短慮

1150 無頓着《むとんちゃく》

物事をあまり気にしないこと。「むとんじゃく」とも読む。

彼《かれ》はファッションには〔無頓着〕で、服にはお金を使わない。

アバウト・いい加減・粗雑《そざつ》・無関心

1151 無精《ぶしょう》

面倒臭《めんどうくさ》がること。「不精」とも書く。

息子《むすこ》は〔無精〕者で、掃除《そうじ》が大嫌《だいきら》いだ。

ずぼら1152・怠惰《たいだ》1131・ものぐさ・怠《なま》ける

1152 ずぼら

性格や行動がだらしがないこと。また、そのような人。対義 几帳面《きちょうめん》1160

〔ずぼら〕なため、彼の部屋が片付いていたためしがない。

ぐうたら・無精1151・ものぐさ

1153 難 野暮《やぼ》

洗練されていないこと。世の中や人情の機微《きび》に疎《うと》く、気が利《き》かないこと。対義 粋《いき》150

〔野暮〕な人物で、人を楽しませる会話など、とうていできない。

武骨1154・無粋《ぶすい》791・垢《あか》抜《ぬ》けない

小説編　性質・人物像を表す語

1154 難
武骨《ぶこつ》
ごつごつした感じで、洗練されていないこと。不作法。「無骨」とも書く。

礼儀《れいぎ》作法など知らない、〔武骨〕者だ。

粗野《そや》790・無風流・野暮《やぼ》1153・垢抜《あかぬ》けない

1155 難
不肖《ふしょう》
親や師に似ないで愚《おろ》かなこと。未熟なこと。

〔不肖〕の息子《むすこ》ではありますが、父の跡《あと》を継《つ》いでいこうと思います。

1156
小心《しょうしん》
気が小さくて臆病《おくびょう》なこと。

〔小心〕者で、怖《こわ》くて他人に文句など決して言えない。

小胆《しょうたん》・柔弱《にゅうじゃく》

1157
見《み》かけ倒《だお》し
外見は良いが、中身は劣《おと》っていること。

立派な格好をしていたが、全く役立たずで〔見かけ倒し〕だった。

期待外れ

1158 難
饒舌《じょうぜつ》
よくしゃべること。おしゃべりなこと。

対義 寡黙《かもく》1165・無口

今日の講演会の講師は〔饒舌〕で、とても話が長かった。

おしゃべり・多言・多弁

1159
滑稽《こっけい》
言動が面白《おもしろ》おかしいこと。あまりにもばかばかしいこと。

彼《かれ》の行動はいつもどこかずれていて、〔滑稽〕に見える。

道化《どうけ》・ユーモラス

番号	単語	意味	使い方	類似語
1160 難	几帳面《きちょうめん》	細かく丁寧《ていねい》できちんとしている様子。 対義 ずぼら 1152	妻は〔几帳面〕で、毎日家計簿《かけいぼ》をつけている。	真面目《まじめ》・まめ
1161	勤勉《きんべん》	仕事や勉強などに一生懸命励《いっしょうけんめいはげ》むこと。 対義 怠惰《たいだ》 1131・怠慢《たいまん》 794	三十年間仕事一筋で、手を抜《ぬ》くことなく、〔勤勉〕につとめてきた父親。	真面目・まめ・いそしむ 970
1162 難	律儀《りちぎ》	義理がたく、真面目で正直なこと。	彼《かれ》は〔律儀〕に昔の約束をきちんと覚えてくれていた。	実直・誠実 1172
1163	忠義《ちゅうぎ》	国家や主君に対して真心をもって仕えること。	〔忠義〕ある家臣たちが、主君の仇《あだ》討《う》ちをした物語。	献身《けんしん》 375・忠実・忠誠・忠節
1164	従順《じゅうじゅん》	素直《すなお》で人の言いつけによく従うこと。 対義 強情《ごうじょう》	彼は〔従順〕な部下で、命令に対して黙《だま》って従う。	唯々諾々《いいだくだく》
1165	寡黙《かもく》	口数が少ないこと。 対義 饒舌《じょうぜつ》 1158・多弁	〔寡黙〕な彼は、あれこれ言わず、こつこつ仕事に打ち込《こ》むタイプだ。	寡言《かげん》・無口・口が重い 1352

1166 **勇《ゆう》猛《もう》**

勇ましく強いこと。

ヒーローが〔勇猛〕に敵に向かっていくシーンに感動した。

剛胆《ごうたん》・勇敢《ゆうかん》・たけだけしい 789

1167 **旺《おう》盛《せい》**

活力や意欲が満ちあふれていること。

彼《かれ》は好奇心《こうきしん》〔旺盛〕で、旅行によく出かけている。

1168 **頑《がん》固《こ》**

他人の意見を聞かず、自分の考えや態度などを守ること。

誰《だれ》が何と言っても自分の意見を変えない彼の〔頑固〕さには、ほとほとあきれる。

頑迷《がんめい》・強情《ごうじょう》・偏屈《へんくつ》 1126・かたくな 801

1169 **頑《がん》強《きょう》**

頑固で意志を曲げない様子。体ががっちりしていて健康な様子。

家族が説得しても〔頑強〕に主張を曲げない。

頑健・強固・強情・屈強《くっきょう》

1170 難 **気《き》丈《じょう》**

気持ちがしっかりしていること。

彼女《かのじょ》は〔気丈〕な女性で、困難から逃《に》げずに立ち向かった。

度胸・勇敢《ゆうかん》

1171 難 **反《はん》骨《こつ》**

権力に従わないで抵抗《ていこう》する、強い気持ち。

圧力にも負けず、軍国主義を批判し続けた〔反骨〕のジャーナリスト。

反抗

単語 / 意味 / 使い方 / 類似語

1172 誠実《せいじつ》
意味：偽《いつわ》りがなく、真心がこもっていること。
使い方：〔誠実〕な彼《かれ》が、うそをつくわけがない。
類似語：正直1173・誠心誠意・忠実・律儀《りちぎ》1162

1173 正直《しょうじき》
意味：うそや偽りのないこと。
使い方：いたずらしたことを先生に〔正直〕に言って謝《あやま》る。
類似語：実直・素直《すなお》・誠実1172・率直《そっちょく》

1174 謙虚《けんきょ》
意味：控《ひか》えめでつつましいこと。
対義 傲慢《ごうまん》1129・不遜《ふそん》767・横柄《おうへい》・尊大
使い方：出しゃばらず、〔謙虚〕な気持ちで応対することで相手の信頼《しんらい》を得た。
類似語：謙譲《けんじょう》・謙遜《けんそん》・腰《こし》が低い1356

1175 難 朴訥《ぼくとつ》
意味：飾《かざ》り気《け》がなくて、話し下手なこと。
使い方：祖父は〔朴訥〕な人柄《ひとがら》で、不器用だが誠実だ。
類似語：口下手・実直

1176 温厚《おんこう》
意味：穏《おだ》やかで優《やさ》しい様子。
使い方：〔温厚〕な彼女《かのじょ》が怒《おこ》っているところを初めて見た。
類似語：篤実《とくじつ》・柔和《にゅうわ》1178

1177 難 鷹揚《おうよう》
意味：ゆったりと構えていて、落ち着きのある様子。
使い方：ピンチの時にも〔鷹揚〕に構える彼の態度に感心する。
類似語：泰然自若《たいぜんじじゃく》1668・悠然《ゆうぜん》828・悠々

1178
柔和《にゅうわ》

優《やさ》しくて柔《やわ》らかなこと。

祖母の〔**柔和**〕な笑顔《えがお》は、いつも私を安心させてくれた。

温厚《おんこう》1176・温和

1179
淡泊《たんぱく》

物事にこだわらず、さっぱりしていること。「淡白」とも書く。

対義 濃厚《のうこう》641

〔**淡泊**〕でさばさばした彼《かれ》とは、付き合いやすい。

淡々《たんたん》831・恬淡《てんたん》

1180
端正《たんせい》

姿や動作がきちんとととのっている様子。

目鼻立ちのととのった、〔**端正**〕な顔をしている。

整然・端然《たんぜん》

1181
繊細《せんさい》

か細く、弱々しい様子。感情や感覚が**鋭《するど》くて細やかな様子。**

萩原朔太郎《はぎわらさくたろう》の詩に、作者の病的なまでの〔**繊細**〕さが感じられた。

精巧《せいこう》・精細・精妙《せいみょう》・デリケート

1182
華奢《きゃしゃ》

難

姿・形がほっそりしていて、品が良く、弱々しいこと。

対義 頑丈《がんじょう》

彼女《かのじょ》は一見〔**華奢**〕に見えるが、有名なアスリートだ。

脆弱《ぜいじゃく》865・ひ弱《よわ》

1183
優雅《ゆうが》

優しくて上品なこと。

対義 粗野《そや》790

幼い頃《ころ》から日本舞踊《ぶよう》を習っている彼女の動きは大変〔**優雅**〕だ。

きれい・秀麗《しゅうれい》・風《ふう》雅《が》149・優美

1184

公共《こうきょう》

単語

意味
社会全体にかかわること。

使い方
表現の自由と言っても、〔公共〕の福祉《ふくし》に反するような行為《こうい》は認められない。

類似語
公的 594・パブリック

1185

個人《こじん》

社会や国家をつくっている、一人一人の人間。

対義 社会・団体

〔個人〕プレーばかりする人は、チーム競技に向いていない。

理解のための一歩

私たちは、職業選択《せんたく》・結婚《けっこん》・宗教・言論など、さまざまな**個人**の自由が保障されています。この**個人**と対《つい》になるのが**公共**です。**公共**とは、行政、学校、警察などのように、社会全体の幸福のために活動するものを指します。どちらか一方を極端《きょくたん》に優先することはできません。

現代社会では、**個人**と**公共**の利害が複雑に対立する問題が起きています。**個人**の自由をどこまで認めるのか、**公共**のために私たちは何をすべきなのか、評論文では、こうした難しい問題を取り上げることもあります。**個人**の自由と社会全体の幸福とのズレがどこにあるのか、読み取るようにしていきましょう。

家をどこに建てようが
個人の自由！
はっはっはっはっ
公共の福祉のために
この家は没収！
えー
どっちもよくないね…

1186

共同体《きょうどうたい》

単語

意味

血縁《けつえん》や同じ土地に住むことでできた関係によって、つながりをもつ社会集団。

使い方

地方の過疎化《かそか》が進み、その土地の〔共同体〕が崩壊《ほうかい》していった。

類似語

コミュニティー 299・地域社会

理解のための一歩

昔、人々は村などの共同体の中で生活していました。そこでの生活は、伝統や宗教、地域のしがらみに束縛《そくばく》されたものでした。しかし一方で、人々は互《たが》いに強いきずなでつながっており、その生活はしっかりと地域に根を張った、安定感のあるものでした。

ところが、産業の発達によって人々が都会に出て行ってしまうと、地方の共同体は崩壊し、きずなは消失します。その結果、人々は精神的な拠《よ》り所をもてなくなり、孤独《こどく》感を強めるということが起きてきました。

未来に向けて、精神的な拠り所を得ることができる、より良い共同体を、どのように築いていけるか。こうした話題を読む時には、それまでの歴史的な流れを頭に入れておくと、わかりやすくなります。

単語 / 意味 / 使い方 / 類似語

1187 難

懇《こん》意《い》

親密なこと。親切なこと。

隣家《りんか》の人とは〔**懇意**〕な間柄《あいだがら》で、付き合いが多い。

類似語：親近感・懇《ねんご》ろ 816・むつまじい・気が置けない 690

1188

連《れん》帯《たい》

二人以上の人が、**共同で責任を取ること。**また、力を合わせること。

グループ全員が事故の〔**連帯**〕責任を負う。

類似語：団結・連携《れんけい》

1189 難

団《だん》欒《らん》

親しい者が集まって**和《なご》やかに時を過ごすこと。**

家族との〔**団欒**〕が、私の一番の楽しみだ。

類似語：まどい

1190

親《しん》密《みつ》

極《きわ》めて仲が良いこと。また、そのような様子。

対義 疎遠《そえん》

彼《かれ》らは〔**親密**〕な間柄で、いつも一《いっ》緒《しょ》に行動している。

類似語：懇意《こんい》 1187・親交・懇ろ 816・むつまじい

1191

恋《れん》愛《あい》

互《たが》いに相手の存在にひかれ、恋《こ》い慕《した》う気持ち。

二人は熱烈《ねつれつ》な〔**恋愛**〕の末に結婚《けっこん》した。

類似語：恋慕《れんぼ》・ロマンス

1192

相《そう》続《ぞく》

跡《あと》を受け継《つ》ぐこと。

両親が亡《な》くなり、全財産を〔**相続**〕した。

類似語：継承《けいしょう》・踏襲《とうしゅう》 967

1193 口《く》伝《でん》

秘伝・奥義《おうぎ》などを、**直接言葉で伝授すること。**また、それらを書き記したもの。

その流派に伝わる秘伝の技《わざ》は、代々〔口伝〕で伝えられ、文字としては残っていない。

口伝え・口授

1194 過《か》保《ほ》護《ご》

子供などを**必要以上に大切に育てること。**

親の〔過保護〕は、子供の自立を妨《さまた》げる。

過《か》干《かん》渉《しょう》・溺《でき》愛《あい》

1195 難 癒《ゆ》着《ちゃく》

好ましくない状態でくっついていること。

政治家と企業《きぎょう》の〔癒着〕が問題視される。

結《けっ》託《たく》・なれ合い

1196 無《ぶ》沙《さ》汰《た》

長い間、訪問や連絡《れんらく》をしていないこと。

久しぶりに会った恩師に〔無沙汰〕をわびた。

疎《そ》遠《えん》

1197 いさかい

言い争い。口げんか。いざこざ。

兄弟仲が悪くて、〔いさかい〕が絶えない。

確《かく》執《しつ》345・けんか・口論・揉《も》め事

1198 敵《かたき》

深い恨《うら》みのある相手。競争相手。

親の〔敵〕を討《う》ち取る時代劇。

仇《あだ》・敵《てき》・ライバル1230

単語 / 意味 / 使い方 / 類似語

1199 婚姻《こんいん》

意味：法律上の手続きを経て、**正式に結婚《けっこん》すること。**

使い方：結婚式の翌日に二人で〔**婚姻**〕届を提出した。

類似語：ウェディング・縁組《えんぐ》み・成婚

1200 難 許嫁《いいなずけ》

意味：親が、幼少の時から**結婚を認めた間柄《あいだがら》。**婚約者《こんやくしゃ》。

使い方：幼い頃《ころ》から結婚を約束した〔**許嫁**〕がいる。

類似語：フィアンセ

1201 難 結納《ゆいのう》

意味：**婚約が成立したしるしに、互《たが》いに金品を取り交《か》わすこと。**また、その金品。

使い方：結婚が決まり、両家が集まって、〔**結納**〕を交わした。

類似語：婚約

1202 難 仲人《なこうど》

意味：**結婚の仲立ちをする人。**

使い方：結婚式の〔**仲人**〕は、高校時代の恩師にお願いした。

類似語：月下氷人・媒酌人《ばいしゃくにん》

1203 新郎《しんろう》

意味：**結婚したばかりの男性。**

対義 新婦 1204

使い方：結婚式を終えたばかりの〔**新郎**〕は、とても嬉《うれ》しそうに新婦と並んでいた。

類似語：花婿《はなむこ》

1204 新婦《しんぷ》

意味：**結婚したばかりの女性。**

対義 新郎《しんろう》 1203

使い方：ウェディングドレスを身にまとった〔**新婦**〕が入場する。

類似語：花嫁《はなよめ》

1205 連《つ》れ合《あ》い

夫婦《ふうふ》の一方。配偶者《はいぐうしゃ》。

〔連れ合い〕が風邪《かぜ》で寝込《ねこ》んでいるので、私が食事を作ります。

パートナー・伴侶《はんりょ》

1206 婚《こん》家《か》

嫁入《よめい》り、または婿入《むこい》りした先の家。

対義 実家

連れ合いが亡《な》くなり、〔婚家〕を出て、実家に帰ることにした。

1207 難 舅《しゅうと》

配偶者の父。

対義 姑《しゅうとめ》 1208

彼《かれ》はA氏の娘《むすめ》と結婚《けっこん》しているので、A氏は彼の〔舅〕にあたる。

岳父《がくふ》・義父

1208 難 姑《しゅうとめ》

配偶者の母。

対義 舅《しゅうと》 1207

母を早く亡《な》くした私は、実の母親より、結婚先の〔姑〕との付き合いのほうが長い。

義母

1209 難 小《こ》舅《じゅうと》

配偶者の兄弟。

対義 小姑《こじゅうとめ》 1210

妻は姉妹しかいないので、私には〔小舅〕はいない。

1210 難 小《こ》姑《じゅうとめ》

配偶者の姉妹。

対義 小舅《こじゅうと》 1209

妻は、〔小姑〕である私の妹と仲が良い。

単語 / 意味 / 使い方 / 類似語

1211 身内《みうち》

意味：血縁《けつえん》関係にある人。親戚《しんせき》。

使い方：結婚式《けっこんしき》は〔身内〕の者だけですませて、他の人は招待しなかった。

類似語：一族・縁者・近親・親族・親類

1212 曽祖父《そうそふ》

意味：祖父母の父。
対義 曽祖母《そうそぼ》・曽孫《そうそん》

使い方：〔曽祖父〕から祖父へ、祖父から父へと、代々我《わ》が家の男性に受け継《つ》がれた神事がある。

類似語：ひいおじいさん

1213 伯父《おじ》

意味：父や母の兄。弟の場合は「叔父」と書く。
対義 伯母《おば》・叔母《おば》1214

使い方：長男である〔伯父〕は、父より八歳《さい》も年上だ。

1214 叔母《おば》

意味：父や母の妹。姉の場合は「伯母」と書く。
対義 伯父《おじ》1213・叔父《おじ》

使い方：母は三人姉妹の長女で、私には二人〔叔母〕がいる。

1215 難 玄孫《やしゃご》

意味：孫の孫。

使い方：彼《かれ》の作った家具は、子供、孫、ひ孫を経て、〔玄孫〕の代まで使われている。

1216 難 嫡子《ちゃくし》

意味：家を継《つ》ぐ者。

使い方：彼は本家の〔嫡子〕として、幼い時から当主としての心構えを教育された。

類似語：跡取《あとと》り・嗣子《しし》・嫡男《ちゃくなん》・世継《よつ》ぎ

1217 家長《かちょう》
一家の主人。
かつて〔家長〕は一家の統率者《とうそつしゃ》であり、絶対的な権力を握《にぎ》っていた。
戸主

1218 子息《しそく》
息子《むすこ》。他人の子供に言う。
対義 息女
お向かいのご〔子息〕は、子供の頃《ころ》から野球少年で、とうとうプロになったそうだ。
令息

1219 令嬢《れいじょう》
他人の娘《むすめ》を敬って言う語。
対義 令息
花嫁《はなよめ》は名家のご〔令嬢〕だそうだ。
息女

1220 二世《にせい》
二代目。
あいつは親の名ばかりの〔二世〕タレントだ。
ジュニア

1221 亭主《ていしゅ》
夫のこと。一家の主人。
あの家の〔亭主〕は、奥《おく》さんに全く頭が上がらない。
夫・旦那《だんな》

1222 難 女房《にょうぼう》
妻のこと。
「私の〔女房〕からです。」と、彼《かれ》は、奥さんの作ったおいしそうなケーキをくれた。
家内・細君

単語 / 意味 / 使い方 / 類似語

1223 **師匠《ししょう》**
学問・芸術・芸能などを**教える人**。
対義 弟子《でし》・門弟《もんてい》
稽古《けいこ》には厳しい〔**師匠**〕だったが、おかげでとても勉強になった。
恩師・教官・師範《しはん》・先生・宗匠《そうしょう》

1224 **師事《しじ》**
師として敬い、**その教えを受けること**。
研究を進めるために、第一人者と言われる教授に〔**師事**〕する。

1225 **年功序列《ねんこうじょれつ》**
勤続年数や年齢《ねんれい》が増すに従って、地位や賃金が上がっていくこと。
〔**年功序列**〕で、賃金も上がるので、一つの会社に長く勤める人が多い。

1226 難 **顧問《こもん》**
相談を受けて**助言・指導をする役目**。また、そのような人。
部活の〔**顧問**〕が替《か》わって、練習メニューがガラリと変わった。
参謀《さんぼう》・指南役

1227 **上司《じょうし》**
役職が自分より上の人。
その企画《きかく》を進めるには、〔**上司**〕の許可をもらわなくてはならない。
上役《うわやく》・上長

1228 **同窓《どうそう》**
同じ学校で学んだこと。また、そのような人。
二十年ぶりに〔**同窓**〕生たちと再会した。
学友・級友

1229
同《どう》僚《りょう》
同じ職場の人。また、同じ地位の人。
彼《かれ》は、会社の〔同僚〕と結《けっ》婚《こん》した。
同《どう》輩《はい》・同役

1230
ライバル
競争相手。
彼は、テストでいつも点数を競う〔ライバル〕だ。
敵《かたき》1198・好敵手

1231
右《み》腕《ぎ》
仕事などで**最も信頼《しんらい》できる部下。**
有能な彼は、社長の〔右腕〕とも呼ばれた。
片《かた》腕《うで》・参《さん》謀《ぼう》

1232
従《じゅう》者《しゃ》
付き従う者。供の者。
国王は多くの〔従者〕を引き連れて国中を視察した。
お供・随《ずい》員《いん》・随行・付き人

1233
顧《こ》客《きゃく》
よく利用してくれる客。
企《き》業《ぎょう》は、〔顧客〕の個人情報を目的のこと以外に使用してはならない。
お得意・クライアント

1234
遺《い》族《ぞく》
死亡した人の後に残された家族、親族。
県知事が、先日の大事故で亡《な》くなった人々の〔遺族〕を見《み》舞《ま》う。
遺児

単語 / 意味 / 使い方 / 類似語

1235 現《げん》代《だい》

意味：今の世。**現在の時代。**

対義 古代

使い方：少子高齢《こうれい》化《か》は〔**現代**〕の日本にとって最も重要な問題の一つだ。

類似語：今日《こんにち》・当世・当節

1236 難 **ポストモダン**

意味：**近代を乗り越《こ》えようとする考え方。**

使い方：近代合理主義をどう克服《こくふく》するかが〔**ポストモダン**〕の重要な問題の一つとなる。

理解のための一歩

ポストモダンという言葉は、あまり聞いたことがないことでしょう。ポストは「〜以後、〜の次」、モダンは「近代」という意味で、「近代以後」などと訳せます。

近代という時代は、科学技術の発達で人々が便利な生活を送れるようになった一方で、人間の心や自然環境《かんきょう》に、さまざまな問題が生まれました。

現代において、このような行き過ぎた近代化による害を反省し、新たな生き方を探《さぐ》っていこうとする動きが現れます。**ポストモダン**とは、こうした、近代を見直し、乗り越えようとする考え方、態度のことを言います。

評論文も、この立場で書かれたものが多くあります。

1237

単語

エコロジー

意味

生態学。**自然保護運動。**

使い方

近年、異常気象による被害《ひがい》が相次ぎ、ますます〔エコロジー〕が重要視されている。

類似語

理解のための一歩

かつて、企業《きぎょう》や人々は、物質的な豊かさを追求し、大量生産・大量消費を繰《く》り返してきました。その結果、資源が枯渇《こかつ》し始めたり、公害や自然破壊《はかい》が生まれたりということが起きてしまいました。

今日、地球環境《かんきょう》や天然資源の問題は日々深刻さを増し、誰《だれ》もが多かれ少なかれエコロジーについて考えたり、行動を起こしたりするようになりました。

エコロジーとは、もともと「生態学」という意味です。人間も生態系の一員だという点から、人間生活と自然との調和を目指す考え方という意味で使われるようになりました。個人の利益を優先した近代からの考えを見直し、社会全体の幸福を考えていくという、現代的で新しい生き方の例と言えるかもしれません。

単語 / 意味 / 使い方 / 類似語

1238 元旦《がんたん》
一月一日の朝。
〔元旦〕には、家族そろって近くの山から初日の出を見るのが、我《わ》が家のしきたりです。
類似語：元日・正月・年始

1239 花冷え《はなびえ》
桜が咲《さ》く頃《ころ》に寒さが戻《もど》ること。また、その寒さ。
今年の入学式は〔花冷え〕で寒かった。

1240 難 麦秋《ばくしゅう》
麦を取り入れる季節。六月頃。「むぎあき」とも読む。
麦の収穫期《しゅうかくき》に入るので、初夏の頃を〔麦秋〕と呼ぶ。
類似語：麦の秋

1241 夏至《げし》
北半球で、一年で最も昼が長い日。六月二十二日頃。
対義 冬至 1248
北極圏《ほっきょくけん》では、〔夏至〕の頃に白夜《びゃくや》となる。

1242 盛夏《せいか》
夏の一番暑い頃。
まさに〔盛夏〕。暑くて汗《あせ》が噴《ふ》き出してくるようだ。
類似語：盛暑《せいしょ》・真夏

1243 猛暑《もうしょ》
激しい暑さ。
異常気象で、毎日、三十五度を超《こ》える〔猛暑〕が続く。
類似語：炎暑《えんしょ》・激暑・酷暑《こくしょ》

1244 炎天《えんてん》
太陽が焼けつくように照りつける夏の空。
対義 寒天
真夏の〔炎天〕下での試合なので、熱中症《ねっちゅうしょう》に気をつける。

1245 中秋《ちゅうしゅう》
陰暦《いんれき》八月十五日のこと。「仲秋」とも書く。
対義 初秋・晩秋
陰暦八月十五夜の月を〔中秋〕の名月と呼び、月見を行う。

1246 秋分《しゅうぶん》
昼と夜の長さがほぼ等しい日。九月二十三日頃《ごろ》。仏事を行う。
対義 春分
九月の〔秋分〕の日には、家族でお墓参りに行った。

1247 難 小春日和《こはるびより》
十一月頃の、春のように暖かい日。
今日は〔小春日和〕で、日中はコートを脱いでいても寒くなかった。

1248 冬至《とうじ》
北半球で、一年で最も昼が短い日。十二月二十二日頃。
対義 夏至《げし》 1241
〔冬至〕の日には、毎年カボチャを煮《に》て食べる。
中夜

1249 酷寒《こっかん》
厳しい寒さ。
対義 酷暑《こくしょ》
骨まで凍《こお》りそうな〔酷寒〕の地で一冬過ごした。
厳寒・極寒《ごっかん》

単語 / 意味 / 使い方 / 類似語

1250 都《と》会《かい》
人口が多く、商業や工業が盛《さか》んな地域。 対義 田舎《いなか》
〔**都会**〕に人口が集中し、他の地域では過疎化《かそか》が問題となっている。
類似語：都市

1251 下《した》町《まち》
都会の土地の低いところにある町で、庶民的《しょみんてき》な雰囲気《ふんいき》のある地域。 対義 山の手
東京の神田《かんだ》や浅草は〔**下町**〕と呼ばれる。

1252 郊《こう》外《がい》
都会に隣接《りんせつ》した、**田畑や森林が比較的《ひかくてき》多い住宅地。**
広い家が欲《ほ》しくて、〔**郊外**〕の一戸建てを買うことにした。
類似語：近郊《きんこう》・市外・町外れ

1253 田《でん》園《えん》
田や畑。また、田畑のある地域。郊外。
昔はここも〔**田園**〕が広がっていたのだが、宅地に造成されてしまった。
類似語：田舎・在郷・在所・田野

1254 街《かい》道《どう》
交通上の中心となる道。
東海道は江戸《えど》時代の主要な〔**街道**〕の一つだ。

1255 難 路《ろ》傍《ぼう》
道端《みちばた》。道のほとり。
ドライブの途中《とちゅう》、〔**路傍**〕で季節の野菜や果物が売られているのを見かけた。
類似語：沿道・路肩《ろかた》・路頭

1256 難

景勝地《けいしょうち》

景色の優《すぐ》れた場所。

その美しい湖のある一帯は、昔から〔景勝地〕として有名だ。

山紫水明《さんしすいめい》・絶景・壮観《そうかん》・名勝

1257 難

桃源郷《とうげんきょう》

俗世間《ぞくせけん》を離《はな》れた**平和な別世界。**

ここは、いつでも穏《おだ》やかな気分で過ごせる、〔桃源郷〕のような所だ。

仙境《せんきょう》・別天地・ユートピア・理想郷

1258

秘境《ひきょう》

人があまり行ったことがない、**様子の知られていない場所。**

アフリカの奥地《おくち》にあると言われる〔秘境〕へ冒険《ぼうけん》の旅に出る。

奥地・人跡未踏《じんせきみとう》・未開

1259

焦土《しょうど》

草木や建物などが焼けてなくなり、荒《あ》れ果てた土地。

戦争中、空襲《くうしゅう》で東京は〔焦土〕と化した。

1260 難

巷《ちまた》

世間。世の中のこと。

〔巷〕の噂《うわさ》では、近頃《ちかごろ》このあたりに不審者《ふしんしゃ》が出没《しゅつぼつ》するそうだ。

巷間《こうかん》・市井《しせい》293・町中

1261

津々浦々《つつうらうら》

全国いたる所。

日本全国〔津々浦々〕を車で旅してまわっています。

あちらこちら・全土・どこもかしこも

単語 / 意味 / 使い方 / 類似語

1262 難
外《がい》套《とう》
寒さや雨を避《さ》けるために、**服の上に着る衣類。**コート。
今朝は冷え込《こ》んだので〔**外套**〕をはおって出かけた。
類似語：オーバー

1263
反《たん》物《もの》
和服にする布。特に大人の和服一着分になっているもの。呉服《ごふく》。
呉服屋で振《ふ》り袖《そで》にする〔**反物**〕を物色する。
類似語：織物・生地《きじ》・布地

1264 難
調《ちょう》度《ど》
身の回りの道具。家具。
新生活のための〔**調度**〕品を買いに行く。
類似語：生活必需品《ひつじゅひん》

1265 難
舶《はく》来《らい》
外国から船に載《の》せてくること。また、載せてきた品物。
対義 国産
祖父の自慢《じまん》は、〔**舶来**〕のスイス製の懐中《かいちゅう》時計だ。
類似語：輸入品

1266
まがい物《もの》
本物と見間違《みまちが》えるほど、**似せて作ったもの。**
よく似ているが、本物のもつ輝《かがや》きが全くない、ただの〔**まがい物**〕だ。
類似語：偽作《ぎさく》・贋作《がんさく》162・偽物《にせもの》

1267
上《かみ》座《ざ》
目上の人や、位などの高い人が座る席。
対義 下座《しもざ》
教え子の披露宴《ひろうえん》に来賓《らいひん》として招待され、〔**上座**〕に座《すわ》った。
類似語：上席

1268 **宝庫《ほうこ》**
多くの産物、貴重な産物がとれる所。
かつて鰊《にしん》の〔宝庫〕と呼ばれ、水揚《みずあ》げ量日本一を誇《ほこ》っていた北海の地。
産地・特産

1269 難 **俸給《ほうきゅう》**
労働に対して支払《しはら》われるお金。
給料。
不景気で、〔俸給〕の金額が抑《おさ》えられている。
給与《きゅうよ》・月給・所得・賃金・年俸《ねんぽう》

1270 **晩酌《ばんしゃく》**
夕食時に家で酒を飲むこと。
両親は、夕食時に〔晩酌〕でビールを飲む。

1271 **消息《しょうそく》**
人や物事の状況《じょうきょう》、様子。安否。手紙。
登山隊が〔消息〕を絶ってからまる三日たつ。
音沙汰《おとさた》・音信・動静

1272 **碑文《ひぶん》**
石碑《せきひ》に彫《ほ》りつけられた文章。
〔碑文〕を解読することで、その墓に埋葬《まいそう》された人物がわかった。
刻銘《こくめい》・碑銘・銘文

1273 難 **神楽《かぐら》**
神を祭るために**神前でする踊《おど》り**や音楽。
地元の神社に昔から伝わる〔神楽〕が、無形文化財に指定された。

単語 / 意味 / 使い方 / 類似語

1274
平生《へいぜい》
意味：普段《ふだん》。いつも。
使い方：〔平生〕は朝食を食べてから家を出るが、今朝は急用ができて食べられなかった。
類似語：日頃《ひごろ》・平常・平素

1275
往年《おうねん》
意味：過ぎ去った年。
使い方：〔往年〕のアイドルを久しぶりにテレビで見たが、あまりに姿が変わっていてびっくりした。
類似語：往時・昔日《せきじつ》・昔年

1276
いにしえ
意味：遠く過ぎ去った昔。
使い方：〔いにしえ〕の都、京都を旅してまわる。
類似語：大昔・往古・太古

1277 難
しんがり
意味：隊列の最後。順番の最後。
使い方：登山では、リーダーが〔しんがり〕を務めて、グループの状態を注意しながら登る。
類似語：最後尾《さいこうび》

1278
暁《あかつき》
意味：夜明け頃。将来の希望がかなった時。
対義 黄昏《たそがれ》 1279
使い方：君の作品が入賞した〔暁〕には、皆《みな》で祝賀パーティーを開こう。
類似語：曙《あけぼの》・朝ぼらけ・払《ふつ》暁《ぎょう》・未明・黎明《れいめい》

1279 難
黄昏《たそがれ》
意味：日が暮れて暗くなりかけた頃。夕方。
対義 暁《あかつき》 1278
使い方：秋の〔黄昏〕時は、なんとなく人恋《ひとこい》しい気分になる。
類似語：逢魔《おうま》が時《とき》・暮れ方・薄暮《はくぼ》・夕暮れ・夕まぐれ

1280
宵《よい》
日が暮れてからまだ間もない頃《ころ》。
夏の〔宵〕には、恒例《こうれい》の花火大会が行われる。

1281
太陰暦《たいいんれき》
月の満ち欠けをもとにして作った暦《こよみ》。
対義 太陽暦《たいようれき》
江戸《えど》時代まで、人々は〔太陰暦〕で生活していた。
陰暦《いんれき》・旧暦

1282 難
閏年《うるうどし》
一年が三六六日ある年。四年に一度来る。
対義 平年
オリンピックの夏季大会は〔閏年〕に開催《かいさい》される。

1283
十二支《じゅうにし》
時刻や方角を表すための、十二の動物。えと。
昔は、時刻を〔十二支〕で言い表した。

1284
還暦《かんれき》
生まれて六十一年目の年。満六十歳《さい》。
祖母は、今年で六十歳になるので、〔還暦〕を迎《むか》える。
本卦還《ほんけがえ》り

1285
高度成長期《こうどせいちょうき》
一九五五年頃から七三年頃までの日本経済が大きく成長し続けた時期。
〔高度成長期〕に東海道新幹線が開通した。

単語 / 意味 / 使い方 / 類似語

1286 境内《けいだい》
寺や神社の敷地《しきち》の中。
お祭りの時には、神社の〔境内〕は出店でいっぱいになる。

1287 御所《ごしょ》
天皇などの身分の高い人の住まい。
京都〔御所〕は、明治維新《いしん》まで代々の天皇の住居であった。
類似語：宮城・禁中・皇居

1288 邸宅《ていたく》
大きくて立派な家。
社長は高級住宅街に大〔邸宅〕を構えているらしい。
類似語：屋敷《やしき》

1289 難 老舗《しにせ》
昔から続いて繁盛《はんじょう》している、有名な店。
浅草の〔老舗〕の菓子屋《かしや》で、お土産《みやげ》を買った。
類似語：名店

1290 軒《のき》
屋根の端《はし》で、建物の外にはみ出した部分。
雨に濡《ぬ》れないように、〔軒〕の下に洗濯物《せんたくもの》を干した。
類似語：ひさし

1291 難 廃墟《はいきょ》
城や家、街などの荒《あ》れ果てた跡《あと》。
千年前、商業都市として栄えた街も、今は〔廃墟〕となっている。
類似語：廃屋《はいおく》

1292
工房《こうぼう》
芸術家、美術工芸家の**仕事場**。
祖父は〔工房〕でこけしを製作、販《はん》売《ばい》している。
アトリエ

1293
停車場《ていしゃじょう》
電車が止まる場所。駅の古い言い方。「ていしゃば」とも読む。
夕方、友人と〔停車場〕で待ち合わせて、電車に乗った。
駅

1294 難
桟敷《さじき》
地面より一段高く作られている、**相撲《すもう》や芝居《しばい》などの見物席**。
国技館の〔桟敷〕席で大相撲を見た。

1295
土俵《どひょう》
土をつめた俵。**相撲をとる場所**。
神社で行われる相撲大会のために、境内《けいだい》に〔土俵〕を作る。

1296
雑踏《ざっとう》
大勢の人で、混み合うこと。
ラッシュ時は、駅の〔雑踏〕の中にいるだけで疲《つか》れてしまう。
混雑・人混み

1297
湖畔《こはん》
湖のほとり。
〔湖畔〕に建つホテルからは、湖から昇《のぼ》る朝日を見ることができる。
湖辺

番号	単語	意味	使い方	類似語
1298	体裁《ていさい》	**外から見た感じ。**外観。一定の形式。	庭に花壇《かだん》を作り、〔**体裁**〕良く花を植える。	格好・スタイル・世間体《せけんてい》・見栄《みば》え
1299 難	面目《めんぼく》	**世間に対する名誉《めいよ》。**「めんもく」とも読む。	チャンスの場面でヒットを打ち、四番バッターとしての〔**面目**〕を保つことができた。	外聞・世間体・体面・面子《めんつ》
1300	仁義《じんぎ》	**人として行うべき道。**	人を傷つけるような、〔**仁義**〕に外れた行いをしてはいけない。	
1301	いきさつ	**物事の成り行きや経過。**また、細かな事情。	事件が起きた〔**いきさつ**〕を話してもらえませんか。	経緯《けいい》・事情・推移
1302	口実《こうじつ》	**言い訳や言いがかりの材料。**	何かを〔**口実**〕にして部活をさぼるのは、もうやめよう。	名目
1303	遺言《ゆいごん》	**死後のことについて生前に言い残すこと。**また、その言葉。	故人の〔**遺言**〕により、葬式《そうしき》は簡素に家族だけで執《と》り行った。	遺志

1304 難
反古《ほご》

書き損じて使えなくなった紙。**役に立たないもの。**「反故」とも書く。

彼《かれ》はいい加減なやつで、また約束を〔**反古**〕にされた。

解消・紙くず・無効

1305
まやかし

ごまかし。いんちき。

飲むだけで痩《や》せられる薬なんて、〔**まやかし**〕だ。

いかさま・虚偽《きょぎ》 589

1306
誤算《ごさん》

間違《まちが》った計算。**見込《みこ》みを誤ること。**見込み違い。

電車がここまで遅《おく》れるとは、大きな〔**誤算**〕であった。

見当違い

1307
呪縛《じゅばく》

まじないをかけて、動けなくすること。**心理的に束縛《そくばく》すること。**

先生の熱心な指導により、数学は絶対にできないという〔**呪縛**〕から解放された。

拘束《こうそく》

1308
予兆《よちょう》

何かが起こるきざし。

大量の動物の移動は、巨大地震《きょだいじしん》の〔**予兆**〕だと言われる。

前兆・兆候・前触《まえぶ》れ

1309
朗報《ろうほう》

良い知らせ。

対義 悲報

いとこの受験合格の〔**朗報**〕が入った。

吉報《きっぽう》

小説編 情景・状況を表す語

	単語	意味	使い方	類似語
1310	慈《じ》雨《う》	農作物などを潤《うるお》し育てる雨。	日照りが続いた乾《かわ》ききった大地に〔慈雨〕が降り注ぐ。	恵《めぐ》みの雨
1311	にわか雨《あめ》	急に降り出して、まもなくやんでしまう雨。	〔にわか雨〕だったらしく、降り出したと思ったらすぐにやんだ。	驟雨《しゅうう》・通り雨
1312	梅《つ》雨《ゆ》	六月から七月にかけて降り続く雨。	〔梅雨〕時なのに雨が降らず、夏の水不足が心配だ。	五月雨《さみだれ》
1313	時《し》雨《ぐれ》	晩秋から初冬にかけて、急に降り出す通り雨。	〔時雨〕が降る度《たび》に気温が下がり、冬が近付いてくる。	
1314 難	蟬時雨《せみしぐれ》	沢山《たくさん》の蟬《せみ》がしきりに鳴く声。	真夏の山道は〔蟬時雨〕が騒《さわ》がしかった。	
1315	曇《どん》天《てん》	曇《くも》り空。 対義 晴天	空は一面〔曇天〕で、今にも雨が降りそうだ。	

1316 稲光《いなびかり》
雷《かみなり》の電光。
空一面に〔**稲光**〕が走り、雷鳴《らいめい》が響《ひび》いた。
稲妻《いなずま》・雷光《らいこう》

1317 旋風《せんぷう》
急に空気が渦《うず》を巻いて起こる激しい風。**社会を揺《ゆ》り動かすようなできごと。**
新人選手の活躍《かつやく》が、球界に〔**旋風**〕を巻き起こした。
センセーション・竜《たつ》巻《まき》・辻風《つじかぜ》・つむじ風

1318 難 時化《しけ》
風や雨が激しく、**海が荒《あ》れること。**
対義 なぎ
台風のせいで海が〔**時化**〕て、船を出せない。
嵐《あらし》

1319 難 潮騒《しおさい》
潮が満ちてくる時に、**波が音をたてること。**また、その音。
夜になると近くの海の〔**潮騒**〕が聞こえてくる。

1320 難 轟音《ごうおん》
すさまじく大きな音。
集中豪雨《ごうう》の〔**轟音**〕で、他の音が一《いっ》切《さい》聞こえない。
大音響《だいおんきょう》・爆音《ばくおん》

1321 難 漁り火《いさりび》
夜に魚などを誘《さそ》い寄せるために漁船でたく火。
夜には、海岸から船の〔**漁り火**〕が幻想的《げんそうてき》に見えた。
集魚灯・夜たき

単語 / 意味 / 使い方 / 類似語

1322 緩《かん》急《きゅう》

緩《ゆる》やかなことと、急なこと。

〔緩急〕の効いた彼《かれ》の話は、聴衆《ちょうしゅう》を飽《あ》きさせない。

1323 難 巧《こう》拙《せつ》

上手なことと、下手なこと。

門外漢の私には、これらの作品の〔巧拙〕はわからない。

類似語：上手《うま》い下手

1324 軽《けい》重《ちょう》

軽いことと、重いこと。重大なことと、重大でないこと。

どこの国の人であろうと、人命に〔軽重〕はない。

1325 濃《のう》淡《たん》

濃《こ》いことと、薄《うす》いこと。

もっと色の〔濃淡〕をはっきりさせると立体感が出てくるよ。

類似語：濃薄《のうはく》

1326 名《めい》実《じつ》

名前と実体。評判と実際。

経験を積み、十分な実力をつけた彼は〔名実〕ともに日本代表チームのリーダーだ。

1327 明《めい》暗《あん》

明るいことと、暗いこと。幸福と不幸。

小さなできごとが、時として人生の〔明暗〕を分けることもある。

類似語：幸不幸

1328 難

真骨頂《しんこっちょう》

本来もっているありのままの姿。本領。

彼《かれ》の〔真骨頂〕を示すシュートがゴールネットを揺《ゆ》らした。

実力・真価・底力

1329

肝腎《かんじん》

一番大切なこと。「肝心」とも書く。

買い物に来たのに、〔肝腎〕の財布《さいふ》を忘れてしまった。

肝要《かんよう》・重要・中心・中枢《ちゅうすう》203

1330 難

生粋《きっすい》

純粋《じゅんすい》で混じり気がないこと。

彼は、先祖代々、東京の下町に住む〔生粋〕の江戸《えど》っ子だ。

純正・純然・生え抜《ぬ》き・無垢《むく》

1331

漆黒《しっこく》

漆《うるし》を塗《ぬ》ったように**黒くて、つやのあること。**

辺り一面〔漆黒〕の闇《やみ》で、何も見えない。

真っ黒

1332

鼓動《こどう》

活気・エネルギーなどが外から感じられること。心臓が脈打つこと。

幕末の志士の伝記を読んで、時代の〔鼓動〕を感じた。

心音・脈動

1333

感涙《かんるい》

感動して流す涙《なみだ》。

主人公の悲しい運命を描《えが》いた映画を観《み》て〔感涙〕にむせぶ。

1334
理《り》性《せい》 ⇔ 感《かん》性《せい》
1335

単語

意味

理性：道理に基《もと》づいて、冷静に思考したり判断したりする能力。
対義 感性 1335

感性：外界からの刺激《しげき》を直感的に感じ取る能力。
対義 理性 1334

使い方

感情に流されず、〔理性〕をもって話をしなければ、人に受け入れてもらえない。

ものをつくる上で大切なのは、美に対する〔感性〕を磨《みが》くことだが、それは大変難しい。

類似語

悟性《ごせい》・知性・理知

感覚・感受性 740・感情・感度・センス

理解のための一歩

理性とは、筋道をたてて物事を考えることができる能力ですが、人間にしかないものとされ、重要視されてきました。理性によって、人は科学的・論理的な社会を作り上げてきました。

一方、理性の対になる語が感性です。それまでの、理性を重視する時代においては軽く見られてきました。

しかし、現代において、人々は理性だけでは全てを解決できないことを知りました。こうして、感性が重視されるようになりました。

当然、評論文でも感性の大切さが唱えられます。その上で、改めて理性とは、と問い直すのです。

1336

合《ごう》理《り》

単語

意味

道理に合っていること。理屈《りくつ》にかなっていること。

対義 非合理・不合理

使い方

科学による〔合理〕性だけで物事を判断してはならない。

類似語

理路整然

理解のための一歩

理性によって人間は合理的に物事を考えるようになりました。こうした考え方によって、私たちは迷信などから解放され、科学を発達させ、現在のような生活を築き上げることができました。また、理屈にかなっていることをするので、合理には「無駄《むだ》がない」という意味もあります。

ですから、評論文では合理的であることは批判的に扱《あつか》われることが多いのです、と言ったら驚《おどろ》きますか？　なぜならば、普遍《ふへん》的でない独特なもの、個性的なもの、無駄に見えるものにも重大な価値があるからです。自然、感情、欲望、無意識など、非合理的なものを排除《はいじょ》して生きていくことはできません。皆《みな》さんも、合理的・効率的なだけの生活ではまいってしまいますよね。

1 **次の文章の――線部「懇意《こんい》」の意味として最も適当なものを、後から一つ選び記号で答えなさい。**

父親は、工場を休んでの葬儀《そうぎ》への出席だった。離《はな》れた土地にまでわざわざ一人息子《むすこ》を伴《ともな》う気になったのは、長い間、親戚《しんせき》以上の懇意で頼《たよ》り合った同業の故人に、ひさしが格別可愛《かわい》がられていたのも理由の一つだが、この時勢では、息子を連れて旅する機会も、これからはなくなるだろうという見通しもあってのことだった。

（竹西寛子《ひろこ》『蘭《らん》』より）

ア 行き来を念入りにすること
イ 頻繁《ひんぱん》にやりとりがあること
ウ 互《たが》いに親しくしていること
エ 遠慮《えんりょ》なく不作法にすること
オ ひそかに好意を寄せること

（京都・洛南高）

2 **次の文章の□に入る語として最も適当なものを、後から一つ選び記号で答えなさい。**

姉の歌子が同級生たちと話をする様子を見て、チヅルは自分が相手にされていないと感じ、彼《かれ》らの靴《くつ》を隠《かく》してしまう。

「チヅル、折田くんの靴、どこにやったのさ。折田くんのだけ見つからなくて、折田くん、上靴《うわぐつ》はいて帰ったんだよ」

というなり、歌子は茶の間にすわりこんで、わっと泣きだしてしまった。チヅルはあっけにとられてしまったが、すぐに我にかえって、あわてて家をとびだし、裏の畑のトマトの木の下につっこんであった男子の運動靴をひっぱりだした。

（中略）

「おねえちゃん、これ……」

まだすすり泣いている歌子に、□靴をさしだすと、歌子は何度も手の甲《こう》で頬《ほお》をこすってから、出窓においてある電話機の受話器をとった。

（氷室冴子《ひむろさえこ》『いもうと物語』より）

ア おずおずと　**イ** すごすごと
ウ いそいそと　**エ** まじまじと

（岡山県立朝日高）

3 **次の文章の――線部「几帳面《きちょうめん》にやって来る」に用いられている表現の工夫《くふう》について説明したものとして最も適当なものを、後から一つ選び記号で答えなさい。**

日本の風景は美しいと思う。世界中の国がそれぞれにその国独特の美しい風景を持っているが、日本の風景は、日本の風土と結びついたもので、世界のどの国もが持たない、しかも、なかなか上等な美しさを持っているものだと思う。言うまでもなく、それは春夏秋冬の狂《くる》いない回帰と結び付いたものである。四季はそれぞれの出番と持《もち》時間を持って、毎年毎年几帳面にやって来る。そして、非常にデリケートなこまかい目盛りを刻みながら、春から夏、夏から秋、秋から冬、冬から春へと移行して行く。

（井上靖《やすし》『日本紀行』より。文章を一部改めています。）

ア 多くの人が春の桜、秋の紅葉に感動することを、自然の偉大《いだい》さがもたらす恩恵《おんけい》のように表現している。

イ 春、夏、秋、冬が確実にひとまわりして巡《めぐ》ってくることを、きちんとした人の行為《こうい》のように表現している。

ウ 四季それぞれの区切りが明確に決められていることを、人が目盛りを刻む行為のように表現している。

エ 季節が規則正しく移行することを、年齢《ねんれい》を重ねながら変化していく人生のように表現している。

（新潟県）

解答・ポイント

1 ウ → 1187

小説文も、評論文と同じく、文章中の語の意味を問う問題が主流です。ふだんあまり使われない語が出題されます。積極的にこうした語に慣れておき、最も適当なものを選びましょう。

2 ア → 783

小説文では、登場人物の気持ちを捉《とら》えることが重要です。空欄《くうらん》を埋《う》める問題も、多く、気持ちを表す語が問われます。場面にふさわしい語句が選べるように、どんな場面であるかと語句の意味の両方から考えるようにしましょう。

3 イ → 1160

「几帳面」は、もともと、人の性質を表す語ですが、ここでは四季について述べています。このような表現を擬人法《ぎじんほう》と言い、小説文などではよく使われます。もとの語の意味から、どんなことを表現しているのかをつかむようにしましょう。

単語	意味	使い方	類似語
1337 足《あし》がすくむ	恐怖《きょうふ》や緊張《きんちょう》のため、足がこわばって自由に動かなくなる。	お化け屋敷《やしき》に入ったものの、怖《こわ》くて〔足がすくん〕で動けなくなった。	
1338 足《あし》が出《で》る	予算をオーバーし、赤字になる。	皆《みな》が予想より多く食べたので、集めた会費から〔足が出〕た。	欠損・損失611・マイナス
1339 足《あし》を洗《あら》う	良くない環境《かんきょう》から抜《ぬ》け出す。	兄は、全ての悪事からきっぱりと〔足を洗っ〕た。	足を抜く・離脱《りだつ》
1340 足《あし》を引《ひ》っ張《ぱ》る	他人の成功や前進の邪魔《じゃま》をする。	チームに貢献《こうけん》できないどころか、〔足を引っ張っ〕てばかりだった。	足手まとい
1341 頭《あたま》が下《さ》がる	尊敬や感謝の気持ちが自然と起こる。	いつも誠実に仕事に打ち込《こ》む彼《かれ》の姿に、〔頭が下がる〕思いがする。	感心・敬服
1342 頭《あたま》を抱《かか》える	非常に困る。	仕事が締《し》め切りまでに終わりそうになく、〔頭を抱える〕。	苦悩《くのう》・苦慮《くりょ》

1343
浮《う》き足立《あしだ》つ
恐怖《きょうふ》や不安のため、そわそわして落ち着かなくなる。
敵の激しい攻撃《こうげき》に、味方の軍勢は〔浮き足立っ〕た。
足が地に着かない・気が気でない 1442

1344 難
後《うし》ろ髪《がみ》を引《ひ》かれる
未練が残る。
しばらく会うことができない友人の家を、〔後ろ髪を引かれる〕思いで後にした。

1345
腕《うで》が上《あ》がる
上手になる。
料理の〔腕が上がり〕、以前よりもおいしいものを作ることができるようになった。
上達・進歩

1346
腕《うで》を振《ふ》るう
能力を十分に発揮する。
彼《かれ》は、社長になるとすぐに、経営に〔腕を振るい〕、赤字を解消した。
辣腕《らつわん》

1347
顔《かお》がきく
よく知られていて、相手から特別な配慮《はいりょ》を受けられる。
あの店なら〔顔がきく〕から、景色の良い席が予約できる。

1348
顔《かお》に泥《どろ》を塗《ぬ》る
名誉《めいよ》を傷つける。
親の〔顔に泥を塗る〕ような行為《こうい》をして、恥《は》ずかしく思う。
面目《めんぼく》を潰《つぶ》す・はずかしめる

	単語	意味	使い方	類似語
1349	肩《かた》で風《かぜ》を切《き》る	肩《かた》をいからせて、得意そうに歩く。	権力を握《にぎ》った彼《かれ》らは、いつでも町中を〔**肩で風を切っ**〕て歩いていた。	肩をそびやかす・威《い》圧《あつ》
1350	肩《かた》の荷《に》が下《お》りる	責任を果たして、ほっとする。	議長の任期を無事に終えられたので、〔**肩の荷が下り**〕た。	安心
1351	肩《かた》を落《お》とす	がっかりする。	彼女《かのじょ》は、生徒会の選挙で落選してしまい、〔**肩を落とし**〕た。	落胆《らくたん》・しょげる・すごすご 812
1352	口《くち》が重《おも》い	口数が少ない。 対義 口が軽い	息子《むすこ》は〔**口が重く**〕、学校の様子が全然わからない。	寡黙《かもく》 1165・無口
1353	口車《くちぐるま》に乗《の》せる	巧《たく》みな言葉でだます。	〔**口車に乗せ**〕られて、電話の相手にお金を振《ふ》り込《こ》んでしまった。	甘言《かんげん》
1354	口《くち》を酸《す》っぱくする	何度も繰《く》り返して同じことを言う。	出したものをきちんと元の所に戻《もど》せと、〔**口を酸っぱくし**〕て言っても、できない人がいる。	口うるさい

1355
首《くび》を長《なが》くする
待ちこがれる。
恋人《こいびと》の帰省を〔首を長くし〕て待つ。
一日千秋 1604・待望

1356
腰《こし》が低《ひく》い
他人に対して高ぶらない。
彼《かれ》は誰《だれ》に対しても〔腰が低く〕、えらぶるところがない。
謙虚《けんきょ》 1174

1357
腰《こし》を据《す》える
どっしりと落ち着く。落ち着いてことにあたる。
今年一年は〔腰を据え〕て大作に取り組むつもりだ。
じっくり

1358 難
歯牙《しが》にも掛《か》けない
問題にもしない。
優秀《ゆうしゅう》な彼は、クラスメートの成績など〔歯牙にも掛けない〕。
ものともしない・一蹴《いっしゅう》 806

1359 難
舌鼓《したつづみ》を打《う》つ
おいしいものを食べて、満足して舌を鳴らす。
有名レストランのおいしい料理に〔舌鼓を打つ〕。

1360
自腹《じばら》を切《き》る
自分のお金で払《はら》う。
文化祭の準備中、先生が私たちに〔自腹を切っ〕て差し入れをしてくださった。
自前・ポケットマネー

番号	単語	意味	使い方	類似語
1361 難	食指《しょくし》が動《うご》く	欲《ほ》しいという気持ちが起きる。	掘《ほ》り出し物だという古い壺《つぼ》を見て、〔**食指が動い**〕た。	
1362	尻《しり》に火《ひ》がつく	事態が差し迫《せま》り、追いつめられて、落ち着いていられなくなる。	試験三日前から〔**尻に火がつい**〕たように勉強し始めた。	せっぱつまる
1363	つむじを曲《ま》げる	機嫌《きげん》を損《そこ》ねて、意地悪な行動をとる。	彼女《かのじょ》は〔**つむじを曲げ**〕て、全く口をきいてくれない。	へそを曲げる
1364	爪《つめ》に火《ひ》をともす	とても貧しく、倹約《けんやく》した生活を送る。	〔**爪に火をともす**〕ような生活で、明日の食事も心もとない状態だ。	困窮《こんきゅう》
1365	面《つら》の皮《かわ》が厚《あつ》い	図々しい。	大事な会議に遅《おく》れてくるとは、ずいぶんと〔**面の皮が厚い**〕ものだ。	鉄面皮・恥知《はじし》らず・厚かましい
1366	手《て》がつけられない	どうしようもない。	一度《ひとたび》彼《かれ》が暴れだしたら、もう誰《だれ》にも〔**手がつけられない**〕。	手に負えない

1367
手《て》に余《あま》る
自分の能力を超《こ》えていて、処理ができない。
この問題は複雑すぎて、私一人で解決するには〔手に余る〕。
手に負えない・持て余す

1368
手《て》のひらを返《かえ》す
態度や言動をがらりと変える。
彼《かれ》は、金持ちになったとたん、〔手のひらを返す〕ように横柄《おうへい》な言《こと》葉遣《ばづか》いになった。
急変・変心

1369
手《て》をこまねく
何もしないで眺《なが》めている。「手をこまぬく」とも言う。
災害に対して〔手をこまねい〕てばかりではいけない。
手をつかねる・傍《ぼう》観《かん》343

1370
手《て》を広《ひろ》げる
仕事の範囲《はんい》を広げる。
支店を次々開くなど、〔手を広げ〕すぎて事業に失敗した。
拡大608・拡張

1371 難
頭角《とうかく》を現《あらわ》す
才能などが群を抜《ぬ》いて現れる。
彼は、最近〔頭角を現し〕、優秀《ゆうしゅう》な成績を収めている。

1372
二《に》の足《あし》を踏《ふ》む
物事を進めることをためらう。
電車に乗ろうとしたが、あまりに混《こ》んでいて、〔二の足を踏む〕。
逡巡《しゅんじゅん》669・尻込《しりご》み・躊《ちゅう》躇《ちょ》670

単語 / 意味 / 使い方 / 類似語

1373
歯《は》が浮《う》く
わざとらしい言葉を聞いて、不快な気分になる。
〔歯が浮く〕ようなお世辞を聞いて、顔をしかめる。

1374
鼻《はな》が高《たか》い
誇《ほこ》らしく思う。
弟が学年トップの成績を取って、母も〔鼻が高い〕だろう。
類似語：自慢《じまん》・得意・揚々《ようよう》 759

1375
鼻《はな》にかける
自慢する。得意になる。
優秀《ゆうしゅう》だが、それを〔鼻にかけ〕ているので、人望がない。
類似語：うぬぼれる・思い上がる

1376
鼻《はな》につく
何度もあって、嫌気《いやけ》がさす。
いくら大好物のカレーでも三日連続だとさすがに〔鼻につく〕。
類似語：食傷・飽《あ》きる

1377
鼻《はな》を折《お》る
相手の、自慢する気持ちをくじく。
自慢ばかりの彼《かれ》の〔鼻を折っ〕てやった。

1378 難
歯《は》に衣着《きぬき》せぬ
隠《かく》すことなく、思ったことをそのまま言う。
〔歯に衣着せぬ〕彼は、そのもの言いで損をすることがある。
類似語：辛辣《しんらつ》 60

1379
腹《はら》を決《き》める
決心する。覚悟《かくご》する。
借金をしても、家を購入《こうにゅう》しようと〔**腹を決め**〕た。
腹をくくる・腹を据《す》える

1380
腹《はら》を割《わ》る
思っている本当のことを打ち明ける。
今日はお互《たが》いに〔**腹を割っ**〕て本音で話し合おう。
胸襟《きょうきん》を開く・率直《そっちょく》

1381 難
膝《ひざ》を交《まじ》える
近寄って親しく話し合う。
友人と〔**膝を交え**〕て語り合った。
懇談《こんだん》・打ち解ける

1382
額《ひたい》を集《あつ》める
皆《みな》で集まって相談する。
グループの皆が〔**額を集め**〕て意見を出し合う。
額を寄せ合う

1383
腑《ふ》に落《お》ちない
納得《なっとく》がいかない。
その説明は曖昧《あいまい》なところが多すぎて、全く〔**腑に落ちない**〕。
合点がいかない

1384 難
へそで茶《ちゃ》を沸《わ》かす
ばかばかしくて笑ってしまう。
ばかな話で〔**へそで茶を沸かし**〕そうだ。
笑止千万《しょうしせんばん》

単語 / 意味 / 使い方 / 類似語

1385 難
眉唾物《まゆつばもの》
意味：だまされないように気をつけなければならない事柄《ことがら》。いかがわしいもの。
使い方：あの店主の言うことは〔眉唾物〕なので、気を付けたほうが良い。

1386
眉《まゆ》をひそめる
意味：不快なことや心配事で眉間《みけん》にしわを寄せる。
使い方：電車の中なのに、大きな声で会話する人に〔眉をひそめる〕。
類似語：顔をしかめる

1387
耳《みみ》が痛《いた》い
意味：自分の欠点などを言われて聞くのがつらい。
使い方：母に、日頃《ひごろ》の生活がいかにだらけているかを指摘《してき》され〔耳が痛い〕。

1388
耳《みみ》にする
意味：聞く。
使い方：小学校時代に引っ越《こ》した友人が帰ってくるとの噂《うわさ》を〔耳にする〕。
類似語：小耳に挟《はさ》む

1389
耳《みみ》をそろえる
意味：金額・数量の全部をきちんとととのえる。
使い方：お借りしたお金は、一か月以内に〔耳をそろえ〕てお返しします。
類似語：清算

1390
胸《むね》が痛《いた》む
意味：つらく悲しく思う。
使い方：連れ合いを亡《な》くした友のことを思うと〔胸が痛む〕。
類似語：胸が張り裂《さ》ける

1391
胸《むね》を借《か》りる
実力のある人に、相手をしてもらう。
全日本王者の〔**胸を借り**〕て、練習した。

1392
胸《むね》を張《は》る
誇《ほこ》らしげで、得意げな様子をする。
〔**胸を張っ**〕て堂々と入場行進をしよう。

1393
目《め》が高《たか》い
見分ける力が優《すぐ》れている。
彼女《かのじょ》は〔**目が高く**〕、いつも一級品を選びとる。
目が肥える

1394 難
目《め》から鼻《はな》へ抜《ぬ》ける
すばしこく、理解がはやい。また、抜《ぬ》け目がない。
彼《かれ》は〔**目から鼻へ抜ける**〕ような子供で、人の話をすぐに理解した。
鋭敏《えいびん》 1100・聡明《そうめい》・利発

1395
目《め》に余《あま》る
あまりにひどくて見ていられない。
君の自分勝手な行動は〔**目に余る**〕ものだ。

1396
目《め》を光《ひか》らせる
注意深く見張る。
事故が起きないように、監視員《かんしいん》が常に〔**目を光らせ**〕ている。
監視 1070

単語 / 意味 / 使い方 / 類似語

1397
青菜《あおな》に塩《しお》
元気をなくして、しおれている様子。
失恋《しつれん》で、ひどく傷ついた彼《かれ》は、すっかり〔**青菜に塩**〕だ。
意気消沈《いきしょうちん》・しぼむ・しょげる・萎《な》える

1398
犬《いぬ》の遠吠《とおぼ》え
臆病者《おくびょうもの》が陰《かげ》でいばったり、悪口を言ったりすること。
彼はあれこれ文句を言っているが、しょせん〔**犬の遠吠え**〕にすぎない。
負け惜《お》しみ

1399
馬《うま》が合《あ》う
気が合う。
彼とは〔**馬が合う**〕のか、もう二十年来の付き合いだ。
意気投合

1400 難
瓜二《うりふた》つ
そっくりな様子。
あの二人は〔**瓜二つ**〕で、双子《ふたご》のようだ。
酷似《こくじ》・相似《そうじ》・そっくり

1401 難
烏《からす》の行水《ぎょうずい》
風呂《ふろ》に入っている時間が短いこと。
父は〔**烏の行水**〕で、五分で風呂から上がってくる。

1402
閑古鳥《かんこどり》が鳴《な》く
商売などがはやらない様子。
あの店はいつ見ても客がおらず、〔**閑古鳥が鳴い**〕ている。
閑散《かんさん》856・寂《さび》れる

1403 難
木《き》で鼻《はな》をくくる
非常に無愛想な様子。
そんな〔木で鼻をくくる〕ような態度では、客が逃《に》げてしまう。
つっけんどん

1404 難
鯖《さば》を読《よ》む
数をごまかす。
あの人は、自分の年齢《ねんれい》について、ずいぶん〔鯖を読ん〕でいると思う。

1405
猿《さる》真《ま》似《ね》
うわべだけを真《ま》似《ね》すること。
彼《かれ》の作品は先人の〔猿真似〕で、創造性が全くない。
見様《みよう》見真似《みまね》・模倣《もほう》 587

1406
雀《すずめ》の涙《なみだ》
ほんのわずか。
〔雀の涙〕で申し訳ありませんが、寄付をいたします。
なけなし 959・微少《びしょう》

1407
鶴《つる》の一声《ひとこえ》
その一言で皆《みな》が従うような有力者の発言。
長かった会議も、最終的には議長の〔鶴の一声〕で決着がついた。

1408
飛《と》ぶ鳥《とり》を落《お》とす勢《いきお》い
権力や勢力が盛《さか》んな様子。
彼はどんどん出世していき、今や〔飛ぶ鳥を落とす勢い〕だ。
破竹の勢い 1415・快進《かいしん》撃《げき》

単語 / 意味 / 使い方 / 類似語

1409 虎《と》の子《こ》

大事にしているお金や品物。

せっぱつまって、〔虎の子〕の百万円を使うことにした。

貴重品・宝物・箱入り・秘蔵

1410 虎《とら》の巻《まき》

教科書の解答などが書かれた参考書。秘訣《ひけつ》が書かれている書。

〔虎の巻〕を見て答えを写しても勉強にはならない。

あんちょこ・マニュアル

1411 猫《ねこ》の手《て》も借《か》りたい

非常に忙《いそが》しいこと。

年末は〔猫の手も借りたい〕くらいの忙しさだ。

多忙《たぼう》・てんてこ舞《ま》い・繁忙《はんぼう》

1412 難 猫《ねこ》も杓子《しゃくし》も

誰《だれ》も彼《かれ》も。皆《みな》。

街を歩くと、〔猫も杓子も〕流行の黒い服を着ている。

1413 猫《ねこ》をかぶる

本性《ほんしょう》を隠《かく》しておとなしく見せる。

あいつがもの静かだなんて、単に〔猫をかぶっ〕ているだけだ。

1414 根《ね》も葉《は》もない

全く根拠《こんきょ》がない。

〔根も葉もない〕噂《うわさ》に振《ふ》り回されて大騒《おおさわ》ぎをするな。

事実無根・でたらめ

1415 難

破竹《はちく》の勢《いきお》い

一直線に突《つ》き進む様子。

連戦連勝の〔**破竹の勢い**〕で突き進んだ。

飛ぶ鳥を落とす勢い 1408・快進撃《かいしんげき》

1416

鳩《はと》が豆鉄砲《まめでっぽう》を食《く》ったよう

突然《とつぜん》のことに驚《おどろ》く様子。

突然、自分の婚約話《こんやくばなし》を聞いて、彼女《かのじょ》は〔**鳩が豆鉄砲を食ったよう**〕な顔になった。

目を丸くする・驚愕《きょうがく》・びっくり仰天《ぎょうてん》

1417

花《はな》を持《も》たせる

勝ちや手柄《てがら》を人に譲《ゆず》る。

自分は裏に回り、よく働いてくれた部下に〔**花を持たせる**〕。

1418

一花咲《ひとはなさ》かせる

成功して一時の栄光を手に入れる。

引退するまでにもう〔**一花咲かせ**〕たい。

1419

虫《むし》の息《いき》

今にも死にそうな様子。

溺《おぼ》れて浜《はま》に打ち上げられた時は、もう〔**虫の息**〕だった。

危篤《きとく》 894・瀕死《ひんし》

1420

虫《むし》の居所《いどころ》が悪《わる》い

機嫌《きげん》が悪い。

父は朝から〔**虫の居所が悪く**〕て、怒《おこ》ってばかりだ。

ご機嫌斜《なな》め・不機嫌

単語 / 意味 / 使い方 / 類似語

1421
味《あじ》をしめる
前にうまくいったことが忘れられず、再び同じことを期待する。

賭《か》け事で大勝し、大金を手に入れたのに〔味をしめ〕て、すっかりのめり込《こ》んでしまった。

守株《しゅしゅ》

1422
後《あと》の祭《まつ》り
時機遅《おく》れで、手遅れであること。

徹夜《てつや》で仕上げても、締《し》め切りが過ぎてしまっては〔後の祭り〕だ。

十日の菊《きく》・六日の菖蒲《あやめ》

1423
油《あぶら》を売《う》る
無駄《むだ》話などをして仕事を怠《なま》ける。

〔油を売っ〕てばかりいて、ちっとも仕事が進まない。

さぼる

1424
油《あぶら》を絞《しぼ》る
厳しく叱《しか》る。

いつも宿題を忘れてくるので、先生に〔油を絞ら〕れた。

叱責《しっせき》 1036

1425 難
息《いき》を呑《の》む
驚《おどろ》いて、はっと息をとめる。

角を曲がると道に人が倒《たお》れていて、思わず〔息を呑ん〕だ。

仰天《ぎょうてん》 664

1426
板《いた》につく
仕事や役柄《やくがら》がぴったり合う。

修業《しゅぎょう》を始めて一年、ようやく作業の手つきも〔板につい〕てきた。

さまになる

1427
一目置《いちもくお》く
相手を尊敬して遠慮《えんりょ》する。
サッカーでは、技術力の高い彼《かれ》に〔一目置い〕ている。

1428
一矢《いっし》を報《むく》いる
相手の攻撃《こうげき》や非難に対して、わずかながらも反撃《はんげき》する。
負け試合であったが、九回に一点取り返し、〔一矢を報い〕た。

1429
一線《いっせん》を画《かく》す
互《たが》いの区別をはっきりさせる。
新しい画風を取り入れ、それまでの彼の作品とは〔一線を画す〕ものとなった。

1430
うだつが上《あ》がらない
なかなか出世できない。
彼は仕事の段取りが悪く、いつまでたっても〔うだつが上がらない〕。

1431
うつつを抜《ぬ》かす
あることに夢中になる。
賭《か》け事に〔うつつを抜かし〕て良いことは一つもないよ。
熱中・没頭《ぼっとう》・無我夢中 1687

1432
うまい汁《しる》を吸《す》う
苦労せずに利益を手に入れる。
ヒット商品の人気に便乗した商売で〔うまい汁を吸う〕人がいるものだ。

成語編 慣用句―その他

単語 / 意味 / 使い方 / 類似語

1433 裏《うら》をかく

相手の予想外の行動をとって出し抜《ぬ》く。

敵の〔裏をかい〕て、正面から突破《とっぱ》しましょう。

1434 雲泥《うんでい》の差《さ》

比べものにならないほど違《ちが》いがあること。

あの新しい高級マンションと古い我《わ》が家とでは〔雲泥の差〕だ。

段違い・月とすっぽん 1528

1435 襟《えり》を正《ただ》す

服装や姿勢をきちんと正す。態度を改めて気持ちを引き締《し》める。

〔襟を正し〕て面接会場に入る。

居住まいを正す・背筋を伸《の》ばす

1436 お茶《ちゃ》を濁《にご》す

いい加減な言動で、その場をごまかす。

芸を披露《ひろう》しろと言われたので、歌を歌って〔お茶を濁し〕た。

煙《けむ》に巻《ま》く

1437 難 思《おも》う壺《つぼ》

自分のたくらんだとおりになること。

ここで動揺《どうよう》してミスをしては、相手の〔思う壺〕だ。

1438 風《かぜ》の便《たよ》り

どこからか伝わってくる噂《うわさ》。

〔風の便り〕で彼《かれ》が結婚《けっこん》したことを知った。

風評・風聞

1439 難

固唾《かたず》を飲《の》む

ことの成り行きを心配して緊張《きんちょう》する。

伯仲《はくちゅう》した試合の行方《ゆくえ》を、全ての観客は〔**固唾を飲ん**〕で見守った。

1440

片棒《かたぼう》を担《かつ》ぐ

ある企《くわだ》てに加わって、その一部を引き受けるなど協力する。

犯罪の〔**片棒を担ぐ**〕ような真似《まね》はするまい。

手を貸す・荷担

1441

かぶとを脱《ぬ》ぐ

降参する。

隣町《となりまち》の学校と試合をしたが、力の差が明らかで、〔**かぶとを脱い**〕だ。

白旗を掲《かか》げる

1442

気《き》が気《き》でない

気がかりで、落ち着いていられない。

恋人《こいびと》が他の男性としゃべっていると、〔**気が気でなく**〕なる。

浮《う》き足立つ 1343

1443

機先《きせん》を制《せい》する

相手より先に行動を起こし、相手の気勢をくじき、有利にする。

まず、こちらから攻撃《こうげき》をしかけて、〔**機先を制する**〕ことが肝腎《かんじん》だ。

先手を取る・先制

1444

肝《きも》に銘《めい》じる

心に深く刻《きざ》み込《こ》んで、忘れないようにする。

遅刻《ちこく》をすると、皆《みな》の迷惑《めいわく》になるのだと、〔**肝に銘じる**〕。

留意

単語 / 意味 / 使い方 / 類似語

1445 難
釘《くぎ》を刺《さ》す
間違《まちが》いのないように、**前もって注意する。**
明日は絶対に遅刻《ちこく》しないようにと、彼《かれ》に一言〔**釘を刺し**〕ておく。
類似語：—

1446
雲《くも》をつかむよう
とらえようがない様子。
君の話は〔**雲をつかむよう**〕で、現実味がない。
類似語：つかみどころがない・曖昧模糊《あいまいもこ》・漠然《ばくぜん》 859

1447
けりがつく
なかなか決着のつかなかった問題の結末がわかる。
あの二人のどちらが強いのか、今日の試合で〔**けりがつく**〕だろう。
類似語：片がつく・決着・落着

1448 難
沽券《こけん》に関《かか》わる
体面・品位に差し支《つか》える。
不良品を売ったなどと言われたら我《わ》が社の〔**沽券に関わる**〕。
類似語：名折れ

1449
心《こころ》を砕《くだ》く
いろいろと気遣《きづか》いする。
両親は、近々結婚《けっこん》する妹のために〔**心を砕い**〕て準備をしている。
類似語：気配り

1450
さじを投《な》げる
もう見込《みこ》みがないと、**諦《あきら》めて見放す。**
何度言っても君はわかってくれないから、私はもう〔**さじを投げ**〕たよ。
類似語：見切りをつける・見限る

1451 地団駄《じだんだ》を踏《ふ》む

何度も地面を踏《ふ》みつけて、悔《くや》しがる。

ゲームに負けて、〔地団駄を踏ん〕で悔しがった。

切歯扼腕《せっしやくわん》・歯ぎしり

1452 十把一《じっぱひと》からげ

さまざまなものを無差別にひとまとめにする。

個性を無視し、〔十把一からげ〕で扱《あつか》うのは正しくない。

一括《いっかつ》983・くくる

1453 しのぎを削《けず》る

激しく戦う。

優勝を目指して、それぞれのチームが〔しのぎを削る〕。

1454 常軌《じょうき》を逸《いっ》する

常識を外れた言動をする。

こんな雪の日に半袖《はんそで》半ズボンだなんて、〔常軌を逸し〕ている。

倒錯《とうさく》742

1455 白羽《しらは》の矢《や》が立《た》つ

多くの人の中から、その人と狙《ねら》いをつけられる。

人望があるということで、次の部長は、彼《かれ》に〔白羽の矢が立っ〕た。

指名

1456 人後《じんご》に落《お》ちない

他人に劣《おと》らない。

世界が平和であるようにと願う気持ちは、〔人後に落ちない〕つもりだ。

単語 / 意味 / 使い方 / 類似語

(難) 1457
堰《せき》を切《き》る
物事が一度に起こる。
開店と同時に、バーゲンセール会場に客が〔堰を切っ〕たようになだれ込《こ》んできた。

1458
象牙《ぞうげ》の塔《とう》
現実離《げんじつばな》れした、学問ばかりの生活や研究室。
〔象牙の塔〕にこもっていると、一《いっ》般人《ぱんじん》と感覚がずれてしまうのではないか。
類似語：浮《う》き世離れ

1459
そうは問屋《とんや》が卸《おろ》さない
そう思いどおりにはならない。
全科目でトップを取ろうだなんて、〔そうは問屋が卸さない〕。英語と数学は私がトップだ。

1460
太鼓判《たいこばん》を押《お》す
間違《まちが》いないと保証する。
この調子でいけば、志望校合格間違いなしと、〔太鼓判を押さ〕れた。
類似語：お墨付《すみつ》き

1461
棚《たな》に上《あ》げる
自分に不都合なことは、手をつけないで放っておく。
彼女《かのじょ》は、他人のミスは追及《ついきゅう》するが、自分のミスは〔棚に上げ〕ておくタイプだ。
類似語：目をつぶる

1462
駄目《だめ》を押《お》す
念のために確かめておく。
出かける直前に、母が「お弁当は持ったの?」と、〔駄目を押す〕ように聞いてきた。
類似語：念を押《お》す

■1463 茶々《ちゃちゃ》を入《い》れる

他人の話の途中《とちゅう》で邪魔《じゃま》をする。

彼《かれ》が真剣《しんけん》に説明しているのだから、〔茶々を入れ〕てはいけない。

腰《こし》を折る・水を差す 1481

■1464 帳尻《ちょうじり》を合《あ》わせる

最終的に行動と結果の釣《つ》り合いがとれるようにする。

中間テストの点は悪かったが、期末テストでがんばって、なんとか〔帳尻を合わせ〕た。

つじつまを合わせる

■1465 取《と》りつく島《しま》もない

相手が無愛想で、親しくなるきっかけが見つからない。

期日を延ばしてほしいと頼《たの》んでみたが、〔取りつく島もなく〕断られた。

目もくれない・けんもほろろ・にべもない 804

■1466 内助《ないじょ》の功《こう》

目立たずに支援《しえん》する功績。特に、夫の活躍《かつやく》を支える妻の働き。

妻の〔内助の功〕があって、これまでがんばってこられた。

■1467 錦《にしき》を飾《かざ》る

立派な結果を出して故郷に帰る。

将来は大会社の社長になって、故郷に〔錦を飾っ〕てやるぞ。

凱旋《がいせん》

■1468 難 馬脚《ばきゃく》を露《あら》わす

隠《かく》していたことが現れる。

真面目《まじめ》な人だと思われていたが、酔《よ》っぱらって〔馬脚を露わし〕た。

尻尾《しっぽ》を出す・化けの皮がはがれる

単語 / 意味 / 使い方 / 類似語

1469
拍車《はくしゃ》をかける
物事の進行を一段と早める。
度重《たびかさ》なる増税が、庶民《しょみん》の生活苦に〔**拍車をかけ**〕た。
加速

1470
薄氷《はくひょう》を踏《ふ》む
非常に危険な場面にのぞむことのたとえ。
壊《こわ》れかけた吊《つ》り橋を〔**薄氷を踏む**〕思いで渡《わた》った。
虎《とら》の尾《お》を踏《ふ》む

1471
一筋縄《ひとすじなわ》では行《い》かない
普通《ふつう》のやり方では通用しない。
あの作家は気難しくて、原稿《げんこう》をもらうのは〔**一筋縄では行かない**〕よ。

1472 難
火蓋《ひぶた》を切《き》る
闘《たたか》いや試合が始まる。
ゴングが鳴って、世界タイトルマッチが〔**火蓋を切っ**〕た。
幕が開く

1473
冷《ひ》や飯《めし》を食《く》う
冷たい扱《あつか》いを受ける。
人気がなくなってからは仕事も来なくて、〔**冷や飯を食う**〕毎日だ。
薄遇《はくぐう》・冷遇

1474
棒《ぼう》に振《ふ》る
せっかくの努力を無駄《むだ》にする。
彼《かれ》は、賭《か》け事に手を出して、人生を〔**棒に振っ**〕てしまった。
台無し

1475
墓穴《ぼけつ》を掘《ほ》る
自分で自分を破滅《はめつ》させるような原因をつくる。

「楽勝だ」などと言って、宿題を倍にされるような〔**墓穴を掘る**〕真《ま》似《ね》はしたくない。

自滅《じめつ》

1476
枚挙《まいきょ》にいとまがない
数え上げられないほど多い。

電話口で息子《むすこ》になりすます詐欺《さぎ》事件は〔**枚挙にいとまがない**〕。

おびただしい 916

1477
枕《まくら》を高《たか》くする
安心する。

近所で起きた強盗《ごうとう》事件の犯人が捕《つか》まったので、〔**枕を高くし**〕て寝《ね》られる。

胸をなで下ろす

1478
間尺《ましゃく》に合《あ》わない
損をする。割に合わない。

出費ばかりが多くて、収入がわずかだなんて、〔**間尺に合わない**〕商売だ。

割を食う

1479
水《みず》に流《なが》す
過去のできごとなどを全て打ち捨てて和解する。

これまでのいさかいを〔**水に流し**〕て、二人は友人となった。

帳消しにする

1480
水《みず》の泡《あわ》
努力、苦労が無駄《むだ》になること。

せっかく作ったデータが全て消えてしまい、今までの努力が一瞬《いっしゅん》のうちに〔**水の泡**〕となった。

水泡《すいほう》に帰《き》する

単語 / 意味 / 使い方 / 類似語

1481
水《みず》を差《さ》す
邪魔《じゃま》をする。
あの人は、いつも話に〔水を差す〕ので、話していて面白《おもしろ》くない。
腰《こし》を折る・茶々を入れる 1463

1482 難
味噌《みそ》をつける
失敗して、恥《はじ》をかく。
交渉《こうしょう》に失敗して、〔味噌をつけ〕てしまった。
どじを踏《ふ》む・失態

1483 難
身《み》も蓋《ふた》もない
言動が露骨《ろこつ》すぎて、優《やさ》しさも温かみも何もない。
そんな〔身も蓋もない〕言い方はしないで、もう少し優しくものを言うべきだ。

1484
迷宮入《めいきゅうい》り
事件が解決されないまま、捜査《そうさ》が打ち切られること。
犯人の手がかりが見つからず、事件は〔迷宮入り〕になった。
未解決

1485
元《もと》も子《こ》もない
全て失って、何もない。
雨なのに練習をするなんて、風邪《かぜ》でもひいて試合に出られなかったら〔元も子もない〕じゃないか。

1486
諸刃《もろは》の剣《つるぎ》
非常に役に立つ面と大きな損害を与《あた》える面の両方を併《あわ》せ持つもののこと。
文明の発達は〔諸刃の剣〕で、生活は便利になったが、環境破壊《かんきょうはかい》も生みだした。

1487

やぶから棒《ぼう》

出し抜《ぬ》けに物事をする。

〔やぶから棒〕に留学したいと言いだされて、ひどくびっくりした。

唐突《とうとつ》 903・抜き打ち

1488 難

槍玉《やりだま》に挙《あ》げる

目標を定めて非難したり責めたりする。

テレビで、大臣の不適切な発言が〔槍玉に挙げ〕られた。

詰問《きつもん》・なじる 1005

1489

横車《よこぐるま》を押《お》す

理不尽《りふじん》なことを押《お》し通す。

会議の場で〔横車を押し〕て、無理に自分の意見を通そうとする人たちがいる。

無理が通れば道理が引っ込《こ》む

1490 難

埒《らち》が明《あ》かない

物事が解決しない。

彼《かれ》と話しても〔埒が明かない〕ので、別の人と話して解決した。

1491

渡《わた》りに船《ふね》

物事がちょうど都合良く運ぶこと。

重たい荷物を運んでいるところに、友人の車が通りかかったので、〔渡りに船〕と乗せてもらった。

助け船

1492

輪《わ》をかける

物事の程度を一層激しくする。

消火活動が遅《おく》れたために、火災の被害《ひがい》が〔輪をかけ〕て大きくなった。

単語 | 意味 | 使い方 | 類似語

1493 絶《ぜっ》対《たい》 ⇔ 1494 相《そう》対《たい》

1493 絶《ぜっ》対《たい》

意味：他の何物とも比較《ひかく》されず、並ぶもののないこと。

対義 相対 1494

使い方：彼《かれ》は、その優《すぐ》れた能力で他を圧倒《あっとう》し、〔絶対〕の地位を築いた。

類似語：唯一無二《ゆいいつむに》

1494 相《そう》対《たい》

意味：お互《たが》いに関係し合うことで存在すること。

対義 絶対 1493

使い方：周りの人の点数が低かったので、〔相対〕的に私の評価が上がった。

類似語：対比

理解のための一歩

絶対と**相対**の違《ちが》いは、簡単に言うと、比較をしないか、するか（できないか、できるか）ということです。学校での成績のつけ方で考えてみましょう。

「テストで九十点以上取った人には五段階評価の五を与《あた》える」と決めた場合、クラスに九十点以上が何人いようが、九十点以上の人は五となります。これが**絶対**評価です。評価されるもの同士を比較しません。一方「クラスの上位十パーセントに五を与える」と決めた場合、クラスに九十点代の人が多いと、九十点取っても五にはならないかもしれません。このように、評価されるものを比較して判断された評価を**相対**評価と言います。

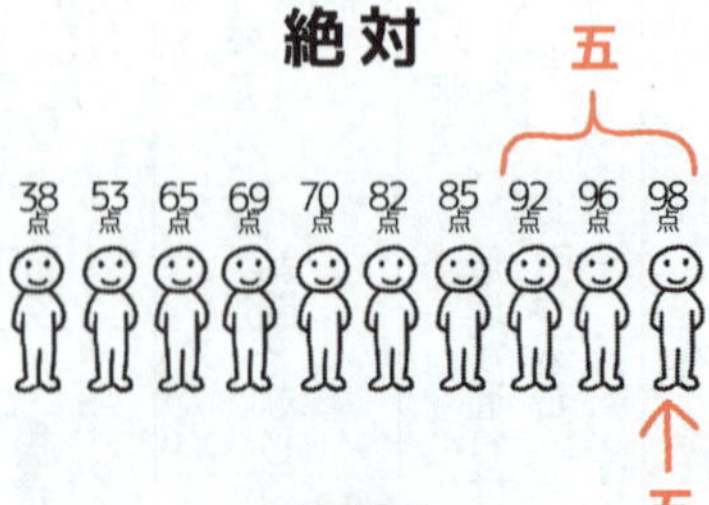

単語

1495 画一《かくいつ》

⇔

1496 多様《たよう》

意味

個々の性質や特色を無視して、全てを同じにそろえること。

対義 多様 1496

種類が多い様子。さまざま。

対義 画一 1495・一様 913

使い方

大量生産が進み、〔画一〕化された商品が店頭に並ぶようになった。

科学技術の進歩は、人々に価値の〔多様〕化をもたらした。

類似語

一様 913・一律・杓子《しゃくし》定規《じょうぎ》

多岐《たき》・多彩《たさい》 68

理解のための一歩

画一とは、全てを同じにすることです。皆《みな》がバラバラな状態で過ごしたら困ることが多いでしょうから、ある程度、同じ状態にすることは大切ですが、普通《ふつう》、評論文などで画一と言った場合、多く、個性をなくすというマイナスの意味で使われます。

多様は、画一とは反対の意味ですが、評論文では多様性ということを重要視しています。たとえば、現代はグローバル社会と言われますが、世界には、さまざまな個性をもった文化が存在しています。そうした多様な人々の考え方や生き方を理解し、受けとめることが重要になってきているのです。

番号	単語	意味	使い方	類似語
1497	悪事《あくじ》千里《せんり》を走《はし》る	悪い行いや評判は、すぐに世間に知れ渡《わた》る。	〔**悪事千里を走る**〕と言うように、うそをついていたことは、すぐに全員に知れ渡った。	人の口には戸は立てられぬ
1498	悪銭《あくせん》身《み》につかず	悪いことをして得たお金は、すぐに使ってなくなってしまう。	〔**悪銭身につかず**〕のとおり、ずるい事をしてもうけたお金はすぐになくなる。	
1499 難	虻蜂《あぶはち》取《と》らず	あれもこれもと欲張ると、どちらも失敗するということ。	副業にも力をいれていたら、やはり〔**虻蜂取らず**〕で、体を壊《こわ》して本業までだめになった。	二兎《にと》を追う者は一兎《いっと》をも得ず
1500	雨降《あめふ》って地固《じかた》まる	悪いことなどがあった後は、かえって前よりも良くなる。	けんかをしたことで、かえって二人の仲が深まるなんて、まさに〔**雨降って地固まる**〕だ。	けがの功名 1514
1501	医者《いしゃ》の不養生《ふようじょう》	正しいとわかっていても、実行が伴《ともな》わないこと。	人に睡眠《すいみん》の大切さを説いていながら、自分は徹夜《てつや》をしているなんて、〔**医者の不養生**〕だ。	紺屋《こうや》の白袴《しろばかま》・坊主《ぼうず》の不信心
1502	急《いそ》がば回《まわ》れ	急いでいる時こそ、着実な方法を取るべきだ。	〔**急がば回れ**〕と言うだろう、慌《あわ》てずに一つ一つ解決しよう。	急《せ》いては事をし損じる

1503
魚心《うおごころ》あれば水心《みずごころ》
相手が親切な気持ちを示せば、こちらも親切な気持ちを示すようになる。
〔魚心あれば水心〕と言うように、まず自分たちから人に親切にすべきだ。

1504 難
烏合《うごう》の衆《しゅう》
規律も統一もなく集まった群れ。
彼《かれ》らは、指図されないと何もできない〔烏合の衆〕と同じだ。
有象無象《うぞうむぞう》

1505
うどの大木《たいぼく》
大きいだけで役に立たないもの。
体つきは立派なのに、仕事は全くできず、〔うどの大木〕だ。

1506
馬《うま》の耳《みみ》に念仏《ねんぶつ》
人の意見に耳を傾《かたむ》けず、聞き流すこと。
彼に説教をしても〔馬の耳に念仏〕で、話すだけ無駄《むだ》だよ。
馬耳東風《ばじとうふう》 1678

1507
岡目八目《おかめはちもく》
当事者よりも周囲の者のほうが、物事がよく見えること。「傍目八目」とも書く。
〔岡目八目〕と言うように、当事者の君より周囲の人のほうがよく事情がわかっているよ。

1508 難
帯《おび》に短《みじか》し襷《たすき》に長《なが》し
物事が中途半端《ちゅうとはんぱ》で、役に立たないこと。
上着を着ていると暑いし、脱《ぬ》ぐと寒いし、〔帯に短し襷に長し〕というやつだ。

単語 / 意味 / 使い方 / 類似語

1509 難

溺《おぼ》れる者《もの》は藁《わら》をもつかむ

危険が差し迫《せま》ると、頼《たよ》りにならないものでも頼りにする。

〔**溺れる者は藁をもつかむ**〕と言うが、お金に困った彼《かれ》は、貧乏《びんぼう》な私のところにまで借金をしに来た。

苦しい時の神頼《かみだの》み

1510 難

木《き》に竹《たけ》を接《つ》ぐ

不自然で筋が通らないこと。調和が取れないこと。

この文章は、文と文のつながりが〔**木に竹を接い**〕だようで、ひどく読みにくい。

1511 難

木《き》に縁《よ》りて魚《うお》を求《もと》む

方法が間違《まちが》っていると、目的を達成することはできない。

数学の先生に英語を習いに来たって、〔**木に縁りて魚を求む**〕というものだろう。

徒労・無駄《むだ》

1512

木《き》を見《み》て森《もり》を見《み》ず

物事の一部や細部にばかり気をとられて、全体を見失うこと。

目先の利益ばかり求めて、長い目で見ると損をしている彼は、まさしく〔**木を見て森を見ず**〕だ。

鹿《しか》を追う者は山を見ず

1513 難

腐《くさ》っても鯛《たい》

優《すぐ》れたものは、だめになっても値打ちを保つ。

あの歌手はすっかり人気がなくなったものの、〔**腐っても鯛**〕で、今でも歌はうまい。

1514

けがの功名《こうみょう》

失敗したことが、かえって良い結果になる。

遅刻《ちこく》したせいで、事故に遭《あ》わずにすんだとは〔**けがの功名**〕だ。

雨降って地固まる 1500

1515 光陰矢《こういんや》のごとし

月日の過ぎることは、飛ぶ矢のようにはやい。

「光陰矢のごとし」で、あっという間の三年間だった。

歳月《さいげつ》人を待たず

1516 難 転《ころ》ばぬ先《さき》の杖《つえ》

失敗しないように、前もって用意しておくこと。

「転ばぬ先の杖」と思って、事前に対策を練っておいた。

石橋を叩《たた》いて渡《わた》る・備えあれば憂《うれ》いなし

1517 猿《さる》も木《き》から落《お》ちる

どんなに優《すぐ》れた人でも、時には失敗することがある。

数学が得意な彼《かれ》が計算間違《まちが》いをするとは「猿も木から落ちる」というやつだ。

河童《かっぱ》の川流れ・弘法《こうぼう》も筆の誤り

1518 難 去《さ》る者《もの》は日々《ひび》に疎《うと》し

親しかった者同士も、遠く離《はな》れてしまうと、親しみが薄《うす》れてしまう。

数年前に遠くに引っ越《こ》した友人とは、「去る者は日々に疎し」で、全く連絡《れんらく》を取り合っていない。

1519 難 触《さわ》らぬ神《かみ》に祟《たた》りなし

関係さえしなければ、余計な災《わざわ》いを受けることはない。

「触らぬ神に祟りなし」の言葉どおり、母の機嫌《きげん》が悪い今は、おとなしくしていよう。

1520 三人寄《さんにんよ》れば文殊《もんじゅ》の知恵《ちえ》

平凡《へいぼん》な者でも、三人集まって相談すれば良い考えが出る。

「三人寄れば文殊の知恵」と言うから、皆《みな》で考えれば良い解決法が見つかるだろう。

単語／意味／使い方／類似語

1521 難
釈迦《しゃか》に説法《せっぽう》
意味 その道を知り尽《つ》くしている人に、その道を教えることは愚《おろ》かで、無意味だということ。
使い方 〔釈迦に説法〕とは存じますが、先生方に現在の教育事情についてお話しいたします。
類似語 河童《かっぱ》に水練・猿《さる》に木登り

1522
蛇《じゃ》の道《みち》は蛇《へび》
意味 同類の者は、その方面のことに通じている。
使い方 〔蛇の道は蛇〕と言うから、専門家に頼《たの》んで修理してもらう。
類似語 餅《もち》は餅屋 1552

1523
背《せ》に腹《はら》はかえられぬ
意味 大事なことのためには、他を犠《ぎ》牲《せい》にしても仕方がない。
使い方 〔背に腹はかえられぬ〕と、会社の経営を立て直すために自分の土地を売った。

1524
船頭《せんどう》多《おお》くして船山《ふねやま》に上《のぼ》る
意味 指図する者が多いと統一がとれず、物事がとんでもない方向へ進む。
使い方 〔船頭多くして船山に上る〕と言うように、リーダーは一人で十分だ。

1525
対岸《たいがん》の火事《かじ》
意味 自分には何の関係もなく、苦痛のないこと。
使い方 突然《とつぜん》の病気で倒《たお》れた彼《かれ》のことを〔対岸の火事〕などと思ってはいけない。
類似語 高みの見物・傍観《ぼうかん》 343

1526
立《た》て板《いた》に水《みず》
意味 つかえることなく、すらすらと話す様子。
使い方 彼の弁舌《べんぜつ》は見事で、〔立て板に水〕だ。
類似語 滔々《とうとう》 883・流暢《りゅうちょう》 77

1527
棚《たな》からぼた餅《もち》
思いがけない幸運が転がり込《こ》む。
ライバルの候補者が突然失脚《とつぜんしっきゃく》し、〔**棚からぼた餅**〕で彼《かれ》が当選した。
もっけの幸い

1528
月《つき》とすっぽん
比較《ひかく》にならないほどかけ離《はな》れている。
彼のサッカーの技術はすばらしく、下手な僕《ぼく》とは〔**月とすっぽん**〕だ。
提灯《ちょうちん》に釣《つ》り鐘《がね》・雲泥《うんでい》の差 1434

1529 難
出《で》る杭《くい》は打《う》たれる
優《すぐ》れているものは、とかく人から憎《にく》まれやすい。
〔**出る杭は打たれる**〕と言うから、目立ちすぎるのも良くない。

1530
灯台《とうだい》もと暗《くら》し
身近なことはかえってわかりにくい。
〔**灯台もと暗し**〕で、探し物は案外身近な場所にあるものだ。

1531
年寄《としよ》りの冷《ひ》や水《みず》
老人が自分の年齢《ねんれい》も考えずに、無理なことをすること。
祖父が冬山登山をすると言いだしたので、祖母は〔**年寄りの冷や水**〕だと言って止めた。
年甲斐《としがい》もない

1532 難
捕《と》らぬ狸《たぬき》の皮《かわ》算用《ざんよう》
確かでないことに期待をかけ、あれこれ計画を立てること。
「取らぬ」とも書く。
宝くじが当たった時のことばかり考えて、〔**捕らぬ狸の皮算用**〕だ。

単語	意味	使い方	類似語
1533 長《なが》いものには巻《ま》かれろ	力のある者には、逆らわずに従ったほうが得だ。	〔長いものには巻かれろ〕の精神で、権力者の彼《かれ》には逆らわずにいる。	
1534 難 泣《な》き面《つら》に蜂《はち》	不運や不幸がある上に、さらに運の悪いことが重なること。	転んで足を痛めた上に、財布《さいふ》まで落とすなんて、〔泣き面に蜂〕とはこのことだ。	踏《ふ》んだり蹴《け》ったり・弱り目に祟《たた》り目
1535 泣《な》く子《こ》と地頭《じとう》には勝《か》てぬ	こちらがいくら正しくても、道理の通じない相手には、言うとおりにするしかない。	〔泣く子と地頭には勝てぬ〕と言うが、いつも彼女《かのじょ》の我《わ》がままが通ってしまうのはおかしな話だ。	
1536 情《なさ》けは人《ひと》のためならず	人に情けをかけておけば、回り回って自分のもとに良いことが巡《めぐ》ってくる。	〔情けは人のためならず〕で、善行を嫌《いや》がってはならない。	因果応報
1537 難 生兵法《なまびょうほう》は大《おお》けがのもと	中途半端《ちゅうとはんぱ》な知識や技術に頼《たよ》ると、かえって大失敗をすること。	〔生兵法は大けがのもと〕と言うように、ろくに知識もないのに自分で修理して大失敗した。	
1538 二階《にかい》から目薬《めぐすり》	物事が思うようにいかず、もどかしいこと。また、効き目が期待できないこと。	この広い土地に、わずかな水をまいても〔二階から目薬〕というものだ。	焼け石に水 1553

1539 難

糠《ぬか》に釘《くぎ》

手応《てごた》えがないこと。

何回注意してもわかってくれず、全く〔糠に釘〕で空《むな》しいよ。

暖簾《のれん》に腕押《うでお》し

1540

盗人《ぬすびと》にも三分《さんぶ》の理《り》

どんなことでも理屈《りくつ》をつけようと思えば、つけられること。

彼《かれ》の主張は〔盗人にも三分の理〕というもので、屁理屈《へりくつ》にすぎない。

1541 難

濡《ぬ》れ手《て》で粟《あわ》

苦労をしないで多くの利益を得ること。

何の気なしに買った宝くじが当たるなんて、〔濡れ手で粟〕とはこのことだ。

一攫千金《いっかくせんきん》 1606

1542

猫《ねこ》に小判《こばん》

価値のわからない者に高価なものを与《あた》えても、何の役にも立たないこと。

小学生に骨董品《こっとうひん》を買ってやっても〔猫に小判〕だ。

犬に論語・豚《ぶた》に真珠《しんじゅ》

1543

寝耳《ねみみ》に水《みず》

不意のできごとに驚《おどろ》くこと。

今日英語のテストがあるなんて、〔寝耳に水〕だ。

青天《せいてん》の霹靂《へきれき》

1544 難

能《のう》ある鷹《たか》は爪《つめ》を隠《かく》す

実力のある者は、やたらに力を見せびらかすことをしない。

〔能ある鷹は爪を隠す〕と言うように、彼は、普段は目立たないが、大事な時に頼りになる。

単語 / 意味 / 使い方 / 類似語

1545
乗《の》りかかった船《ふね》
始めた以上、途中《とちゅう》でやめられないこと。
〔乗りかかった船〕と言うから、彼《かれ》らが目的地に着くまで付き合うことにした。

1546
花《はな》より団子《だんご》
外観よりも実利を取ること。
〔花より団子〕で、周囲に賞賛されるより賞金をもらうほうが嬉《うれ》しい。
類似語：名を捨てて実を取る

1547 難
人《ひと》の噂《うわさ》も七十《しちじゅう》五日《ごにち》
世間でいろいろ評判になっても、しばらくたつと忘れられてしまうこと。
〔人の噂も七十五日〕で、君の失敗もそのうち皆《みな》が忘れるから、気にするな。

1548
火《ひ》のない所《ところ》に煙《けむり》は立《た》たぬ
何の根拠《こんきょ》もなければ、噂《うわさ》は立たない。
〔火のない所に煙は立たぬ〕と言うが、前から経営が危ないと言われていた会社が倒産《とうさん》した。

1549 難
瓢箪《ひょうたん》から駒《こま》
冗談《じょうだん》で言ったことが実現してしまうこと。意外なところから意外なものが現れること。
冗談で優勝するぞと言ったら本当に優勝するとは、〔瓢箪から駒〕ということがあるものだ。
類似語：うそから出た実《まこと》

1550
仏《ほとけ》の顔《かお》も三度《さんど》
どんな穏和《おんわ》な人でも、たびたび無礼なことをされると、ついには怒《おこ》る。
〔仏の顔も三度〕と言うように、穏和な彼でも何度も約束を破られたら怒るに決まっている。
類似語：堪忍袋《かんにんぶくろ》の緒《お》が切れる

1551
待《ま》てば海路《かいろ》の日和《ひより》あり
あせらずにじっと待っていれば、やがて幸運が巡《めぐ》ってくる。

〔**待てば海路の日和あり**〕と、チャンスが来るまでじっと我慢《がまん》した。

果報は寝《ね》て待て

1552
餅《もち》は餅屋《もちや》
何事も専門にする人がいて、素《しろ》人《うと》はその人にはかなわない。

〔**餅は餅屋**〕なのだから、料理のことはシェフに任せておこう。

蛇《じゃ》の道は蛇《へび》 1522

1553
焼《や》け石《いし》に水《みず》
わずかな助けや努力では、何の役にも立たないこと。

これだけの金額を返しても借金は減らず、〔**焼け石に水**〕だ。

二階から目薬 1538

1554
やぶをつついて蛇《へび》を出《だ》す
余計なことをして、やっかいなことを引き起こすこと。

二人のけんかに君が口出しすれば〔**やぶをつついて蛇を出す**〕ことになるから、黙《だま》っているべきだ。

寝た子を起こす

1555
良薬《りょうやく》は口《くち》に苦《にが》し
良い忠告の言葉は聞きづらいが、自分のためになる。

〔**良薬は口に苦し**〕と言うように、つらくても彼女《かのじょ》の忠告に耳を傾《かたむ》けるべきだ。

忠言耳に逆らう

1556 難
割《わ》れ鍋《なべ》に綴《と》じ蓋《ぶた》
どんな人にも、ふさわしい配偶《はいぐう》者《しゃ》がいるということ。結婚《けっこん》は似た者同士がうまくいくこと。

私たちは二人とも変わり者だが、〔**割れ鍋に綴じ蓋**〕でうまくやっている。

蓼《たで》食う虫も好き好き・似た者夫婦《ふうふ》

単語 / 意味 / 使い方 / 類似語

1557
圧《あっ》巻《かん》
意味：本や作品の中で最も優《すぐ》れたところ。
使い方：ドラマの中で、主人公が敵を倒《たお》すシーンは、特に〔圧巻〕だった。
類似語：白眉《はくび》1587・クライマックス・ハイライト

1558 難
韋《い》編《へん》三《さん》絶《ぜつ》
意味：繰《く》り返し読むこと。
使い方：石川啄木《たくぼく》の『一握《いちあく》の砂』は、私にとって〔韋編三絶〕の愛読書だ。
類似語：愛読

1559 難
隗《かい》より始《はじ》めよ
意味：物事は、まず言い出した者から始めよということ。
使い方：〔隗より始めよ〕と言うから、企画《きかく》の提案者である私が、リーダーを引き受けた。
類似語：率先《そっせん》

1560 難
臥《が》薪《しん》嘗《しょう》胆《たん》
意味：目的を遂《と》げるために長い間苦労をすること。
使い方：〔臥薪嘗胆〕の努力の末、志望校に合格した。
類似語：辛苦《しんく》

1561 難
画竜点睛《がりょうてんせい》を欠《か》く
意味：ほとんど完成しているが、最後の仕上げを欠いて、完全にならないこと。
使い方：作業も大詰《おおづ》めに入ってきたので、〔画竜点睛を欠く〕ことのないように気を引き締《し》める。

1562
肝胆相照《かんたんあいて》らす
意味：お互《たが》いに心の底まで理解し合って親しく交わる。
使い方：幼なじみの彼《かれ》とは〔肝胆相照らす〕仲で、何でもよく知っている。

1563 難

杞《き》憂《ゆう》

必要のない心配をすること。

試験に落ちるかもしれないと思っていたのだが、〔杞憂〕に終わって良かった。

取り越《こ》し苦労

1564

牛耳《ぎゅうじ》を執《と》る

団体や党派の中心人物となって、支配する。「牛耳《ぎゅうじ》る」とも言う。

彼《かれ》はまたたく間に権力を握《にぎ》り、その党の〔牛耳を執る〕ようになった。

君臨・支配

1565

漁夫《ぎょふ》の利《り》

第三者が利益を横取りすること。

二社が利権を争っているうちに、別の会社が〔漁夫の利〕を得る結果となった。

1566

蛍雪《けいせつ》の功《こう》

苦労して学問をした成果。

学問を諦《あきら》めず、働きながら学んだ彼は、〔蛍雪の功〕で、今では大学で教授をしている。

1567 難

鶏鳴狗盗《けいめいくとう》

つまらない特技をもつ者。

〔鶏鳴狗盗〕の芸人ばかりの番組では、視聴率《しちょうりつ》が上がらないのは当然だ。

1568

後生畏《こうせいおそ》るべし

後輩《こうはい》は、今後どのような力を発揮するかわからないから、おそれなくてはならない。

今年の新入生は運動能力も高く練習熱心なので、〔後生畏るべし〕だ。

番号	単語	意味	使い方	類似語
1569	五十歩百歩《ごじっぽひゃっぽ》	大差がないこと。	テストの点数が〔五十歩百歩〕で、似たような成績だった。	どんぐりの背比べ・大同小異 1670・似たり寄ったり
1570	五里霧中《ごりむちゅう》	何が何だかさっぱりわからず、方針や見通しがつかないこと。	〔五里霧中〕だった新薬の開発も、だんだんと軌道《きどう》に乗ってきた。	暗中模索《あんちゅうもさく》
1571	塞翁《さいおう》が馬《うま》	幸・不幸は変わりやすく、予測できないこと。	人生は〔塞翁が馬〕なので、嫌《いや》なことがあっても、気にしない。	禍福《かふく》はあざなえる縄《なわ》のごとし
1572	三顧《さんこ》の礼《れい》	上に立つ人が、仕事を頼《たの》みたい人に、礼を尽《つ》くして交渉《こうしょう》すること。	〔三顧の礼〕を尽くしても、我《わ》がチームに入団してもらいたい選手だ。	
1573 難	四面楚歌《しめんそか》	周囲が全員敵であること。孤立《こりつ》すること。	皆《みな》を怒《おこ》らせてしまい、〔四面楚歌〕の状態だ。	孤立無援《こりつむえん》 1638
1574	助長《じょちょう》	不必要な手助けをして、かえって悪い状態にすること。	少しばかり食べ物を口にしたことで、かえって空腹感が〔助長〕された。	

1575
水魚《すいぎょ》の交《まじ》わり
水と魚が離《はな》れがたいように、極《きわ》めて親密な交際。

あの二人は、全く〔水魚の交わり〕とでもいうような仲の良さだね。

管鮑《かんぽう》の交わり・刎頸《ふんけい》の交わり

1576 難
推《すい》敲《こう》
文章や詩歌《しいか》を作る時、何度も字句や表現を練り直すこと。

雑誌に載《の》せる文章を何度も〔推敲〕した。

添削《てんさく》 169

1577 難
杜《ず》撰《さん》
仕事などがいい加減で、手落ちが多い様子。

計画が〔杜撰〕だったため、失敗に終わった。

不備

1578
太公望《たいこうぼう》
釣《つ》り人のこと。釣り好きのこと。

彼《かれ》は〔太公望〕で、休日はいつも川で釣り糸を垂れている。

1579
他山《たざん》の石《いし》
他人のつまらない言動も、自分を磨《みが》く助けになること。

彼の失敗を〔他山の石〕として、自分の行動を律する。

人の振《ふ》り見て我《わ》が振り直せ

1580
蛇《だ》足《そく》
余計な付け足し。

作文を読み返したら、最後の段落が〔蛇足〕に感じられて削除《さくじょ》した。

無用の長物

単語 / 意味 / 使い方 / 類似語

1581
竹馬《ちくば》の友《とも》
幼なじみ。
彼《かれ》とは三歳《さい》の頃《ころ》からの知り合いで、〔竹馬の友〕だ。
旧知・旧友

1582
朝三暮四《ちょうさんぼし》
目先の違《ちが》いにとらわれて、結果が同じことに気がつかないこと。
今日のテストがなくなって喜ぶのは、次のテスト範囲《はんい》が増えたことに気がつかない〔朝三暮四〕だ。

1583
登竜門《とうりゅうもん》
立身出世につながる難しい関門。
芥川賞《あくたがわしょう》はベストセラー作家への〔登竜門〕と言われる。

1584 難
虎《とら》の威《い》を借《か》る狐《きつね》
他人の威光《いこう》を頼《たよ》って、いばる小人物。
父親が社長だと言って、何もできないのにいばっている彼は、まさしく〔虎の威を借る狐〕だ。
笠《かさ》に着る

1585
背水《はいすい》の陣《じん》
一歩も引けない状況《じょうきょう》の中、決死の覚悟《かくご》でことにあたること。
今日負ければ最下位が決まるので、〔背水の陣〕で試合に臨《のぞ》む。

1586
白眼視《はくがんし》
他人を軽蔑《けいべつ》の目で見ること。
映画の上映中に着信音が鳴ってしまい、〔白眼視〕された。
冷遇《れいぐう》

1587 難
白《はく》眉《び》
多くのものの中で、特に優《すぐ》れているものや人。
この作品は、ミュージカル映画の〔白眉〕と言って良い。
圧巻 1557・傑出《けっしゅつ》

1588
覆水盆《ふくすいぼん》に返《かえ》らず
一度してしまったことは取り返しがつかないこと。
あれだけ裏切っておいて今さら誠意を見せても、〔覆水盆に返らず〕で、信頼《しんらい》は取り戻《もど》せない。
落花枝にかえらず

1589
傍若無人《ぼうじゃくぶじん》
誰《だれ》にも遠慮《えんりょ》せずに勝手気ままに振《ふ》る舞《ま》うこと。
所構わず大声で話す〔傍若無人〕な態度にはあきれた。
横柄《おうへい》・無遠慮

1590 難
馬子《まご》にも衣装《いしょう》
どんなつまらぬ者でも身なりをととのえれば、立派に見えるものだ。
息子《むすこ》もスーツを着ると一人前の大人に見えて、〔馬子にも衣装〕とはよく言ったものだ。
さまになる

1591 難
洛陽《らくよう》の紙価《しか》を高《たか》める
著書の評判が良く、よく売れること。
話題の女流作家の新作は、発売と同時に〔洛陽の紙価を高める〕と言って良いほどの人気だ。
ベストセラー

1592 難
李下《りか》に冠《かんむり》を正《ただ》さず
他人から疑われるようなことはしてはいけない。
〔李下に冠を正さず〕で、試験中に周囲を見るのは止めるべきだ。
瓜田《かでん》に履《くつ》を納《い》れず

単語 / 意味 / 使い方 / 類似語

1593 **不《ふ》〜**

名詞の上について、**〜でない、〜が悪い**という意味を加える。「ぶ」とも読む。

同じ仕事をして、あちらだけ報酬《ほうしゅう》が支払《しはら》われるなんて〔不〕公平な話だ。


1594 **無《む》〜**

名詞の上について、**存在しない、その状態でない**という意味を加える。「ぶ」とも読む。

覚えがなかったが、〔無〕意識に家の扉《とびら》の鍵《かぎ》を閉めたらしい。


1595 **非《ひ》〜**

名詞や形容動詞の上について、**それにあたらない、それ以外**という意味を加える。

自分の都合で列車を止めるなんて〔非〕常識極《きわ》まりない。


1596 **没《ぼつ》〜**

名詞の上について、**〜がない**という意味を加える。

彼《かれ》とは何年も会っておらず、すっかり〔没〕交渉《こうしょう》だ。


1597 **超《ちょう》〜**

名詞の上について、**〜を超《こ》えている様子**という意味を加える。

子供の頃《ころ》、〔超〕能力で空を飛ぶ男の話に心躍《こころおど》らせた。


1598 **脱《だつ》〜**

名詞の上について、**〜から逃《のが》れる**という意味を加える。

〔脱〕地球温暖化に向けた社会体制作りについて討議する。

理解のための一歩

不・無・非・没・超・脱は接頭語と言い、他の言葉の頭について、意味を付け加えたり、言葉の調子をととのえたりします。

不・無・非・没は、それぞれ意味合いは異なりますが、いずれも下に続く言葉を打ち消す意味を付け加えます。超・脱は、それぞれ「超《こ》える」「逃《のが》れる」の意味が下に続く言葉に加わると覚えておくと、言葉の意味が理解しやすくなります。こうした言葉の使われ方を知っていると、語彙《ごい》がぐっと増えます。

また、不・無・非・没は、普通《ふつう》混ぜて使えません。たとえば「非常識」とは言いますが、「無常識」とか「不常識」とは言いません。

「不経済」「不必要」「無秩序《ちつじょ》」「無理解」「非科学的」「非公式」「没個性」「没理想」……どの語が頭につくかも覚えておきましょう。

単語 / 意味 / 使い方 / 類似語

1599 悪戦苦闘《あくせんくとう》
死にものぐるいの苦しい戦い。困難を乗り越《こ》えるために非常な努力をすること。
兄は卒業論文の作成に〔悪戦苦闘〕している。
四苦八苦 1644・懸命《けんめい》

1600 悪口雑言《あっこうぞうごん》
ひどく悪口を言うこと。
身に覚えのないことで〔悪口雑言〕を浴びせられ、ひどく傷ついた。
罵詈雑言《ばりぞうごん》・罵倒《ばとう》 993

1601 異口同音《いくどうおん》
口をそろえて同じことを言うこと。
会費の値上げについて、会員全員が〔異口同音〕に反対した。

1602 以心伝心《いしんでんしん》
口に出して言わなくても気持ちが伝わること。
父は何も言わなかったが、私にはその気持ちが〔以心伝心〕でわかった。
目は口ほどにものを言う

1603 難 一期一会《いちごいちえ》
一生に一度限りの出会い。
〔一期一会〕という思いで、お客様をもてなしたい。

1604 一日千秋《いちじつせんしゅう》
非常に待ち遠しく思われること。
かつては、ラブレターの返事を〔一日千秋〕の思いで待ったものだ。
首を長くする 1355

成語編
四字熟語

1605
一網打尽《いちもうだじん》
一味の者を、一度に全部捕《と》らえること。
警察が、強盗団《ごうとうだん》を〔一網打尽〕に捕らえた。

1606 難
一攫千金《いっかくせんきん》
一度に巨額《きょがく》の利益を得ること。
〔一攫千金〕を夢見て、宝くじを買うが、うまくいかない。
濡《ぬ》れ手で粟《あわ》 1541

1607
一喜一憂《いっきいちゆう》
状況《じょうきょう》の変化に応じて、喜んだり心配したりすること。
試合の進展に〔一喜一憂〕するファン。

1608
一触即発《いっしょくそくはつ》
小さなきっかけで、一大事が発生しそうな危機にあること。
両国は〔一触即発〕の状況にまで関係が悪化している。
瀬戸際《せとぎわ》

1609
一石二鳥《いっせきにちょう》
一つのことで二つの得をすること。
温暖化防止と化石燃料の保持という、〔一石二鳥〕の効果があるエネルギーの利用を模索《もさく》する。
一挙両得

1610
一朝一夕《いっちょういっせき》
わずかな時間。
全ての人間が平等な社会をつくることは、〔一朝一夕〕でできるものではない。

単語 / 意味 / 使い方 / 類似語

1611 意味深長《いみしんちょう》

言動の裏に深い意味が隠《かく》されていること。

笑《え》みを浮《う》かべて言った彼《かれ》の言葉は、ひどく〔意味深長〕で、真意を考えてしまった。

1612 難 有為転変《ういてんぺん》

この世の現象は、常に移り変わるものだということ。

すっかり様子が変わった故郷の姿に、この世の〔有為転変〕を強く感じた。

類似語：栄枯盛衰《えいこせいすい》1616・諸行無常

1613 右往左往《うおうさおう》

混乱してあちらに行ったりこちらに来たり、うろうろすること。

地震《じしん》が起きて逃《に》げようとしたが、避難口《ひなんぐち》がわからず〔右往左往〕した。

1614 難 紆余曲折《うよきょくせつ》

事情が込《こ》み入っていて、さまざまに変化すること。

容疑者が次から次へと現れるという〔紆余曲折〕を経て、ようやく事件は解決した。

類似語：山あり谷あり

1615 雲散霧消《うんさんむしょう》

雲や霧《きり》のように、散り散りに消えてなくなること。

先生の一言で、この数日間の悩《なや》みが〔雲散霧消〕し、晴れやかな気分になった。

類似語：影《かげ》も形もない・露《つゆ》と消える

1616 栄枯盛衰《えいこせいすい》

栄えたり衰《おとろ》えたりすること。人の世のはかないこと。

人の世は〔栄枯盛衰〕で、どんな権力者もいずれは滅《ほろ》びるものだ。

類似語：有為転変《ういてんぺん》1612・諸行無常

1617
温《おん》故《こ》知《ち》新《しん》
昔のことを調べ、そこから新しい知識や道理を見つけること。
〔温故知新〕で、昔の書物から現代を生きていくための知恵《ちえ》を得られることも多い。

1618
花《か》鳥《ちょう》風《ふう》月《げつ》
自然の美しい景色。
〔花鳥風月〕を詠《よ》み込《こ》むことが、俳句の基本だ。
雪月花 156

1619
我《が》田《でん》引《いん》水《すい》
自分に都合良く振《ふ》る舞《ま》ったり、言ったりすること。
君の主張は〔我田引水〕なので、もっと公平に考えるべきだ。
自分勝手・屁理屈《へりくつ》 18・利己主義

1620 難
換《かん》骨《こつ》奪《だっ》胎《たい》
先人の詩文などの発想や表現法を取り入れて、新たなものをつくり出すこと。
古典の作品を〔換骨奪胎〕して書かれた小説。
アレンジ・オマージュ・リメイク

1621
勧《かん》善《ぜん》懲《ちょう》悪《あく》
善を勧《すす》め、悪を懲《こ》らしめること。
最後には善が勝つという、昔ながらの〔勧善懲悪〕のストーリーだ。

1622
危《き》機《き》一《いっ》髪《ぱつ》
髪《かみ》の毛一本の差で困難や危険に陥《おちい》るほど、非常に危ないこと。
敵に追われる主人公が〔危機一髪〕のところで助かった。

単語 / 意味 / 使い方 / 類似語

1623 起死回生《きしかいせい》

絶望的な状況《じょうきょう》を切り抜《ぬ》け、勢いを盛り返すこと。

試合終了間際《しゅうりょうまぎわ》に〔起死回生〕のゴールを決め、逆転で勝利した。

1624 起承転結《きしょうてんけつ》

文章の構成や物事の順序。

四コママンガは〔起承転結〕の構成でできている。

1625 疑心暗鬼《ぎしんあんき》

疑いの心が生じると、何でもないことが恐《おそ》ろしくなったり、疑わしく思えたりすること。

国王は〔疑心暗鬼〕に陥《おちい》って、家臣の誰《だれ》をも信用しなくなった。

1626 喜怒哀楽《きどあいらく》

喜びと怒《いか》りと悲しみと楽しみ。人間のさまざまな感情。

彼《かれ》は、人間の〔喜怒哀楽〕を見事に演じる役者だ。

1627 難 玉石混淆《ぎょくせきこんこう》

優《すぐ》れたものとつまらないものが入り交じっていること。

玄人《くろうと》と素人《しろうと》が入り交じった、まさに〔玉石混淆〕のチームだ。

1628 空前絶後《くうぜんぜつご》

以前にも以後にもないような、非常に珍《めずら》しいこと。

その商品は〔空前絶後〕の大ヒットとなった。

類似語：前代未聞《ぜんだいみもん》 1666

1629 難

鯨飲馬食《げいいんばしょく》

大酒を飲み、大食いをすること。

〔鯨飲馬食〕したら、おなかを壊《こわ》してしまった。

牛飲馬食・暴飲暴食

1630 難

軽挙妄動《けいきょもうどう》

深く考えない軽率《けいそつ》な行動。

彼《かれ》の〔軽挙妄動〕は、しばしば周囲の人とのトラブルの原因となる。

1631

行雲流水《こううんりゅうすい》

物事に執着《しゅうちゃく》することなく、自然の成り行きに任せて行動すること。

欲をもたず、〔行雲流水〕の気持ちで暮らしていけたら良いと思う。

1632

厚顔無恥《こうがんむち》

厚かましくて、恥《はじ》を知らない様子。

老人を押《お》しのけて、席に座《すわ》ろうとする、〔厚顔無恥〕な人がいる。

1633

巧言令色《こうげんれいしょく》

口先だけの調子の良いことを言ったり、愛想《あいそ》の良い顔をしたりすること。

彼の賛辞は〔巧言令色〕というやつで、信用できない。

口がうまい

1634

荒唐無稽《こうとうむけい》

根拠《こんきょ》がなく、でたらめな様子。

史実を無視した〔荒唐無稽〕な物語だが、読んでいて面白《おもしろ》い。

単語 / 意味 / 使い方 / 類似語

1635 公明正大《こうめいせいだい》
公平で正しいこと。
選挙は、不正もなく、〔公明正大〕に行われた。
類似語：公平無私・厳正

1636 難 呉越同舟《ごえつどうしゅう》
敵同士が、同じ場所に置かれること。また、敵同士が同じ危機に立ち向かうため協力すること。
ライバル会社の社長同士が一緒《いっしょ》にいるとは〔呉越同舟〕だ。

1637 古今東西《ここんとうざい》
昔から今までと、世界の東から西まで。
〔古今東西〕を通じて、これほどの大事件はないと思われる。

1638 孤立無援《こりつむえん》
助ける仲間がいなくて、一人であること。
我《わ》がままな態度が災《わざわ》いし、仲間に去られた彼《かれ》は〔孤立無援〕の状態だ。
類似語：四面楚歌《しめんそか》 1573

1639 言語道断《ごんごどうだん》
言葉では言い表せないほどひどい。とんでもない。
うそをついて人からお金をだましとるなんて〔言語道断〕だ。
類似語：もってのほか・論外 31

1640 才色兼備《さいしょくけんび》
才能と美貌《びぼう》の両方をもち合わせていること。
〔才色兼備〕の彼女《かのじょ》は、皆《みな》の憧《あこが》れの的だ。

1641
三《さん》寒《かん》四《し》温《おん》
寒い日が三日続くと、次に暖かい日が四日続くこと。

この季節は、〔三寒四温〕で体温調節が難しい。

1642
自《じ》画《が》自《じ》賛《さん》
自分で、自分を褒《ほ》めること。

テレビ番組で、自分の書いた小説を〔自画自賛〕する作家を見て呆《あき》れた。

手《て》前《まえ》味《み》噌《そ》

1643
自《じ》給《きゅう》自《じ》足《そく》
必要な物資を、自国や自分で生産し、まかなうこと。

野菜や果物は輸入品が増えたが、米は〔自給自足〕したいものだ。

地産地消 300

1644
四《し》苦《く》八《はっ》苦《く》
非常に苦しむこと。

数学が苦手で、〔四苦八苦〕しながら問題を解いた。

悪《あく》戦《せん》苦《く》闘《とう》 1599・七難八苦

1645
試《し》行《こう》錯《さく》誤《ご》
さまざまな方法を繰《く》り返し試《ため》して、失敗を重ねながら目的達成に近づいていくこと。

〔試行錯誤〕を重ねて、新商品の開発に成功した。

1646 難
自《じ》業《ごう》自《じ》得《とく》
自分でしたことの報《むく》いを自分で受けること。

全く勉強をしなかったのだから、落第するのは〔自業自得〕だ。

因果応報・身から出たさび

番号	単語	意味	使い方	類似語
1647	七転八倒《しちてんばっとう》	ころげまわって苦しむこと。	激しい腹痛で〔**七転八倒**〕した。	悶絶《もんぜつ》
1648 難	疾風迅雷《しっぷうじんらい》	強い風や激しい雷《かみなり》のように、素《す》早《ばや》く激しいこと。	兵馬は〔**疾風迅雷**〕のごとく進撃《しんげき》を続けた。	電光石火 1673
1649	弱肉強食《じゃくにくきょうしょく》	弱いものが強いものの餌食《えじき》になること。	〔**弱肉強食**〕は、自然界のおきてだ。	自然淘汰《しぜんとうた》・適者生存
1650	終始一貫《しゅうしいっかん》	始めから終わりまで考えや行動を変えないこと。	彼《かれ》は〔**終始一貫**〕、黙秘《もくひ》を続けた。	首尾一貫《しゅびいっかん》・徹頭徹尾《てっとうてつび》
1651	十人十色《じゅうにんといろ》	好みや考えは、それぞれ違《ちが》いがあること。	人の好みは〔**十人十色**〕だから、何を贈《おく》ったら良いかわからない。	千差万別《せんさばんべつ》 1665・蓼《たで》食う虫も好き好き
1652	自由奔放《じゆうほんぽう》	世間の決まりやしきたりにとらわれないで、自分の心のままに行動すること。	他人を気にせず〔**自由奔放**〕に生きている彼を羨《うらや》ましく思う。	気まま

1653
取捨選択《しゅしゃせんたく》
良いものを取り、悪いものを捨てて選ぶこと。
迷ってしまって、〔取捨選択〕ができないでいる。
選別

1654 難
順風満帆《じゅんぷうまんぱん》
物事がうまくはかどること。
あの会社は創立以来、〔順風満帆〕に営業成績を伸《の》ばしてきた。
順境 616・得手に帆《ほ》を上げる

1655 難
枝葉末節《しようまっせつ》
物事の大切でない部分。
〔枝葉末節〕にとらわれていては、大事なことを見失う。
瑣末《さまつ》 869・小事

1656
支離滅裂《しりめつれつ》
筋道が通っていない。
彼《かれ》の言っていることは〔支離滅裂〕で、わからない。
めちゃくちゃ

1657
心機一転《しんきいってん》
あることをきっかけにして、がらりと気持ちが変わること。
新年度から〔心機一転〕して勉強に励《はげ》もうと思う。

1658
針小棒大《しんしょうぼうだい》
小さなことを大げさに言うこと。
大げさな彼は〔針小棒大〕にものを言うので、差し引いて聞いたほうが良い。
誇張《こちょう》 54・尾《お》ひれを付ける

No.	単語	意味	使い方	類似語
1659	新陳代謝《しんちんたいしゃ》	古いものが新しいものと交代すること。	長年勤めてきた人たちが一斉《いっせい》に退職したので、社内の〔新陳代謝〕が激しくなった。	交換《こうかん》
1660	深謀遠慮《しんぼうえんりょ》	将来のことまで考えた深いはかりごと。	それまで目立たなかった彼《かれ》を主将に選んだのは、監督《かんとく》の〔深謀遠慮〕だった。	先見の明
1661 難	森羅万象《しんらばんしょう》	宇宙に存在する一切の事物。	日本には、〔森羅万象〕に神が宿るという考え方がある。	天地万物《てんちばんぶつ》
1662 難	晴耕雨読《せいこううどく》	のんびりと自由気ままに生きること。	仕事を辞《や》め、今は田舎《いなか》に引っ越《こ》して〔晴耕雨読〕の毎日を過ごしている。	悠々自適《ゆうゆうじてき》
1663	清廉潔白《せいれんけっぱく》	心が清く、私欲がないこと。	私は、やましいところなど一つもなく、〔清廉潔白〕な身の上だ。	高潔・無欲
1664	千載一遇《せんざいいちぐう》	滅多《めった》に来ない良い機会。	こんな〔千載一遇〕のチャンスを逃《のが》してしまっては、もう二度と出会えないかもしれない。	好機

1665
千差万別《せんさばんべつ》

皆《みな》それぞれ違《ちが》うこと。

人の考えは〔千差万別〕で、同じものを見ても、全く異なる感想が出ることもある。

十人十色 1651

1666 難
前代未聞《ぜんだいみもん》

今まで聞いたこともない珍《めずら》しいこと。

〔前代未聞〕の不祥事《ふしょうじ》が発覚し、世間では大騒《おおさわ》ぎになっている。

空前絶後 1628・破天荒《はてんこう》・未曽有《みぞう》 280

1667
大器晩成《たいきばんせい》

優《すぐ》れた大人物は、人よりも遅《おそ》くすばらしい業績を上げること。

〔大器晩成〕というから、君は、数年後には社会で認められるような活躍《かつやく》をしているだろう。

1668 難
泰然自若《たいぜんじじゃく》

ゆったりと落ち着いていて、ものに動じない様子。

彼《かれ》は何が起ころうと〔泰然自若〕として落ち着いている。

鷹揚《おうよう》 1177・悠然《ゆうぜん》 828・冷静 1111

1669
大胆不敵《だいたんふてき》

恐《おそ》れるものがないこと。

犯行予告をするとは〔大胆不敵〕な悪党だ。

剛胆《ごうたん》

1670
大同小異《だいどうしょうい》

大差がないこと。

会議に出された企画案《きかくあん》は、どれもこれも〔大同小異〕で違いがなかった。

五十歩百歩 1569・どんぐりの背比べ・似たり寄ったり

単語	意味	使い方	類似語
1671 単刀直入《たんとうちょくにゅう》	いきなり話の中心に触《ふ》れること。	〔単刀直入〕にお尋《たず》ねしますが、お二人は婚約《こんやく》なさったのですか？	率直《そっちょく》・端的《たんてき》 92
1672 難 朝令暮改《ちょうれいぼかい》	命令や法などが頻繁《ひんぱん》に変わって一定しないこと。	〔朝令暮改〕で、しょっちゅう仕事のやり方が変わって困る。	二転三転
1673 難 電光石火《でんこうせっか》	動きが非常に素早《すばや》い様子。	彼女《かのじょ》は〔電光石火〕の早業《はやわざ》で、次々と仕事を片付けていく。	疾風迅雷《しっぷうじんらい》 1648・迅速
1674 同工異曲《どうこういきょく》	見かけは違《ちが》うようだけれど、中身は同じであること。	あの小説家は、作品の数は多いが、どれも〔同工異曲〕だ。	似たり寄ったり
1675 東奔西走《とうほんせいそう》	あちこち駆《か》け回ること。	地域に学校を建設する許可をもらうために〔東奔西走〕する。	南船北馬 1676・奔走《ほんそう》 278
1676 南船北馬《なんせんほくば》	いつも方々を旅していること。	彼《かれ》は一年中〔南船北馬〕で、家にいることはめったにない。	東奔西走 1675

1677
二束三文《にそくさんもん》
たくさんあっても、安い価《あたい》にしかならないこと。

お金がなくて、持っている本を売ったが、〔二束三文〕にしかならなかった。

安価・はした金・廉価《れんか》 243

1678
馬耳東風《ばじとうふう》
他人の意見や注意を気にもとめないで聞き流すこと。

今まで何度も説教をしてみたが、彼《かれ》は〔馬耳東風〕で態度を変えない。

馬の耳に念仏 1506

1679
半信半疑《はんしんはんぎ》
本当かどうかわからず迷うこと。

あまりにも都合の良い話だったので、〔半信半疑〕で聞く。

疑念・不信

1680
美辞麗句《びじれいく》
美しく飾《かざ》った耳触《みみざわ》りの良い言葉。

〔美辞麗句〕を並べ立てただけの、心にもない言葉など聞きたくない。

巧言《こうげん》

1681 難
百鬼夜行《ひゃっきやぎょう》
多くの悪人がのさばること。「ひゃっきやこう」とも読む。

治安が悪くなり、町は〔百鬼夜行〕の感がある。

1682
表裏一体《ひょうりいったい》
反対に見えるものの関係が、大もとでは密接につながっていること。

情報が広がっていくことと画一化した世界になることは、時として〔表裏一体〕である。

単語 / 意味 / 使い方 / 類似語

1683 不言実行《ふげんじっこう》
余計なことは言わず、行うべきことを行うこと。
口先だけで何もやらない人よりも、〔**不言実行**〕の人のほうが信用に値《あたい》する。

1684 付和雷同《ふわらいどう》
自分の考えをもたず、他人の意見にわけもなく賛成すること。
若者なら〔**付和雷同**〕せず、自分の考えをもつべきだ。
類似語：唯々諾々《いいだくだく》・尻馬《しりうま》に乗る

1685 難 粉骨砕身《ふんこつさいしん》
力の限り働くこと。
会社の建て直しのために、昼夜を問わず〔**粉骨砕身**〕で働く。
類似語：いそしむ 970・身を粉《こ》にする

1686 本末転倒《ほんまつてんとう》
大切なこととつまらないことが、あべこべになっていること。
部活のせいで勉強ができないなんて、〔**本末転倒**〕だ。
類似語：主客転倒《しゅかくてんとう》

1687 無我夢中《むがむちゅう》
自分を忘れて一生懸命《いっしょうけんめい》になる。
犬に追いかけられて、〔**無我夢中**〕で走って逃《に》げる。
類似語：一心不乱・うつつを抜《ぬ》かす 1431・脇目《わきめ》もふらない

1688 難 物見遊山《ものみゆさん》
見物して遊び歩くこと。
修学旅行は、決して〔**物見遊山**〕で行くものではない。
類似語：観光旅行

1689 優柔不断《ゆうじゅうふだん》

ぐずぐずして、考えが決まらないこと。

〔優柔不断〕な性格で、大切なことを決めることができない。

1690 有名無実《ゆうめいむじつ》

名前ばかりで中身がないこと。

それぞれが勝手なことをしたため、規則は〔有名無実〕なものとなった。

空洞化《くうどうか》・形骸化《けいがいか》

1691 立身出世《りっしんしゅっせ》

社会的に高い地位について、世間に名をあげること。

彼《かれ》は一生懸命《いっしょうけんめい》働いて、〔立身出世〕を果たした。

1692 竜頭蛇尾《りゅうとうだび》

初めは盛《さか》んだが、終わりは振《ふ》るわないこと。

巨大《きょだい》ビルの建設計画を打ち立てたが、結局〔竜頭蛇尾〕で終わってしまった。

腰砕《こしくだ》け・尻《しり》すぼまり

1693 臨機応変《りんきおうへん》

その場に応じて適切な対応をすること。

その場その場で〔臨機応変〕に対応していかなくてはならない。

機敏《きびん》 932・柔軟《じゅうなん》

1694 難 和魂洋才《わこんようさい》

日本の精神をもって西洋の知識や技術を取捨し、活用すること。

明治時代、日本人は〔和魂洋才〕を掲《かか》げ、日本の古来の精神と西洋の技術を調和させようとした。

和魂漢才《わこんかんさい》

	単語	意味	使い方	類似語
1695	～的《てき》	名詞の下について、**～のような、～の性質をもつ**という意味を加える。	時代を超《こ》えた、普遍《ふへん》〔**的**〕な価値をもつ建築物。	
1696	～化《か》	名詞の下について、**～に変わること、～にすること**という意味を加える。	事物を徹底的《てっていてき》に抽象《ちゅうしょう》〔**化**〕して描《えが》かれた絵画。	
1697	～性《せい》	名詞の下について、**～の性質をもつ、～の傾向《けいこう》がある**という意味を加える。	深刻な土砂《どしゃ》災害の危険〔**性**〕を指摘《してき》する。	
1698	～観《かん》	名詞の下について、**～に対する見方、考え方**という意味を加える。	彼女《かのじょ》の人生〔**観**〕はユニークで、興味深かった。	
1699	～主義《しゅぎ》	名詞の下について、**～を一番大切に考える**という意味を加える。	民主〔**主義**〕の将来について考える。	～イズム
1700	～イスト	名詞の下について、**～する人、～主義者**という意味を加える。	彼《かれ》は、成功者であるが、同時に非常なエゴ〔**イスト**〕でもあった。	

理解のための一歩

的・化・性・観・主義・イストは接尾語《せつびご》と言い、他の言葉の下について、意味を付け加えたり、品詞を変えたりします。

特に、的・化・性は、絶対や相対などといった評論文でよく出る言葉について使われるので、極《きわ》めて重要な言葉です。使い方にしっかり慣れておく必要があります。

イストは、上につく言葉によって、ジャーナリスト（報道をする人）、ピアニスト（ピアノを弾《ひ》く人）などと読み方が変化するので注意しましょう。

また、接尾語によって、善悪のニュアンスが付け加わることがあります。たとえば、主観的だと「自分中心の」というマイナスのニュアンスが、客観的だと「冷静で公平な」といったプラスのニュアンスが加わります。

こんなことも知っておくと、筆者の考えを読み取りやすくなります。

1 **次の各文章の――線部が表す意味として最も適当なものを、後から一つ選び記号で答えなさい。**

【1】

エネルギーは人間の行動の源です。これは自分自身の考え方や行動を変えるのに不可欠なものです。

（中略）

だからといって、よそから注入できるものではないし、自分で努力したり、周りから励《はげ》まされることで出てくるものでもないのです。それこそ岩から湧《わ》き水が滲《にじ》み出してくるように、自分の中から自然に湧き出て来るのをひたすら待つしかありません。そして、そのように何もできずに待つしかないということが、失敗のショックやダメージによって打ちひしがれている人に、輪をかけて辛《つら》い思いをさせる原因にもなっています。

（畑村洋太郎『回復力』より）

ア より一層
イ 反対に
ウ わずかに
エ 思わず

（東京・堀越高）

【2】

「一緒《いっしょ》に歌いたい人っている?」

質問を変えて聞くと、藤川《ふじかわ》さんは一瞬《いっしゅん》だけ迷ってから、「工藤《くどう》くん」とささやいた。え? あのもっさりした柔道部《じゅうどうぶ》の? 人を人とも思わない言動が面白《おもしろ》い奴《やつ》だけど……。

「ボランティア?」

前にサッチが言っていたことを思い出して聞くと、藤川さんはきれいな眉《まゆ》をひそめた。

「何それ? 素敵《すてき》じゃない、工藤くん」

頭の中で二人を並べてみると、巨漢《きょかん》とノッポの美女は意外と似合うかもしれなくて。

（佐藤多佳子《たかこ》『デュエット』より）

ア 痛快に思った
イ 不快に思った
ウ 悲しく思った
エ 意外に思った
オ 恐《おそ》ろしく思った

（大阪教育大附高池田）

2 次の文の――線部の意味を表す四字熟語として最も適当なものを、後から一つ選び記号で答えなさい。

その場の雰囲気《ふんいき》で、わけもなく他の説に賛成するような彼《かれ》の態度に批判が集まる。

ア 異口同音
イ 優柔不断《ゆうじゅうふだん》
ウ 我田引水
エ 付和雷同《ふわらいどう》

（埼玉県）

3 次の［　］内の漢字を使って、「大げさ」と同じような意味を表す四字熟語を一つ作りなさい。

水・小・八・棒・田・七・針・異・我・同・転・大・倒・引

（鳥取県）

解答・ポイント

1 【1】ア → 1492　【2】イ → 1386

慣用句は、文章のジャンルに関係なく使われます。文章の流れだけで考えようとすると、引っかけの選択肢《せんたくし》に引っかかってしまうことがありますので、慣用句自体の意味をきちんと覚えておくのが重要です。

2 エ → 1684

こうした形式の問題が出題される場合は、四字熟語の意味を知っているか、いないかで勝負が決まります。知っていれば確実に点数が取れるので、押《お》さえておきましょう。

3 針小棒大 → 1658

挙げられている漢字で、どんな四字熟語を作ることができるかを考えてみましょう。そこから問題の意味に合う語を探していきます。挙げられている漢字で他の四字熟語も作れることが多いので、引っかからないよう注意が必要です。

同音異義語 ― 発音が同じで、意味の異なる語です。違いを覚えておきましょう。

イガイ
〔**意外**〕な結末。…思いがけないこと。
女性〔**以外**〕は入場禁止。…それより他。

イギ
原案に〔**異議**〕を唱える。…異なる考え。
仕事に〔**意義**〕を感じる。…値打ち、価値。
同音〔**異義**〕語。…違《ちが》った意味。

イドウ
車で〔**移動**〕する。…場所を変えること。
二つのものの〔**異同**〕を調べる。…違い。
春の人事〔**異動**〕。…勤務地や地位の変化。

カイコ
従業員を〔**解雇**〕する。…仕事を辞《や》めさせること。
〔**懐古**〕の情。…昔を懐《なつ》かしむこと。
〔**回顧**〕録を読む。…過去を思い返すこと。

カイホウ
圧政からの〔**解放**〕。…束縛《そくばく》をなくすこと。
部屋の窓を〔**開放**〕する。…開け放つこと。
病人を〔**介抱**〕する。…世話をすること。
病気が〔**快方**〕に向かう。…良くなる状態。

カクシン
短歌の〔**革新**〕運動。…新しく変えること。
問題の〔**核心**〕に迫《せま》る。…物事の中心。
勝利を〔**確信**〕する。…強く信じること。

カテイ
生産〔**過程**〕を見学する。…途中《とちゅう》の様子。
雪が降ると〔**仮定**〕する。…仮に決めること。

カンキ
勝利に〔**歓喜**〕の声が上がる。…喜び。
注意を〔**喚起**〕する。…呼び起こすこと。
部屋を〔**換気**〕する。…空気の入れ換《か》え。

カンショウ
絵画を〔**鑑賞**〕する。…芸術を味わうこと。
池の鯉《こい》を〔**観賞**〕する。…見て楽しむこと。
内政〔**干渉**〕。…他人に口出しをすること。
〔**感傷**〕的な気分になる。…感じやすいこと。

カンシン
できばえに〔**感心**〕する。…心に感じること。
歴史に〔**関心**〕をもつ。…興味をもつ気持ち。
顧客《こきゃく》の〔**歓心**〕を買う。…喜ぶ気持ち。
〔**寒心**〕に堪《た》えない。…恐《おそ》れおののくこと。

カンセイ

観客席に〔**歓声**〕が湧《わ》く。…喜んで叫《さけ》ぶ声。
〔**閑静**〕な住宅街。…ひっそりと静かなこと。

カンヨウ

〔**寛容**〕な人柄《ひとがら》の青年。…心が広い様子。
復習が〔**肝要**〕だ。…非常に重要なこと。
〔**慣用**〕句。…習慣として用いられること。

キカイ

精密〔**機械**〕の工場。…動力により動く装置。
再試験を受ける〔**機会**〕を得た。…チャンス。
〔**器械**〕体操。…器具、道具。

キカン

〔**気管**〕をつまらす。…のどから肺までの管。
消化〔**器官**〕の検査を受けた。…組織、臓器。

キセイ

夏休みに〔**帰省**〕する。…故郷に帰ること。
〔**既成**〕の事実だ。…すでにできていること。
入場者を〔**規制**〕する。…制限すること。
〔**既製**〕服。…前もって作ってあること。

キョウソウ

生存〔**競争**〕で勝ち残る。…競《きそ》い合うこと。
百メートル〔**競走**〕。…走る速さを競うこと。

キョウユウ

情報を〔**共有**〕する。…一緒《いっしょ》にもつこと。
基本的人権の〔**享有**〕。…生まれながらもつこと。

キョクチ

〔**局地**〕的な大雨に注意する。…一部の場所。
〔**極地**〕探検に出発する。…南極や北極。
美の〔**極致**〕。…一番優《すぐ》れたところ。

コウイ

〔**好意**〕をもつ。…好ましいと思う気持ち。
〔**厚意**〕に感謝する。…思いやる気持ち。
〔**更衣**〕室で着替《きが》える。…着替えること。
不正〔**行為**〕は許されない。…行い。

コウセイ

〔**公正**〕な裁判をする。…公平で正しいこと。
原稿《げんこう》を〔**校正**〕する。…文字の間違《まちが》いを直すこと。
犯罪者の〔**更生**〕施設《しせつ》。…立て直すこと。
社会を〔**構成**〕する人々。…組み立てること。
〔**厚生**〕施設の利用。…生活を豊かにすること。
〔**後世**〕に残る仕事をする。…のちの世。

サイゴ
〔最後〕まで勝利をあきらめない。…終わり。
祖父の〔最期〕を見とどけた。…死ぬ時。

シュウチ
〔周知〕の事実。…広く知れ渡《わた》っていること。
〔衆知〕を集めて計画する。…多くの人の知恵《ちえ》。

ショウカイ
住所の〔照会〕をする。…問い合わせること。
友人を〔紹介〕する。…引き合わせること。

ショウガイ
〔障害〕物競走に出る。…邪魔《じゃま》、妨《さまた》げ。
〔傷害〕を負わせる。…けがをさせること。
〔渉外〕を担当する。…外部との連絡《れんらく》、交渉《こうしょう》。

シンチョウ
〔慎重〕に清書する。…注意深いこと。
意味〔深長〕。…奥深《おくぶか》いものがある様子。
服を〔新調〕する。…新しく作ること。
成績が〔伸長〕した。…より伸《の》びること。

セイサン
運賃を〔精算〕する。…細かく計算すること。
過去を〔清算〕する。…始末をつけること。
〔成算〕のある仕事。…成功する見通し。

セイチョウ
子供が〔成長〕した。…人や動物が育つこと。
苗《なえ》が〔生長〕した。…草木が生え育つこと。

ゼッタイ
〔絶対〕の真理。…比べるものがないこと。
〔絶体〕絶命のピンチ。…差し迫《せま》った状態。

ソクセイ
〔即製〕の料理。…その場ですぐに作ること。
〔促成〕栽培《さいばい》の野菜。…早く生長させること。
店員を〔速成〕する。…はやく仕上げること。

タイショウ
〔対照〕表を作る。…比べ合わせること。
研究の〔対象〕にする。…目的となるもの。
左右〔対称〕の図形。…つりあうこと。

タイセイ
試合の〔大勢〕が決まる。…大体の様子。
受け入れ〔態勢〕を整える。…構えや態度。
資本主義〔体制〕。…物事や世の中の仕組み。
守りの〔体勢〕をとる。…体の構え、姿勢。

タイメン
〔体面〕を失う。…世間に対する体裁《ていさい》。
祖父と〔対面〕した。…顔を合わせること。

ツイキュウ

幸福を〔追求〕する。…追い求めること。
原因を〔追究〕する。…たずねきわめること。
責任を〔追及〕する。…調べ、責めること。

トウキ

〔冬季〕オリンピックの選手。…冬の季節。
〔冬期〕の講習会に参加する。…冬の期間。
ゴミの不法〔投棄〕。…投げ捨てること。
土地の〔投機〕。…偶然《ぐうぜん》の利益を狙《ねら》う行為《こうい》。

ヒッシ

〔必死〕に走った。…全力を尽《つ》くすこと。
苦戦は〔必至〕だ。…必ずそうなること。

フキュウ

パソコンの〔普及〕。…広く行き渡《わた》ること。
〔不朽〕の名作。…いつまでも残ること。
不眠《ふみん》〔不休〕の働き。…休まないこと。

フシン

〔不審〕な人物が出没《しゅつぼつ》する。…疑わしいこと。
成績〔不振〕の球団。…ふるわないこと。
会社経営に〔腐心〕する。…心を悩《なや》ますこと。
家の〔普請〕をする。…建築や土木工事。
〔不信〕感をもつ。…信用できないこと。

フヘン

人類〔普遍〕の原理。…全てに共通すること。
〔不偏〕不党の立場に立つ。…偏《かたよ》らないこと。
永久〔不変〕の真理。…変わらないこと。

ヘイコウ

仕事を〔並行〕して行う。…同時に行うこと。
二本の〔平行〕する線。…交わらないこと。
〔平衡〕感覚が優《すぐ》れている。…バランス。

ホショウ

三年の〔保証〕期間。…確かだとうけ合うこと。
安全を〔保障〕する。…保護し、守ること。
〔補償〕金が支払《しはら》われる。…損害を償《つぐな》うこと。

ムジョウ

冷酷《れいこく》〔無情〕だ。…思いやりのないこと。
この世は〔無常〕である。…はかないこと。

メイキ

氏名を〔明記〕する。…はっきり書くこと。
名句を心に〔銘記〕する。…心に刻みつけること。

ユウシュウ

〔優秀〕な成績を修める。…優れていること。
〔有終〕の美を飾《かざ》る。…最後まで全《まっと》うすること。

同訓異字 ― 発音が同じで、意味も似た語です。違いを覚えておきましょう。

あう
友人と〔会う〕。…顔を合わせる。
意見が〔合う〕。…同じになる。
にわか雨に〔遭う〕。…物事に出くわす。

あつい
〔暑い〕日が続く。…気温が高い。
〔熱い〕湯を注ぐ。…温度が高い。
〔厚い〕本を開く。…厚みがある。

あらわす
考えを文章に〔表す〕。…表現する。
姿を〔現す〕。…見えるようにする。
自伝を〔著す〕。…書物を書く。

いたむ
虫歯が〔痛む〕。…痛くて苦しむ。
果物が〔傷む〕。…ものが悪くなる、壊《こわ》れる。
祖母の死を〔悼む〕。…死を悲しむ。

うつす
日陰《ひかげ》に場所を〔移す〕。…位置を変える。
ノートに本文を〔写す〕。…もとのままに書きとる。
鏡に姿を〔映す〕。…色や形を反射させる。

おかす
危険を〔冒す〕。…困難なことを無理に行う。
罪を〔犯す〕。…規則に反することを行う。
国境を〔侵す〕。…無断で入る。

おくる
荷物を郵便で〔送る〕。…品物などを届ける。
プレゼントを〔贈る〕。…人にものをあげる。

おさえる
ポイントを〔押さえる〕。…つかむ。
病気の進行を〔抑える〕。…食い止める。

おさめる
学業を〔修める〕。…習い学ぶ。
税金を〔納める〕。…お金を払《はら》い込《こ》む。
成功を〔収める〕。…自分のものにする。
王が国を〔治める〕。…統治する。

おす
ドアを〔押す〕。…力を加えて動かす。
生徒会長に彼《かれ》を〔推す〕。…推薦《すいせん》する。

おどる
ダンスを〔踊る〕。…音楽に合わせ体を動かす。
心が〔躍る〕。…激しく揺《ゆ》れ動く。

かえりみる

日頃《ひごろ》の行動を〔**省みる**〕。…反省する。
昔のことを〔**顧みる**〕。…過去を振《ふ》り返る。

かえる

方針を〔**変える**〕。…前と違《ちが》うようにする。
書面で挨拶《あいさつ》に〔**代える**〕。…代用させる。
部屋の空気を〔**換える**〕。…交換《こうかん》する。
投手を〔**替える**〕。…取りかえる。

かける

服をハンガーに〔**掛ける**〕。…ぶらさげる。
命を〔**懸ける**〕。…それを失う覚悟《かくご》をする。
川に橋を〔**架ける**〕。…つなぐ。

かたい

決意が〔**固い**〕。…壊《こわ》れにくい。
〔**堅い**〕材木を切る。…中身がつまっている。
〔**硬い**〕石。…状態や態度が変わらない。

かわく

洗濯物《せんたくもの》が〔**乾く**〕。…水分がなくなる。
暑くてのどが〔**渇く**〕。…水が飲みたくなる。

きく

機転が〔**利く**〕少年だ。…よく働く。
頭痛によく〔**効く**〕薬。…効き目がある。

さく

美しい百合《ゆり》が〔**咲く**〕。…花のつぼみが開く。
布きれを〔**裂く**〕。…やぶく。
勉強に時間を〔**割く**〕。…割り当てる。

さす

蜂《はち》が〔**刺す**〕。…尖《とが》ったものを突《つ》き通す。
頬《ほお》に赤みが〔**差す**〕。
…ある状態が自然と現れる。
目的地の方角を〔**指す**〕。…指で示す。
花を花瓶《かびん》に〔**挿す**〕。…中に入れる。

さめる

せっかくの料理が〔**冷める**〕。…冷たくなる。
夜中に目が〔**覚める**〕。…起きる。

しめる

店のシャッターを〔**閉める**〕。…とじる。
良い席を〔**占める**〕。…自分のものにする。
財布《さいふ》のひもを〔**締める**〕。…かたく結ぶ。
首を〔**絞める**〕。…息ができないようにする。

すすめる

議事を〔**進める**〕。…前進させる。
新入生に入部を〔**勧める**〕。…誘《さそ》う。
候補者に〔**薦める**〕。…適当だと紹介《しょうかい》する。

そなえる

自然災害に〔**備える**〕。…準備する。
仏様に花を〔**供える**〕。…神仏に捧《ささ》げる。

たずねる

恩師の家を〔**訪ねる**〕。…訪《おとず》れる。
友人の考えを〔**尋ねる**〕。…質問する。

たつ

マウンドに〔**立つ**〕。…まっすぐ縦になる。
友人との交際を〔**絶つ**〕。…つながりを切る。
駅前にビルが〔**建つ**〕。…建物が造られる。
寸法通りに布を〔**裁つ**〕。…布や紙を切る。
酒を〔**断つ**〕。…続いていることをやめる。

つく

学力が身に〔**付く**〕。…付け加わる。
仕事に〔**就く**〕。…ある役や地位に身を置く。
モリで魚を〔**突く**〕。…鋭《するど》いもので刺《さ》す。
終着駅に列車が〔**着く**〕。…到着《とうちゃく》する。

つぐ

部長に〔**次ぐ**〕地位に就《つ》く。…後に続く。
父親の後を〔**継ぐ**〕。…後を受けつぐ。
桜の木を〔**接ぐ**〕。…つなぎ合わせる。

つとめる

計画の実現に〔**努める**〕。…努力する。
父が会社に〔**勤める**〕。…勤務する。
会議で司会を〔**務める**〕。…役目を受け持つ。

とく

絵の具を水で〔**溶く**〕。…とかす。
数学の問題を〔**解く**〕。…答えを出す。
人の道を〔**説く**〕。…説明する。

ととのえる

列を〔**整える**〕。…きちんとする。
家具を新たに〔**調える**〕。…そろえる。

とめる

車のエンジンを〔**止める**〕。…動かなくする。
友人を家に〔**泊める**〕。…宿泊《しゅくはく》させる。
写真をピンで壁《かべ》に〔**留める**〕。…離《はな》れないようにする。

とる

テストで満点を〔**取る**〕。…得る。
記念写真を〔**撮る**〕。…写真などを写す。
山菜を〔**採る**〕。…探し集める。
虫を〔**捕る**〕網《あみ》を買う。…つかまえる。
会社で事務を〔**執る**〕。…仕事を行う。

ならう

小さい頃《ころ》から英語を〔**習う**〕。…学ぶ。
前例に〔**倣う**〕。…真似《まね》をする。

のぼる

台に〔**上る**〕。…上のほうへ移動する。
富士山に〔**登る**〕。…高い所に進む。
朝日が〔**昇る**〕。…高い所に達する。

のる

旅行で飛行機に〔**乗る**〕。…乗り物の中に身を置く。
作品が雑誌に〔**載る**〕。…掲載《けいさい》される。

はえる

新緑が光に〔**映える**〕。…光に照《て》り輝《かがや》く。
雑草が〔**生える**〕。…草木などが伸《の》びだす。

はかる

仕事の合理化を〔**図る**〕。…計画する。
時間を〔**計る**〕。…時間を調べる。
身長を〔**測る**〕。…長さ・高さ・広さを調べる。
体重を〔**量る**〕。…重さ・分量を調べる。
悪事を〔**謀る**〕。…悪いことをたくらむ。
会議に〔**諮る**〕。…相談して意見を聞く。

はじめ

年の〔**初め**〕に参拝する。…最初。
仕事の〔**始め**〕に打ち合わせをする。…開始。

はやい

〔**早い**〕時刻に起きる。…時間が前である。
車が〔**速い**〕速度で走る。…スピードがある。

ふるう

剣道《けんどう》で竹刀《しない》を〔**振るう**〕。…ふり動かす。
地震《じしん》で大地が〔**震う**〕。…揺《ゆ》れ動く。
勇気を〔**奮う**〕。…勇《いさ》み立たせる。

やさしい

〔**優しい**〕心のもち主だ。…思いやりがある。
今回のテストは〔**易しい**〕。…簡単だ。

やぶれる

大事な書類が〔**破れる**〕。…裂《さ》ける、壊《こわ》れる。
決勝戦で〔**敗れる**〕。…負ける。

よむ

小説を〔**読む**〕。…文字や文章を理解する。
短歌を〔**詠む**〕。…詩や歌を作る。

わずらう

将来のことで思い〔**煩う**〕。…悩《なや》む。
胸を〔**患う**〕。…病気になる。

さくいん

あ

哀惜《あいせき》……132
IT……62
アイデンティティー……86
哀悼《あいとう》……132
あいにく……163
曖昧《あいまい》……110
あう(同訓)……320
あえて……177
青菜に塩……260
青二才……210
赤字……48
暁《あかつき》……236
悪事千里を走る……278
悪循環《あくじゅんかん》……54
あくせく……153
アクセス……62
悪戦苦闘《あくせんくとう》……296
悪銭身につかず……278
悪徳……76
浅ましい……149
足がすくむ……250
足が出る……250
足を洗う……250
味をしめる……264
足を引っ張る……250
唖然《あぜん》……147
あたかも……21
頭が下がる……250
頭を抱《かか》える……250
あつい(同訓)……320
悪漢……211
圧巻……288
悪口雑言……296
後の祭り……264
あながち……176
侮《あなど》る……144
アナログ……72
虻蜂《あぶはち》取らず……278
油を売る……264
油を絞《しぼ》る……264
あまねく……170
雨降って地固まる……278
あらわす(同訓)……320
あわれ……30
案外……176
行脚《あんぎゃ》……80
暗示……14
暗礁《あんしょう》……89
案じる……133
安泰《あんたい》……158
安直……174
安堵《あんど》……130
塩梅《あんばい》……176

い

許嫁《いいなずけ》……222
言いよどむ……187
イガイ(同音)……316
遺憾《いかん》……132
粋《いき》……30
イギ(同音)……316
いきさつ……240
憤《いきどお》る……135
息を呑《の》む……264
異口同音……296
畏敬《いけい》……125
威厳《いげん》……142
憩《いこ》う……198
遺恨《いこん》……134
いさかい……221
潔《いさぎよ》い……155
いささか……171
漁《いさ》り火……243
維持《いじ》……183
医者の不養生……278
畏縮《いしゅく》……125
いじらしい……146
偉人《いじん》……211
以心伝心……296
〜イスト……312
依然《いぜん》……160
いそいそ……153
急がば回れ……278
遺族……227
いそしむ……181
依存《いぞん》……64
いたいけ……161
委託《いたく》……193
居丈高《いたけだか》……144
いたずらに……163
いたちごっこ……163
板につく……264
いたむ(同訓)……320
一概《いちがい》に……170
一期一会《いちごいちえ》……296
一日千秋……296
一途《いちず》……152
一瞥《いちべつ》……197
一網打尽《いちもうだじん》……297
一目置く……265
一様……170
一攫千金《いっかくせんきん》……297
一括《いっかつ》……183
一喜一憂《いっきいちゆう》……297
一蹴《いっしゅう》……150
一触即発《いっしょくそくはつ》……297
一矢《いっし》を報《むく》いる……265
一石二鳥……297
一線を画す……265
逸脱《いつだつ》……65
一朝一夕《いっちょういっせき》……297
イデオロギー……73
遺伝子……97
意図……8
イドウ(同音)……316
いとま乞《ご》い……187
居直る……145
稲光《いなびかり》……243
いにしえ……236
犬の遠吠《とおぼ》え……260
いぶかる……196
韋編三絶《いへんさんぜつ》……288
いみじくも……173
意味深長……298
否応《いやおう》無し……150
因果……80
隠居《いんきょ》……210
陰険《いんけん》……208
印象……139
因縁《いんねん》……84
韻文《いんぶん》……24
隠喩《いんゆ》……26
引用……14

う

有為転変《ういてんぺん》……298
ウェブ……62
右往左往……298
魚心あれば水心……279
羽化《うか》……100
迂回《うかい》……194
浮《う》き足立つ……251
承《うけたまわ》る……190
烏合《うごう》の衆……279
胡散臭《うさんくさ》い……149
後ろ髪《がみ》を引かれる……251
後ろめたい……127
うそぶく……186
うだつが上がらない……265
歌枕《うたまくら》……29
宇宙……92

有頂天《うちょうてん》……131
うつす(同訓)……320
うつつを抜《ぬ》かす……265
腕《うで》が上がる……251
腕を振《ふ》るう……251
うどの大木……279
うまい汁《しる》を吸う……265
馬が合う……260
馬の耳に念仏……279
恭《うやうや》しい……152
紆余曲折《うよきょくせつ》……298
裏打ち……12
裏をかく……266
瓜《うり》二つ……260
閏年《うるうどし》……237
雲散霧消《うんさんむしょう》……298
雲泥《うんでい》の差……266
運命……84

え

永久……169
栄枯盛衰《えいこせいすい》……298
栄転……113
鋭敏《えいびん》……204
営利……48
エゴイズム……76
エコロジー……229
会釈《えしゃく》……191
閲覧《えつらん》……35
得てして……171
NGO……59
NPO……59
エピソード……22
襟《えり》を正す……266
円滑《えんかつ》……158
縁起《えんぎ》……84
婉曲《えんきょく》……14
演出……18
炎天《えんてん》……231

お

おあつらえ向き……174
押韻《おういん》……28
往々にして……171
謳歌《おうか》……131
押収《おうしゅう》……67
応酬《おうしゅう》……68
往生……81
旺盛《おうせい》……215
横着……148
往年……236
鷹揚《おうよう》……216
嗚咽《おえつ》……189
大仰《おおぎょう》……165
おかす(同訓)……320
岡目八目《おかめはちもく》……279
翁《おきな》……210
おくる(同訓)……320
おこがましい……145
おさえる(同訓)……320
おざなり……148
おさめる(同訓)……320
伯父《おじ》……224
おしなべて……171
おす(同訓)……320
おずおず……147
汚染《おせん》……94
お茶を濁《にご》す……266
おどる(同訓)……320
おののく……189
叔母《おば》……224
おびただしい……170
オピニオン……63
帯に短し襷《たすき》に長し……279
脅《おびや》かす……184
溺《おぼ》れる者は藁《わら》をもつかむ……280
お盆《ぼん》……81
思う壺《つぼ》……266
趣《おもむき》……30
おもむろに……169
およそ……171
おろおろ……147
温厚《おんこう》……216
温故知新……299
温暖化……94
穏当《おんとう》……17
怨念《おんねん》……134

か

～化……312
買いかぶる……201
解雇《かいこ》……49
回顧《かいこ》……199
カイコ(同音)……316
介護《かいご》……58
開墾《かいこん》……90
悔恨《かいこん》……126
会心……159
介《かい》する……201
快諾《かいだく》……191
改訂《かいてい》……35
街道《かいどう》……232
該当《がいとう》……13
外套《がいとう》……234
概念《がいねん》……140
開発……90
カイホウ(同音)……316
開放的……112
垣間《かいま》見る……197
回遊……100
隗《かい》より始めよ……288
外来種……96
概略《がいりゃく》……8
かえりみる(同訓)……321
かえる(同訓)……321
顔がきく……251
顔に泥《どろ》を塗《ぬ》る……251
加害……42
果敢《かかん》……142
画一……277
核家族《かくかぞく》……58
画策……182
拡散……102
確執《かくしつ》……64
革新……111
カクシン(同音)……316
拡大……113
格調……30
神楽《かぐら》……235
隔離《かくり》……183
掛詞《かけことば》……28
かける(同訓)……321
雅号《がごう》……29
過酷《かこく》……167
佳作《かさく》……32
寡作《かさく》……32
かしずく……190
呵責《かしゃく》……135
過剰《かじょう》……165
臥薪嘗胆《がしんしょうたん》……288
仮説……9
風の便り……266
かたい(同訓)……321
肩書《かたが》き……49
敵……221
かたくな……150
固唾《かたず》を飲む……267
肩《かた》で風を切る……252
肩の荷が下りる……252
片棒を担《かつ》ぐ……267
肩を落とす……252
価値観……73
家長……225
花鳥風月……299
画期的……159
活性化……59
合点《がってん》……139
葛藤《かっとう》……126

カテイ(同音)……316
カテゴリー……11
我田引水《がでんいんすい》……299
稼働《かどう》……52
華美《かび》……17
歌舞伎《かぶき》……23
禍福《かふく》……84
かぶとを脱《ぬ》ぐ……267
過保護……221
かまける……181
上座……234
上の句……28
寡黙《かもく》……214
烏《からす》の行水……260
カリスマ……204
画竜点睛《がりょうてんせい》を欠く……288
かろうじて……177
かわく(同訓)……321
～観……312
簡易……161
感化……82
感慨《かんがい》……138
歓喜《かんき》……116
カンキ(同音)……316
緩急《かんきゅう》……244
環境《かんきょう》……94
頑強《がんきょう》……215
歓迎《かんげい》……200
換言《かんげん》……13
還元《かんげん》……54
頑固《がんこ》……215
換骨奪胎《かんこつだったい》……299
閑古鳥《かんこどり》が鳴く……260
贋作《がんさく》……32
閑散《かんさん》……160
監視《かんし》……197
甘受《かんじゅ》……68
感受性……138
鑑賞《かんしょう》……36
干渉《かんしょう》……64
感傷……128
カンショウ(同音)……316
カンシン(同音)……316
肝腎《かんじん》……245
閑静《かんせい》……160
感性……246
カンセイ(同音)……317
間接……108
感染《かんせん》……98
勧善懲悪《かんぜんちょうあく》……299
寛大《かんだい》……143
干拓《かんたく》……90
感嘆《かんたん》……124
元旦《がんたん》……230
肝胆《かんたん》相照らす……288
含蓄《がんちく》……16
鑑定《かんてい》……196
貫徹《かんてつ》……180
堪忍《かんにん》……133
観念……141
感服……124
陥没《かんぼつ》……88
含有《がんゆう》……93
寛容《かんよう》……68
カンヨウ(同音)……317
官吏《かんり》……207
感涙《かんるい》……245
還暦《かんれき》……237
貫禄《かんろく》……142
緩和《かんわ》……200

き

帰依《きえ》……80
キカイ(同音)……317
気概《きがい》……142
気が置けない……130
気が気でない……267
企画《きかく》……35
機関……41
キカン(同音)……317
危機一髪《ききいっぱつ》……299
希求……130
企業《きぎょう》……48
戯曲《ぎきょく》……23
きく(同訓)……321
危惧《きぐ》……132
季語……29
寄稿《きこう》……35
技巧《ぎこう》……26
既婚者《きこんしゃ》……206
鬼才《きさい》……33
疑似《ぎじ》……20
起死回生……300
気丈《きじょう》……215
起承転結……300
疑心暗鬼《ぎしんあんき》……300
擬人法《ぎじんほう》……26
規制……55
既成《きせい》……75
キセイ(同音)……317
犠牲《ぎせい》……77
擬声語《ぎせいご》……27
軌跡《きせき》……101
毅然《きぜん》……143
機先を制する……267
期待……130
擬態語《ぎたいご》……27
機知……204
几帳面《きちょうめん》……214
吉凶《きっきょう》……84
生粋《きっすい》……245
木で鼻をくくる……261
起点……101
紀伝体……25
喜怒哀楽《きどあいらく》……300
危篤《きとく》……166
木に竹を接《つ》ぐ……280
木に縁《よ》りて魚を求む……280
祈念《きねん》……85
希薄《きはく》……118
規範《きはん》……55
機敏《きびん》……173
義務……40
肝《きも》に銘《めい》じる……267
逆接……20
逆説……38
客体……75
虐待《ぎゃくたい》……65
華奢《きゃしゃ》……217
客観……157
逆境……114
杞憂《きゆう》……289
牛耳《ぎゅうじ》を執《と》る……289
急性……117
糾弾《きゅうだん》……66
凶悪《きょうあく》……167
脅威《きょうい》……129
共感……37
狭義《きょうぎ》……109
供給……48
凝固《ぎょうこ》……104
興醒《きょうざ》め……128
凝視《ぎょうし》……197
享受《きょうじゅ》……37
恐縮《きょうしゅく》……125
強靱《きょうじん》……164
共生……95
矯正《きょうせい》……183
キョウソウ(同音)……317
強調……14
仰天《ぎょうてん》……125
郷土……56
共同体……219
共鳴……103
キョウユウ(同音)……317
虚栄心《きょえいしん》……137
許可……112

虚偽《きょぎ》……109
玉石混淆《ぎょくせきこんこう》……300
キョクチ(同音)……317
虚構《きょこう》……22
巨匠《きょしょう》……33
漁夫の利……289
虚無《きょむ》……77
木を見て森を見ず……280
禁忌《きんき》……76
禁止……112
均質……93
近代……179
勤勉……214
吟味《ぎんみ》……36

く

空虚《くうきょ》……163
遇《ぐう》する……190
偶然《ぐうぜん》……120
空前絶後……300
偶像《ぐうぞう》……83
寓話《ぐうわ》……25
釘《くぎ》を刺《さ》す……268
腐《くさ》っても鯛《たい》……280
駆除《くじょ》……91
具体……156
口惜《くちお》しい……127
口が重い……252
口車に乗せる……252
口調……18
口を酸《す》っぱくする……252
屈託《くったく》……132
くつろぐ……130
口伝……221
功徳《くどく》……80
愚鈍《ぐどん》……209
首を長くする……253
くまなく……170
工面……182
雲をつかむよう……268
供養《くよう》……81
クレーム……66
愚弄《ぐろう》……185
玄人《くろうと》……206
グローバル……70
クローン……97
訓戒《くんかい》……192
燻蒸《くんじょう》……91

け

鯨飲馬食《げいいんばしょく》……301
景気……46
軽挙妄動《けいきょもうどう》……301
迎合《げいごう》……64
渓谷《けいこく》……89
警告……192
掲載《けいさい》……35
経済……46
形式……108
警鐘《けいしょう》……67
景勝地……233
蛍雪《けいせつ》の功……289
境内《けいだい》……238
慶弔《けいちょう》……84
軽重……244
鶏鳴狗盗《けいめいくとう》……289
啓蒙《けいもう》……78
契約《けいやく》……49
けがの功名……280
劇的……19
激怒《げきど》……135
けげん……149
夏至《げし》……230
結果……119
傑作《けっさく》……32
結晶《けっしょう》……93
潔白……43
月賦《げっぷ》……51
結論……10
けなげ……146
懸念《けねん》……133
けりがつく……268
下劣《げれつ》……209
原因……119
嫌悪《けんお》……135
謙虚《けんきょ》……216
顕在《けんざい》……118
現実……110
厳粛《げんしゅく》……165
検証……196
現象……74
献身《けんしん》……69
原則……119
現代……228
顕著《けんちょ》……172
憲法……40
賢明《けんめい》……204
倹約《けんやく》……50
権利……40
原理……74

こ

語彙《ごい》……11
厚意《こうい》……130
コウイ(同音)……317
後遺症《こういしょう》……98
光陰《こういん》矢のごとし……281
行雲流水……301
甲乙《こうおつ》つけがたい……173
轟音《ごうおん》……243
郊外《こうがい》……232
豪快《ごうかい》……164
号外……60
狡猾《こうかつ》……208
厚顔無恥《こうがんむち》……301
公器……40
広義……109
抗議《こうぎ》……192
好奇心《こうきしん》……136
号泣《ごうきゅう》……189
公共……218
貢献《こうけん》……69
巧言令色《こうげんれいしょく》……301
口語……24
煌々《こうこう》……172
恍惚《こうこつ》……131
考察……9
公私……63
口実……240
口承……25
高尚《こうしょう》……31
向上心……136
構図……6
好事家《こうずか》……207
構成……7
校正……34
更生《こうせい》……43
コウセイ(同音)……317
後生畏《おそ》るべし……289
巧拙《こうせつ》……244
肯定《こうてい》……108
拘泥《こうでい》……134
公的……110
更迭《こうてつ》……67
公転……92
高騰《こうとう》……47
荒唐無稽《こうとうむけい》……301
高度成長期……237
効能……99
降伏《こうふく》……194
工房《こうぼう》……239
傲慢《ごうまん》……208
巧妙《こうみょう》……173
被《こうむ》る……183
公明正大……302
合理……247
効率……53
高齢化《こうれいか》……58
呉越同舟《ごえつどうしゅう》……302

呼応……27
枯渇《こかつ》……94
顧客《こきゃく》……227
国際連合……41
酷評《こくひょう》……15
語源……11
沽券《こけん》に関わる……268
心許《こころもと》ない……133
心を砕《くだ》く……268
古今東西……302
こざかしい……149
誤算……241
腰《こし》が低い……253
五十歩百歩……290
小舅《こじゅうと》……223
小姑《こじゅうとめ》……223
御所《ごしょ》……238
互助《ごじょ》……69
腰を据《す》える……253
個人……218
伍《ご》する……201
姑息《こそく》……176
誇張《こちょう》……14
酷寒《こっかん》……231
克己《こっき》……79
滑稽《こっけい》……213
忽然《こつぜん》……168
固定……117
鼓動《こどう》……245
ことづける……186
殊《こと》に……21
小春日和《こはるびより》……231
湖畔《こはん》……239
鼓舞《こぶ》……193
コミュニケーション……62
コミュニティー……57
顧問《こもん》……226
雇用《こよう》……49
孤立《こりつ》……62
孤立無援《こりつむえん》……302
五里霧中《ごりむちゅう》……290
転ばぬ先の杖《つえ》……281
こわばる……189
懇意《こんい》……220
婚姻《こんいん》……222
婚家《こんか》……223
根拠《こんきょ》……9
権化《ごんげ》……83
根源……74
言語道断……302
混沌《こんとん》……121
困難……111
混乱……166
建立《こんりゅう》……80
困惑《こんわく》……133

さ

塞翁《さいおう》が馬……290
債権《さいけん》……46
サイゴ（同音）……318
財産……50
歳時記《さいじき》……29
才色兼備《さいしょくけんび》……302
債務《さいむ》……46
さく（同訓）……321
搾取《さくしゅ》……55
蔑《さげす》む……185
桟敷《さじき》……239
差し障《さわ》り……166
指図……193
さしずめ……171
さじを投げる……268
さす（同訓）……321
挫折《ざせつ》……129
左遷《させん》……113
颯爽《さっそう》……143
雑踏《ざっとう》……239
殺伐《さつばつ》……167
鯖《さば》を読む……261
瑣末《さまつ》……162
さめる（同訓）……321
座右の銘《めい》……73
猿真似《さるまね》……261
猿も木から落ちる……281
去る者は日々に疎《うと》し……281
触《さわ》らぬ神に祟《たた》りなし……281
三寒四温……303
残虐《ざんぎゃく》……167
参詣《さんけい》……85
三顧《さんこ》の礼……290
斬新《ざんしん》……114
三人寄れば文殊《もんじゅ》の知恵《ちえ》……281
散文……24

し

字余り……29
思案……126
慈雨《じう》……242
使役《しえき》……193
支援《しえん》……59
潮騒《しおさい》……243
しおらしい……146
自我《じが》……86
自画自賛……303
歯牙《しが》にも掛《か》けない……253
しきたり……57
自給自足……303
四苦八苦……303
時雨《しぐれ》……242
時化《しけ》……243
時系列……10
しげしげ……169
試行錯誤《しこうさくご》……303
自業自得《じごうじとく》……303
自己顕示欲《けんじよく》……137
示唆《しさ》……14
思索《しさく》……72
支持……200
師事……226
師匠《ししょう》……226
自炊《じすい》……198
静める……193
市井《しせい》……56
自制……180
慈善《じぜん》……69
子息……225
自尊心……136
次第《しだい》に……168
したたか……164
舌鼓《したつづみ》を打つ……253
下町……232
地団駄《じだんだ》を踏《ふ》む……269
七転八倒《しちてんばっとう》……304
失意……129
疾患《しっかん》……98
実況《じっきょう》……18
漆黒《しっこく》……245
失笑《しっしょう》……185
叱責《しっせき》……192
実践《じっせん》……180
質素……161
失墜《しっつい》……54
嫉妬《しっと》……134
十把一《じっぱひと》からげ……269
疾風迅雷《しっぷうじんらい》……304
質量……101
私的……110
老舗《しにせ》……238
しのぎを削《けず》る……269
忍《しの》びない……127
自発的……175
自腹を切る……253
慈悲《じひ》……78
自負……136
至福……131
しぶしぶ……151
思慕《しぼ》……124

司法……42
資本……46
資本主義……202
地道……152
シミュレーション……52
市民権……61
市民社会……203
自明……12
しめる(同訓)……321
四面楚歌《しめんそか》……290
ジャーナリズム……60
釈迦《しゃか》に説法……282
釈然《しゃくぜん》……154
弱肉強食……304
釈明《しゃくめい》……43
酌量《しゃくりょう》……43
邪険《じゃけん》……151
邪推《じゃすい》……135
社説……60
洒脱《しゃだつ》……205
蛇《じゃ》の道は蛇《へび》……282
遮蔽《しゃへい》……183
ジャンル……22
雌雄《しゆう》……97
自由……203
醜悪《しゅうあく》……209
習作……32
修辞……26
終始一貫《しゅうしいっかん》……304
従者……227
収縮……103
従順……214
収束……45
充足感《じゅうそくかん》……131
羞恥《しゅうち》……127
シュウチ(同音)……318
執着《しゅうちゃく》……134
重鎮《じゅうちん》……207
舅《しゅうと》……223
姑《しゅうとめ》……223
十二支……237
十人十色……304
秋分……231
自由奔放《じゆうほんぽう》……304
主観……157
～主義……312
儒教《じゅきょう》……82
淑女《しゅくじょ》……211
縮小……113
熟読……36
首肯《しゅこう》……191
取材……34
取捨選択《しゅしゃせんたく》……305
殊勝《しゅしょう》……146
守銭奴《しゅせんど》……211
主体……75
主張……8
出典……9
出没《しゅつぼつ》……195
受動……115
受難……77
呪縛《じゅばく》……241
種苗《しゅびょう》……90
受容……37
需要《じゅよう》……48
循環《じゅんかん》……102
順境……114
俊才《しゅんさい》……204
遵守《じゅんしゅ》……191
逡巡《しゅんじゅん》……126
殉職《じゅんしょく》……77
俊足《しゅんそく》……204
順風満帆《じゅんぷうまんぱん》……305
滋養《じよう》……99
掌握《しょうあく》……45
浄化《じょうか》……95
ショウカイ(同音)……318
ショウガイ(同音)……318
消極……115
常軌《じょうき》を逸《いっ》する……269
憧憬《しょうけい》……124
上弦《じょうげん》……92
上司……226
少子化……58
正直……216
成就《じょうじゅ》……79
上首尾《じょうしゅび》……159
小心……213
精進《しょうじん》……82
饒舌《じょうぜつ》……213
焦燥《しょうそう》……129
消息……235
承諾《しょうだく》……191
象徴《しょうちょう》……39
冗長《じょうちょう》……165
焦点《しょうてん》……101
焦土《しょうど》……233
譲渡《じょうと》……51
衝動《しょうどう》……138
衝突《しょうとつ》……103
蒸発……105
消費……112
枝葉末節……305
蒸留……105
浄瑠璃《じょうるり》……23
奨励《しょうれい》……201
初句……28
食指が動く……254
植生……100
叙景《じょけい》……24
所在ない……133
如才《じょさい》ない……205
叙事詩《じょじし》……25
叙情《じょじょう》……24
徐々《じょじょ》に……169
所詮《しょせん》……21
助長……290
序破急……10
処方箋《しょほうせん》……98
庶民《しょみん》……56
序論……10
白羽の矢が立つ……269
自律……111
尻《しり》に火がつく……254
支離滅裂《しりめつれつ》……305
素人《しろうと》……206
人為《じんい》……97
進化……96
侵害《しんがい》……65
しんがり……236
仁義……240
心機一転……305
心境……138
人口……58
深刻……166
真骨頂……245
人後に落ちない……269
真摯《しんし》……152
紳士《しんし》……211
真実……109
伸縮《しんしゅく》……103
尋常《じんじょう》……170
針小棒大……305
浸食《しんしょく》……88
慎重《しんちょう》……153
シンチョウ(同音)……318
新陳代謝《しんちんたいしゃ》……306
神道《しんとう》……82
浸透《しんとう》……104
信念……82
神秘……85
新婦……222
深謀遠慮《しんぼうえんりょ》……306
親密……220
辛辣《しんらつ》……15
森羅万象《しんらばんしょう》……306

真理 38
尽力《じんりょく》 181
新郎《しんろう》 222
神話 25

す

随意《ずいい》 175
水魚の交わり 291
遂行《すいこう》 53
推敲《すいこう》 291
出納《すいとう》 50
随筆《ずいひつ》 22
崇高《すうこう》 78
すげない 150
すごすご 151
健《すこ》やか 158
杜撰《ずさん》 291
雀《すずめ》の涙《なみだ》 261
すすめる(同訓) 321
ステレオタイプ 33
図太い 149
ずぼら 212

せ

～性 312
盛夏 230
請求《せいきゅう》 50
逝去《せいきょ》 199
制御《せいぎょ》 101
生計 50
晴耕雨読 306
制作 34
精算 50
生産 112
セイサン(同音) 318
誠実 216
静寂《せいじゃく》 160
脆弱《ぜいじゃく》 162
成熟 205
聖職者 207
生態系 96
セイチョウ(同音) 318
制度 41
制覇《せいは》 181
政府 41
静物 19
成分 93
精密 93
清廉《せいれん》 155
清廉潔白《せいれんけっぱく》 306
世界観 73
惜別《せきべつ》 132
赤面 188
赤裸々《せきらら》 176
堰《せき》を切る 270
世間 56
是正《ぜせい》 55
世知辛《せちがら》い 163
積極 115
絶句 18
雪月花 31
席巻《せっけん》 61
摂取《せっしゅ》 99
殺生《せっしょう》 76
摂生《せっせい》 99
節操 82
絶対 276
ゼッタイ(同音) 318
折衷《せっちゅう》 51
設定 6
節度 69
説得力 20
刹那的《せつなてき》 77
折半 51
絶妙《ぜつみょう》 16
絶滅《ぜつめつ》 94
摂理《せつり》 92
拙劣《せつれつ》 162
背に腹はかえられぬ 282
是非《ぜひ》 13
蝉時雨《せみしぐれ》 242
世論 60
せわしい 153
僭越《せんえつ》 145
先駆者《せんくしゃ》 206
繊細《せんさい》 217
潜在《せんざい》 118
千載一遇《せんざいいちぐう》 306
詮索《せんさく》 197
千差万別《せんさばんべつ》 307
扇状地《せんじょうち》 89
前代未聞《ぜんだいみもん》 307
先達 83
先天的 97
船頭多くして船山に上る 282
先入観 73
仙人《せんにん》 207
旋風《せんぷう》 243
羨望《せんぼう》 125
旋律《せんりつ》 19
戦慄《せんりつ》 189
川柳《せんりゅう》 23
鮮烈《せんれつ》 16

そ

粗悪《そあく》 162
造化 92
爽快《そうかい》 158
早急 168
造詣《ぞうけい》 13
象牙《ぞうげ》の塔《とう》 270
総合 119
相殺《そうさい》 51
造作ない 174
喪失《そうしつ》 199
蔵書 35
装飾《そうしょく》 19
創造 109
相続 220
曽祖父《そうそふ》 224
相対 276
壮年《そうねん》 210
そうは問屋が卸《おろ》さない 270
疎開《そかい》 195
疎外《そがい》 65
即座《そくざ》 168
促進《そくしん》 118
促成《そくせい》 90
ソクセイ(同音) 318
属性 74
素材 6
阻止《そし》 193
咀嚼《そしゃく》 36
租税《そぜい》 46
措置《そち》 182
疎通《そつう》 62
そなえる(同訓) 322
粗野《そや》 148
空々しい 149
損失 113
尊重 124

た

他意 139
太陰暦《たいいんれき》 237
退化 96
対岸の火事 282
待機 53
大器晩成 307
退却《たいきゃく》 194
体言止め 28
太公望 291
太鼓判《たいこばん》を押《お》す 270
醍醐味《だいごみ》 31
滞在《たいざい》 198
大衆 56
対照 36
対象 75

タイショウ(同音) …… 318
タイセイ(同音) …… 318
堆積《たいせき》 …… 88
泰然自若《たいぜんじじゃく》 …… 307
怠惰《たいだ》 …… 209
大胆不敵《だいたんふてき》 …… 307
大同小異 …… 307
ダイナミック …… 164
怠慢《たいまん》 …… 148
タイメン(同音) …… 318
大洋 …… 88
高飛車 …… 144
卓越《たくえつ》 …… 16
たけだけしい …… 148
蛇行《だこう》 …… 89
多彩《たさい》 …… 17
駄作《ださく》 …… 32
他山の石 …… 291
たしなめる …… 192
他者 …… 75
たじろぐ …… 188
打診《だしん》 …… 182
たずねる(同訓) …… 322
黄昏《たそがれ》 …… 236
蛇足《だそく》 …… 291
たたずまい …… 160
たつ(同訓) …… 322
脱《だっ》～ …… 294
達観 …… 79
達者 …… 158
立て板に水 …… 282
建前 …… 116
棚《たな》からぼた餅《もち》 …… 283
棚に上げる …… 270
賜《たまわ》る …… 190
駄目《だめ》を押《お》す …… 270
多様 …… 277
堕落《だらく》 …… 209
他律 …… 111
たわいない …… 174
弾劾《だんがい》 …… 66
単純 …… 162
短所 …… 115
端正《たんせい》 …… 217
嘆息《たんそく》 …… 189
淡々《たんたん》 …… 155
端的《たんてき》 …… 21
単刀直入 …… 308
丹念《たんねん》 …… 37
断念 …… 129
堪能《たんのう》 …… 13
淡泊《たんぱく》 …… 217
反物《たんもの》 …… 234
短絡《たんらく》 …… 212
団欒《だんらん》 …… 220
鍛錬《たんれん》 …… 180

ち

治安 …… 41
地殻《ちかく》 …… 88
稚魚《ちぎょ》 …… 100
竹馬の友 …… 292
地産地消 …… 57
秩序《ちつじょ》 …… 121
巷《ちまた》 …… 233
嫡子《ちゃくし》 …… 224
茶々を入れる …… 271
治癒《ちゆ》 …… 98
忠義 …… 214
忠告 …… 68
仲秋 …… 231
抽出《ちゅうしゅつ》 …… 104
抽象《ちゅうしょう》 …… 156
中傷 …… 184
中枢《ちゅうすう》 …… 41
躊躇《ちゅうちょ》 …… 126
超《ちょう》～ …… 294
懲役《ちょうえき》 …… 42
超越《ちょうえつ》 …… 79
懲戒《ちょうかい》 …… 67
朝三暮四 …… 292
寵児《ちょうじ》 …… 61
長所 …… 115
嘲笑《ちょうしょう》 …… 185
帳尻《ちょうじり》を合わせる …… 271
調整 …… 182
超然《ちょうぜん》 …… 154
頂戴《ちょうだい》 …… 190
調度 …… 234
挑発《ちょうはつ》 …… 184
跳躍《ちょうやく》 …… 181
朝令暮改 …… 308
直接 …… 108
直喩《ちょくゆ》 …… 26
著名 …… 33
鎮圧《ちんあつ》 …… 45
沈着《ちんちゃく》 …… 154
珍重《ちんちょう》 …… 201
沈殿《ちんでん》 …… 105
陳腐《ちんぷ》 …… 114

つ

追憶《ついおく》 …… 199
追求 …… 48
ツイキュウ(同音) …… 319
対句《ついく》 …… 27
追従 …… 190
月とすっぽん …… 283
つく(同訓) …… 322
つぐ(同訓) …… 322
繕《つくろ》う …… 199
培《つちか》う …… 198
津々浦々《つつうらうら》 …… 233
つつがない …… 158
つづる …… 199
つとめる(同訓) …… 322
つむじを曲げる …… 254
爪《つめ》に火をともす …… 254
梅雨《つゆ》 …… 242
面の皮が厚い …… 254
鶴《つる》の一声 …… 261
連れ合い …… 223
つれない …… 150

て

定義 …… 9
提供 …… 52
締結《ていけつ》 …… 45
体裁《ていさい》 …… 240
停車場 …… 239
亭主《ていしゅ》 …… 225
呈《てい》する …… 195
提訴《ていそ》 …… 66
低俗《ていぞく》 …… 17
邸宅《ていたく》 …… 238
体《てい》たらく …… 176
諦念《ていねん》 …… 129
定評 …… 12
ディベート …… 63
テーマ …… 6
手がつけられない …… 254
～的 …… 312
的確 …… 12
てきぱき …… 153
摘発《てきはつ》 …… 192
テクノロジー …… 106
デジタル …… 72
撤回《てっかい》 …… 194
哲学《てつがく》 …… 72
手に余る …… 255
手のひらを返す …… 255
出る杭《くい》は打たれる …… 283
手をこまねく …… 255
手を広げる …… 255
田園 …… 232
転嫁《てんか》 …… 66
添加《てんか》 …… 104
展開 …… 7
典型 …… 92

電光石火 …… 308
点在 …… 160
添削《てんさく》 …… 34
伝統 …… 57
天然 …… 95
展望 …… 196

と

頭角を現す …… 255
トウキ(同音) …… 319
桃源郷《とうげんきょう》 …… 233
同工異曲 …… 308
搭載《とうさい》 …… 102
倒錯《とうさく》 …… 138
洞察《どうさつ》 …… 196
冬至 …… 231
踏襲《とうしゅう》 …… 180
陶酔《とうすい》 …… 124
同窓 …… 226
統率《とうそつ》 …… 45
淘汰《とうた》 …… 96
灯台もと暗し …… 283
倒置法《とうちほう》 …… 27
動転 …… 188
滔々《とうとう》 …… 165
唐突《とうとつ》 …… 168
東奔西走《とうほんせいそう》 …… 308
同盟 …… 45
獰猛《どうもう》 …… 167
登竜門《とうりゅうもん》 …… 292
同僚《どうりょう》 …… 227
都会 …… 232
どぎまぎ …… 147
とく(同訓) …… 322
特殊《とくしゅ》 …… 107
独身 …… 206
独占《どくせん》 …… 51
独善 …… 144
匿名《とくめい》 …… 63
土壌《どじょう》 …… 95
年寄りの冷や水 …… 283
滞《とどこお》る …… 194
ととのえる(同訓) …… 322
土俵 …… 239
飛ぶ鳥を落とす勢い …… 261
とめる(同訓) …… 322
どよめく …… 187
トラウマ …… 138
捕《と》らぬ狸《たぬき》の皮算用 …… 283
虎《とら》の威《い》を借る狐《きつね》 …… 292
虎の子 …… 262
虎の巻 …… 262
取りつく島もない …… 271
度量 …… 143
とる(同訓) …… 322
吐露《とろ》 …… 13
曇天《どんてん》 …… 242

な

ないがしろ …… 185
内助の功 …… 271
内省 …… 79
内容 …… 108
長いものには巻かれろ …… 284
泣き面に蜂 …… 284
泣く子と地頭には勝てぬ …… 284
なけなし …… 177
仲人《なこうど》 …… 222
情けは人のためならず …… 284
なし崩《くず》し …… 169
なじる …… 186
生兵法《なまびょうほう》は大けがのもと …… 284
ならう(同訓) …… 323
南船北馬 …… 308

に

二階から目薬 …… 284
二元 …… 72
錦《にしき》を飾《かざ》る …… 271
二世 …… 225
二束三文 …… 309
担《にな》う …… 191
二の足を踏《ふ》む …… 255
にべもない …… 150
二枚舌 …… 208
柔和《にゅうわ》 …… 217
女房《にょうぼう》 …… 225
如実《にょじつ》 …… 16
にわか …… 168
にわか雨 …… 242
認識《にんしき》 …… 73
任務 …… 53

ぬ

糠《ぬか》に釘《くぎ》 …… 285
盗人《ぬすびと》にも三分の理 …… 285
濡《ぬ》れ手で粟《あわ》 …… 285

ね

ねぎらう …… 187
猫《ねこ》に小判 …… 285
猫の手も借りたい …… 262
猫も杓子《しゃくし》も …… 262
猫をかぶる …… 262
寝耳《ねみみ》に水 …… 285
根も葉もない …… 262
年功序列 …… 226
懇《ねんご》ろ …… 152
燃焼《ねんしょう》 …… 102

の

能 …… 23
能ある鷹《たか》は爪《つめ》を隠《かく》す …… 285
濃厚《のうこう》 …… 118
濃淡《のうたん》 …… 244
能動 …… 115
軒《のき》 …… 238
のっぴきならない …… 166
のぼる(同訓) …… 323
乗りかかった船 …… 286
のる(同訓) …… 323
ノンフィクション …… 22

は

バイオテクノロジー …… 97
俳諧《はいかい》 …… 23
媒介《ばいかい》 …… 71
売却《ばいきゃく》 …… 49
廃墟《はいきょ》 …… 238
背景 …… 6
背水《はいすい》の陣《じん》 …… 292
排他《はいた》 …… 65
はえる(同訓) …… 323
歯が浮《う》く …… 256
はかが行く …… 175
はかる(同訓) …… 323
覇気《はき》 …… 142
馬脚《ばきゃく》を露《あら》わす …… 271
博愛 …… 78
白眼視 …… 292
拍車《はくしゃ》をかける …… 272
麦秋《ばくしゅう》 …… 230
漠然《ばくぜん》 …… 161
剥奪《はくだつ》 …… 67
伯仲《はくちゅう》 …… 68
白眉《はくび》 …… 293
薄氷《はくひょう》を踏《ふ》む …… 272
舶来《はくらい》 …… 234
はぐらかす …… 186
暴露《ばくろ》 …… 66
覇権《はけん》 …… 44
派遣《はけん》 …… 53
馬耳東風《ばじとうふう》 …… 309
はじめ(同訓) …… 323
果たして …… 175
破綻《はたん》 …… 55
破竹の勢い …… 263
ばつが悪い …… 127
抜群《ばつぐん》 …… 16

発酵《はっこう》……105
伐採《ばっさい》……90
発散……181
抜擢《ばってき》……201
罵倒《ばとう》……184
鳩《はと》が豆鉄砲《まめでっぽう》を食ったよう……263
鼻が高い……256
鼻にかける……256
鼻につく……256
花冷え……230
花より団子……286
鼻を折る……256
花を持たせる……263
はにかむ……188
歯に衣《きぬ》着せぬ……256
はばかる……188
パフォーマンス……19
はやい(同訓)……323
はらはら……147
腹を決める……257
腹を割る……257
バリアフリー……58
ハレ……31
反語……27
反骨……215
煩雑《はんざつ》……166
反射……103
晩酌《ばんしゃく》……235
繁盛《はんじょう》……47
繁殖《はんしょく》……96
半信半疑……309
反芻《はんすう》……36
反復……37
繁茂《はんも》……95
氾濫《はんらん》……89

ひ

非〜……294
悲哀《ひあい》……116
美意識……87
被害《ひがい》……42
干潟《ひがた》……89
悲観……77
彼岸《ひがん》……81
秘境……233
卑近《ひきん》……20
卑屈《ひくつ》……146
膝《ひざ》を交える……257
ビジョン……52
美辞麗句《びじれいく》……309
額を集める……257
ひたむき……152
必至……175
ヒッシ(同音)……319
必然……120
否定……108
ひとしお……177
一筋縄《ひとすじなわ》では行かない……272
人の噂《うわさ》も七十五日……286
花咲《さ》かせる……263
皮肉……15
火のない所に煙《けむり》は立たぬ……286
批判……15
火蓋《ぶた》を切る……272
碑文《ぶん》……235
疲弊《へい》……54
非凡《ぼん》……114
微妙《みょう》……172
百鬼夜行《ひっきやぎょう》……309
冷や飯を食う……272
比喩《ゆ》……26
描写《びょうしゃ》……7
瓢箪《ひょうたん》から駒《こま》……286
平等……78
表裏一体《ひょうりいったい》……309
肥沃《よく》……95
翻《ひるがえ》す……194
貧困……47
貧弱……162
頻繁《ひんぱん》……169

ふ

不〜……294
無愛想……151
吹聴《ふいちょう》……186
風雅《ふうが》……30
風格……142
風刺《ふうし》……15
風土……56
風物詩……33
不覚……139
不可避《ふかひ》……175
不朽《ふきゅう》……17
普及《ふきゅう》……61
フキュウ(同音)……319
不況《ふきょう》……47
福音《ふくいん》……83
福祉《ふくし》……59
覆水盆《ふくすいぼん》に返らず……293
伏線《ふくせん》……7
不言実行……310
武骨……213
無沙汰《ぶさた》……221
ぶしつけ……144
不肖《ふしょう》……213
無精《ぶしょう》……212
不祥事《ふしょうじ》……55
不条理……76
腐心《ふしん》……126
フシン(同音)……319
無粋《ぶすい》……148
憮然《ぶぜん》……145
不遜《ふそん》……144
不断……164
払拭《ふっしょく》……195
仏頂面《ぶっちょうづら》……145
沸騰《ふっとう》……105
物理的……101
舞踏《ぶとう》……19
腑《ふ》に落ちない……257
腐敗《ふはい》……105
不憫《ふびん》……161
不服……127
不文律……40
侮蔑《ぶべつ》……135
普遍《ふへん》……107
フヘン(同音)……319
不毛……17
プライド……136
プライバシー……63
ふるう(同訓)……323
プレゼンテーション……63
付和雷同《ふわらいどう》……310
文化……178
紛糾《ふんきゅう》……44
文芸……22
文語……24
粉骨砕身《ふんこつさいしん》……310
分析《ぶんせき》……119
紛争《ふんそう》……44
分泌《ぶんぴつ》……99
分別……154
文脈……7
文明……178

へ

閉口……128
ヘイコウ(同音)……319
併合《へいごう》……44
閉鎖的《へいさてき》……112
平生……236
平然……154
平凡《へいぼん》……114
並列……102
へそで茶を沸《わ》かす……257
屁理屈《へりくつ》……8
返歌……29

便宜《べんぎ》……174
偏屈《へんくつ》……208
偏見《へんけん》……65
弁護……43
編集……34
変遷《へんせん》……44
編年体……25

ほ

萌芽《ほうが》……100
妨害《ぼうがい》……184
傍観《ぼうかん》……64
放棄《ほうき》……64
俸給《ほうきゅう》……235
暴君……211
方言……11
封建的《ほうけんてき》……57
宝庫……235
豊作……91
傍若無人《ぼうじゃくぶじん》……293
呆然《ぼうぜん》……147
膨張《ぼうちょう》……103
報道……60
棒に振《ふ》る……272
奉納《ほうのう》……85
抱負《ほうふ》……139
報復……184
暴落……47
飽和《ほうわ》……104
捕獲《ほかく》……91
朴訥《ぼくとつ》……216
墓穴《ぼけつ》を掘《ほ》る……273
反古《ほご》……241
保守……111
保障……40
ホショウ（同音）……319
ポストモダン……228
没《ぼっ》～……294
勃興《ぼっこう》……44
仏の顔も三度……286
施《ほどこ》す……198
ほのめかす……186
ボランティア……59
本格的……20
本質……74
奔走《ほんそう》……53
本音……116
本能……75
本末転倒《ほんまつてんとう》……310
本望《ほんもう》……159
翻訳《ほんやく》……34
本論……10

ま

枚挙にいとまがない……273
まがい物……234
賄《まかな》う……198
まがまがしい……167
まくし立てる……187
枕詞《まくらことば》……28
枕を高くする……273
馬子《まご》にも衣装《いしょう》……293
摩擦《まさつ》……102
まじまじ……177
間尺に合わない……273
待てば海路の日和《ひより》……
あり……287
マニュアル……52
まやかし……241
眉唾物《まゆつばもの》……258
眉をひそめる……258
稀《まれ》……21
満悦《まんえつ》……131
蔓延《まんえん》……98
満更《まんざら》でもない……173
慢性《まんせい》……117

み

身内……224
見かけ倒《だお》し……213
右腕《みぎうで》……227
未遂《みすい》……42
水臭《みずくさ》い……151
水に流す……273
水の泡《あわ》……273
水を差す……274
未曽有《みぞう》……54
味噌《みそ》をつける……274
耳打ち……187
耳が痛い……258
耳にする……258
耳をそろえる……258
身も蓋《ふた》もない……274
未練……134
魅惑《みわく》……172
民意……61
民主主義……202

む

無～……294
無我夢中《むがむちゅう》……310
無機的……116
無限……117
むざむざ……177
無私……155
虫の息……263
虫の居所が悪い……263
無邪気《むじゃき》……155
無常……87
ムジョウ（同音）……319
無心……155
無鉄砲《むてっぽう》……212
無頓着《むとんちゃく》……212
胸が痛む……258
胸を借りる……259
胸を張る……259
無謀《むぼう》……145

め

明暗……244
メイキ（同音）……319
迷宮《めいきゅう》入り……274
名実……244
命題……74
冥土《めいど》……81
明瞭《めいりょう》……110
めいる……128
明朗……205
目が高い……259
目から鼻へ抜《ぬ》ける……259
目配せ……197
メディア……71
目途《めど》が立つ……174
目に余る……259
めぼしい……172
目を光らせる……259
面食《めんく》らう……188
面目《めんぼく》……240

も

猛暑《もうしょ》……230
網羅《もうら》……37
黙々《もくもく》……153
もくろむ……182
モチーフ……6
餅《もち》は餅屋……287
モチベーション……136
喪中《もちゅう》……81
元も子もない……274
物見遊山《ものみゆさん》……310
物々しい……165
模範《もはん》……83
模倣《もほう》……109
諸刃《もろは》の剣《つるぎ》……274
門外漢……206
紋切《もんき》り型……33
問責……67

や

躍進《やくしん》……159
厄払《やくばら》い……85
焼け石に水……287

やさしい(同訓)…… 323
玄孫《やしゃご》…… 224
野心 …… 139
厄介《やっかい》…… 163
野蛮《やばん》…… 209
やぶから棒 …… 275
やぶさかでない …… 173
やぶれる(同訓)…… 323
やぶをつついて蛇《へび》を出す …… 287
野暮《やぼ》…… 212
山場 …… 7
揶揄《やゆ》…… 15
槍玉《やりだま》に挙げる …… 275
やるせない …… 128

ゆ

遺言《ゆいごん》…… 240
結納《ゆいのう》…… 222
憂鬱《ゆううつ》…… 128
優越感《ゆうえつかん》…… 137
優雅《ゆうが》…… 217
融解《ゆうかい》…… 104
有機的 …… 116
優遇《ゆうぐう》…… 200
幽玄《ゆうげん》…… 31
有限 …… 117
ユウシュウ(同音)…… 319
優柔不断《ゆうじゅうふだん》…… 311
悠然《ゆうぜん》…… 154
雄大《ゆうだい》…… 164
裕福《ゆうふく》…… 159
有名無実 …… 311
勇猛《ゆうもう》…… 215
猶予《ゆうよ》…… 43
融和《ゆうわ》…… 68
所以《ゆえん》…… 12
癒着《ゆちゃく》…… 221
ユニーク …… 172

よ

宵《よい》…… 237
余韻《よいん》…… 30
容易 …… 111
容疑 …… 42
擁護《ようご》…… 69
要旨《ようし》…… 8
容赦《ようしゃ》…… 200
養殖《ようしょく》…… 91
揚々《ようよう》…… 143
抑制《よくせい》…… 118
抑揚《よくよう》…… 18
横車を押《お》す …… 275
世捨て人 …… 207
余談 …… 10
予兆 …… 241
よむ(同訓)…… 323
よもや …… 21

ら

ライバル …… 227
酪農《らくのう》…… 91
洛陽《らくよう》の紙価を高める …… 293
埒《らち》が明かない …… 275
楽観 …… 79
乱獲《らんかく》…… 94
濫用《らんよう》…… 195

り

リアリティー …… 20
利益 …… 113
李下《りか》に冠《かんむり》を正さず …… 293
利己 …… 76
リスク …… 54
理性 …… 246
理想 …… 110
利他 …… 78
律儀《りちぎ》…… 214
立脚《りっきゃく》…… 12
立身出世 …… 311
リテラシー …… 60
理念 …… 141
リハビリテーション …… 99
隆起《りゅうき》…… 88
流儀《りゅうぎ》…… 11
粒子《りゅうし》…… 93
流暢《りゅうちょう》…… 18
流動 …… 117
竜頭蛇尾《りゅうとうだび》…… 311
量産 …… 52
良薬は口に苦し …… 287
履歴《りれき》…… 49
臨機応変 …… 311
凛《りん》と …… 143
倫理《りんり》…… 72

る

類推 …… 196
流布《るふ》…… 61

れ

例外 …… 119
霊験《れいげん》…… 80
励行《れいこう》…… 180
霊魂《れいこん》…… 83
例証 …… 9
冷笑《れいしょう》…… 185
令嬢《れいじょう》…… 225
冷静 …… 205
冷然 …… 151
霊長類《れいちょうるい》…… 100
礼拝 …… 85
零落《れいらく》…… 161
劣等感《れっとうかん》…… 137
恋愛《れんあい》…… 220
廉価《れんか》…… 47
連帯 …… 220
憐憫《れんびん》…… 137

ろ

老獪《ろうかい》…… 208
老成 …… 205
狼狽《ろうばい》…… 125
老婆心《ろうばしん》…… 137
朗報 …… 241
ローカル …… 57
路傍《ろぼう》…… 232
論外 …… 11
論理 …… 8

わ

歪曲《わいきょく》…… 195
和解 …… 200
若人《わこうど》…… 210
和魂洋才《わこんようさい》…… 311
わずらう(同訓)…… 323
渡《わた》りに船 …… 275
わび …… 31
笑い上戸 …… 210
悪びれる …… 146
割《わ》れ鍋《なべ》に綴《と》じ蓋《ぶた》…… 287
輪をかける …… 275

〈著者〉吉岡 哲（よしおか さとし）

東京都出身。都立高校に勤務。著書に『実力アップ問題集 中学国語［文章問題］』『実力アップ問題集 中学国文法』（以上文英堂・共編著）がある。

● 著者からのメッセージ

文章を読んでいて「難しいなあ」とか「何が書いてあるのかわからないよ」とか感じたことがある人は多いのではないでしょうか。

どうして難しく感じるのでしょうか？　その原因の大きな一つに「言葉の難しさ」を挙げることができます。言葉の意味がわからないから文章が何を言っているかがわからないのです。逆に考えれば、言葉の知識を増やせば難しい文章も楽に読めてくるのです。

この本では、評論文や小説を読む上で基本となる大切な言葉をしっかりと押《お》さえてあります。特に評論文を読む上で重要な言葉については、わかりやすい解説も入れました。ここで身につけた語彙《ごい》力は、中学・高校での学習、ひいては大学受験勉強にもつながっていくものです。

語彙力アップのために、皆さんが大いにこの本を活用することを願います。

〈DTP〉株式会社シーキューブ
〈本文デザイン〉アルデザイン
〈イラスト〉土田菜摘
〈編集協力〉大木富紀子

シグマベスト
中学 国語力を伸ばす
語彙 1700

著　者　吉岡 哲
発行者　益井英郎
印刷所　株式会社天理時報社
発行所　株式会社　文 英 堂
〒601-8121 京都市南区上鳥羽大物町28
〒162-0832 東京都新宿区岩戸町17
（代表）03-3269-4231

●落丁・乱丁はおとりかえします。